Heiner Stachelhaus

# Kasimir Malewitsch

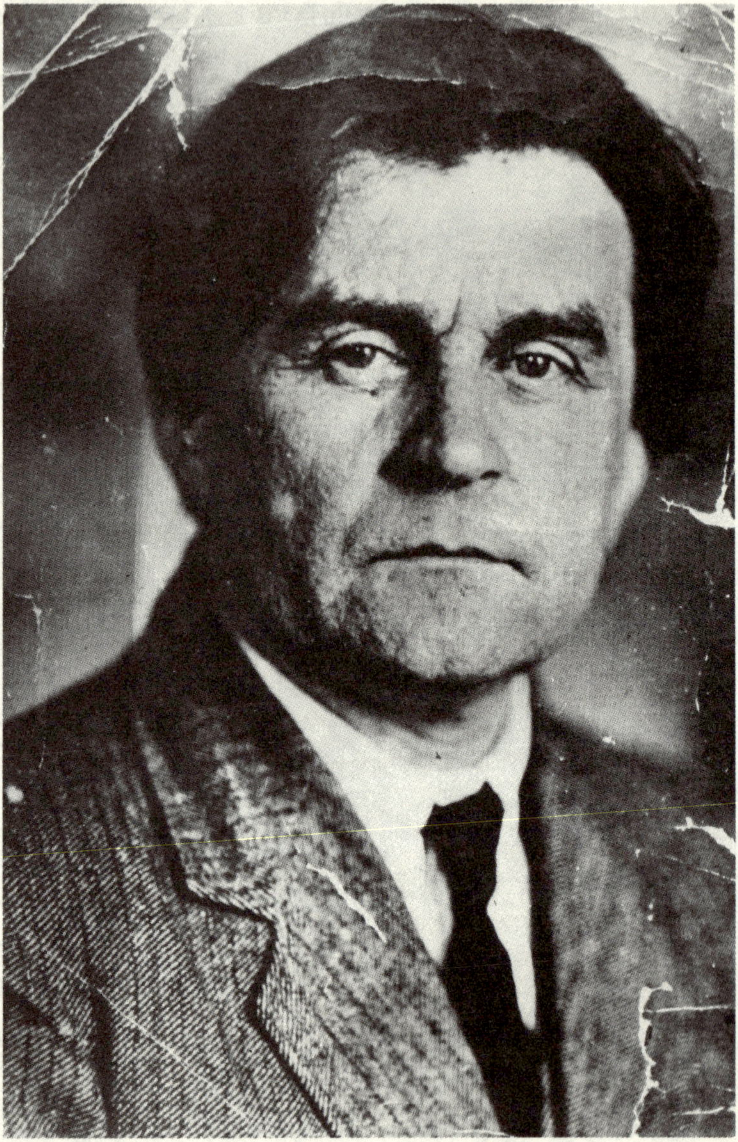

*Kasimir Malewitsch. 1928*

Heiner Stachelhaus

# Kasimir Malewitsch

## Ein tragischer Konflikt

Claassen

CIP-Titelaufnahme der Deutschen Bibliothek

*Stachelhaus, Heiner:*
Kasmir Malewitsch: Ein tragischer Konflikt / Heiner
Stachelhaus. – Düsseldorf: Claassen, 1989
ISBN 3-546-48681-1


Gesetzt aus der Garamond Stempel der Fa. Berthold
Satz: Dörlemann-Satz, Lemförde
Papier: Papierfabrik Schleipen GmbH, Bad Dürkheim
Druck und Bindearbeiten: Franz Spiegel Buch GmbH, Ulm-Jungingen
Printed in Germany
ISBN 3-546-48681-1

# Inhalt

# Vorwort

Malewitsch–Lenin, ein tragischer Konflikt: Mich beschäftigt dieses Thema seit längerer Zeit. 1974 und 1975 habe ich es zum Gegenstand von Vorträgen im Museum Folkwang, Essen, und in der Kunsthalle Düsseldorf gemacht. Das Schicksal dieses außergewöhnlichen Menschen ist bewegend. Geprägt von einer Religiosität, die ihre künstlerische Entsprechung in der Tradition der Ikonenmalerei findet, gelangte Kasimir Malewitsch über Einflüsse der Impressionisten, vor allem von Cézanne, dann der Futuristen und des Kubismus zu post-impressionistischen und neo-primitivistischen Formulierungen. Das war in der Zeit zwischen 1905 und 1912. Ein Jahr später folgte die eigenwillige Phase des Kubofuturismus oder des ›übersinnlichen Realismus‹ – das sind Gemälde mit merkwürdigen Figurationen aus geometrischen Elementen, die er zu hintergründigen ›alogischen‹ Kompositionen weiterentwickelt.

Aber bereits 1913 hat Malewitsch auch jenes Bild konzipiert, das die Kunstszene elektrisieren und ihn weltberühmt machen sollte – das ›Schwarze Quadrat auf weißem Grund‹. Er stellte es zum ersten Male Ende 1915 auf der legendären ›Letzten Futuristischen Ausstellung 0,10‹ in St. Petersburg aus – die Inkunabel der von ihm begründeten suprematistischen Malerei, mit der er ein wesentliches Stück Kunstgeschichte dieses Jahrhunderts geschrieben hat.

Wie die meisten Avantgardekünstler stand auch Kasimir Malewitsch seinerzeit im Banne der kommunistischen Ideologie, und wie die meisten Intellektuellen begrüßte er die Oktoberrevolution von 1917. Doch war diese Übereinstimmung von

politischer und künstlerischer Revolution nur von kurzer Dauer. Lenin hatte früh erkannt, daß mit den ›linken‹ gegenstandslosen, futuristischen, kubistischen, abstrakten Künstlern kein (proletarischer) Staat zu machen sei. Um eine sozialistische Gesellschaft zu verwirklichen, bedurfte es in erster Linie der Massenagitation. Dazu waren freilich elitäre Künstler vom Schlage Malewitschs nicht in der Lage. So wurden sie durch rigorose Maßnahmen der politischen Führung ausgeschaltet. Als Lenin 1924 starb, waren die Weichen für die bald darauf durch Stalin vollzogene Doktrin des ›sozialistischen Realismus‹ gestellt.
Wie kein anderer Künstler hat Kasimir Malewitsch den Konflikt zwischen dem kommunistischen Materialismus und dem künstlerischen, im Suprematismus gipfelnden Idealismus vorausgesehen. Weil er sich nicht scheute, diesen Konflikt in Wort und Schrift immer wieder darzustellen und zu beklagen, wuchs er wie selbstverständlich in die Rolle des eigentlichen Kontrahenten von Lenin. In der Auseinandersetzung zwischen dem Führer der politischen Revolution – Wladimir Iljitsch Lenin – und dem der geistig-künstlerischen Revolution – Kasimir Sewerinowitsch Malewitsch – erfüllt sich für mich ein Schicksal, das, klassischen Regeln entsprechend, tragische Dimensionen hat: Der Held (Malewitsch) scheitert mit seiner Botschaft (von der Durchdringung der Welt mit seiner Idee der reinen weißen Gegenstandslosigkeit) am praktischen, gegenständlichen Realismus, wie ihn Lenin durchgesetzt hat, und zwar scheitert er am Ort des Geschehens.

Die Zuspitzung auf diesen tragischen Konflikt zwischen Malewitsch und Lenin ist also gerechtfertigt. Die Protagonisten sind sich zwar zeitlebens persönlich nie begegnet, aber es gibt genügend Hinweise, Aussagen, Berichte, Stellungnahmen von beiden Seiten wie auch von Dritten, die klarmachen, daß sich Malewitsch sehr direkt und sehr ausführlich mit Lenin, seinem Wirken und seiner Wirkung auseinandergesetzt hat und daß auch Lenin über die Kunstentwicklung im Rußland der Oktoberrevolution genau im Bilde war und sie, wie das Schicksal Malewitschs zeigt, zugunsten der Etablierung der Macht der Sowjets und der Durchsetzung seiner politischen Ziele entscheidend beeinflussen konnte.

Bei der spezifischen Thematik des vorliegenden Buches erscheint es mir nicht angebracht, die ganze ungeheure, abenteuerliche politische Geschichte, wie sie sich damals in Rußland abgespielt hat und auch als Bühne für den tragischen Konflikt zwischen Malewitsch und Lenin fungierte, aufzublättern. Darüber gibt es zahlreiche Veröffentlichungen. Mir geht es vielmehr darum, das Klima jenes Aufbruchs deutlich zu machen, in dem sich die neue Kunst im jungen, krisengeschüttelten Sowjetstaat entwickelte, eine kurze Blüte erreichte und von den politischen Machthabern zum Verstummen gebracht wurde.

Und mir geht es darum, in diesem Zusammenhang das Schicksal Kasimir Malewitschs zu erhellen, das beispielhaft für diesen Prozeß ist. Er stand als Künstler, Lehrer, Funktionär ganz oben – und er fiel tief. Dieser Linie versuche ich hier im wesentlichen zu folgen. Malewitsch im Kontext zu Lenin – das ist das

Zentrum meiner Ausführungen. Und dieses Thema hat nun einen besonderen Sinn bekommen durch die von Michail Gorbatschow eingeleitete neue Politik von Glasnost und Perestroika. Sie hat auch im Bereich der Kunst vieles in Bewegung gebracht – so die Rehabilitierung der einstigen Avantgardekünstler wie Malewitsch, Tatlin, Lissitzky, Rodtschenko, Kandinsky, Popowa, Rozanowa, Stepanowa etc., deren Werke vor rund 60 Jahren in den Museumsmagazinen verschwanden. Sie öffneten sich in vollem Umfang erst im vergangenen Jahr – und jetzt erst war die umfassende Retrospektive über das Werk von Kasimir Malewitsch, die mit einem sensationellen Erfolg erst im Leningrader Russischen Museum und danach in der Moskauer Tretjakow-Galerie gezeigt wurde, möglich. Dritte Station war im Jahr 1989 das Amsterdamer Stedelijk Museum, dessen hervorragende Malewitsch-Kollektion erstmalig für diese Tournee mit den russischen Beständen vereint wurde.
Ich erinnere mich an meine Besuche 1983 in Leningrad und in Moskau, wo es mir trotz guter Fürsprache nicht gelang, in die Museumsdepots vorzudringen, um die Bilder von Malewitsch und Tatlin und anderen Revolutionskünstlern in Augenschein zu nehmen. Das Klima hat sich aber, wie ich bei meinen letzten Besuchen in Moskau im Herbst vergangenen Jahres feststellen konnte, gründlich zum Besseren gewandelt. (Ich hielt dort einen Lichtbilder-Vortrag über Joseph Beuys, den ersten Vortrag über diesen Künstler in der Sowjetunion überhaupt, und nahm an einem Uecker-Symposion teil.) Im Zentralen Künstlerhaus am Krimwall gab es gleichzeitig umfangreiche Aus-

stellungen von Günther Uecker, Francis Bacon und Klassisch-Modernes aus der Sammlung Thyssen-Bornemisza, dazu einen Raum mit Arbeiten u.a. von Malewitsch (Schwarzes Quadrat), Rodtschenko, Lissitzky.

Es ist anzunehmen, daß bei anhaltender Politik der Perestroika noch vieles, bislang im Westen unbekanntes Material über Malewitsch und andere Künstler zum Vorschein kommt. Daß Stalin nach dem Tode Lenins 1924 die Zügel in der Kulturpolitik scharf angezogen hat, ist eine bittere Tatsache. Als sicher kann auch gelten, daß Malewitsch während seines Besuches 1927 in Berlin Nachrichten erhielt, die ihn zu einer überstürzten Rückkehr nach Leningrad veranlaßten. Wahr ist ferner, daß Malewitsch mit Tod oder ausweglosem Freiheitsentzug rechnete. Diese Entwicklung begann ausgerechnet in jener heroischen Phase, die Malewitsch im Vollbesitz seiner geistigen, seelischen und körperlichen Kräfte zeigte. Zuerst war die politische Revolution noch zu sehr mit sich selbst beschäftigt, um durchgreifende Maßnahmen gegen aufmüpfige Künstler anzuordnen. Aber Lenin spürte bereits das intellektuelle Brodeln – genau wie Malewitsch hellsichtig die Katastrophe kommen sah. Der tragische Konflikt Malewitsch – Lenin war unausweichlich.

Bei den Vorbereitungen zu diesem Buch habe ich viel Zustimmung erfahren, auch von offizieller sowjetischer Seite. Der Konfliktstoff stößt dort auf erstauntes Interesse. Daß nach so langer Zeit der Verbannung das Werk von Malewitsch seitens der russischen Kunstwissenschaft zunächst auf die künstlerische Entwicklung hin neu untersucht und bewertet wird, ist verständlich. Die dabei jetzt schon festzustellende Neigung der Moskauer und Leningrader Fachleute, die letzten, wieder figurativen Bilder Malewitschs als seine wesentlichen, über den Suprematismus hinausragenden Werke zu interpretieren, ist allerdings fraglich. Meiner Ansicht nach sind diese letzten Bilder bewegender Ausdruck für die Tragödie eines Malers, der für sich die höchste und reinste Gestaltungsform – »die weiße Welt der suprematistischen Gegenstandslosigkeit als Manifest des befreiten Nichts« – gefunden hat und der nun, am Ende seines Lebens, mit gegenständlichen, freilich durch die Erfahrung der Suprematie gereiften Bildern sein Schicksal beschwört.

Es bleibt mir die angenehme Pflicht, mich für viele anregende Hinweise, Informationen und klärende Gespräche zu bedanken – auch für ein vielfältiges Engagement bei der Beschaffung einschlägiger Fachliteratur. Sehr hilfreich war für meine Recherchen das Entgegenkommen der Familie von Riesen, insbesondere von Irene Fricke-von Riesen (Lübeck), und von Magdalena Droste vom Bauhaus-Archiv in Berlin. Für die daraus resultierenden Aufschlüsse über den biographisch wichtigen Aufenthalt Malewitschs 1927 in Berlin sage ich Dank. Ganz besonders möchte ich mich bei Karl Eimermacher (Universität Bochum), Hans Peter Thurn (Kunstakademie Düsseldorf), Hubertus Gaßner (documenta-Archiv, Kassel), Galerie Gmurzynska (Köln), Joop M. Joosten (Stedelijk Museum Amsterdam), Natan Fedorowsky (Berlin), Lew Nussberg (Orange/Connecticut/USA), Eberhard Roters (Berlin) und Johanna

Roos (Stuttgart) bedanken. Sie haben mir mit ihren hervorragenden Fachkenntnissen, mit sachdienlichen Ratschlägen wie auch mit ihren Verbindungen zu interessanten, mein Thema berührenden Quellen unschätzbare Dienste geleistet.

Essen, im März 1989 Heiner Stachelhaus

# 1

# Aufbruch

## Kunst und Oktoberrevolution 1917

## Eine heroische Phase

Als Kasimir Malewitsch die Vorstufe für sein ›Schwarzes Quadrat auf weißem Grund‹ entwickelte, war er 35 Jahre alt. Man schrieb das Jahr 1913. Zu diesem Zeitpunkt befand sich der acht Jahre ältere Wladimir Lenin erneut in der Emigration, hielt sich bis 1914 in Genf, Paris, Krakau, danach in Bern und Zürich auf. Als ihn die kommunistische Oktoberrevolution von 1917 endlich an die Macht brachte, hatte Malewitsch die Ergebnisse seiner künstlerischen Revolution längst öffentlich ausgestellt – in der ›Letzten Futuristischen Ausstellung 0,10‹ (null-zehn) im Dezember 1915 in Petrograd, das bis 1914 St. Petersburg hieß und nach dem Tode Lenins 1924 in Leningrad umbenannt wurde.
Das magische Wort hieß: ›Suprematismus‹, und das am meisten bewunderte Zauberstück dieser Schau war das ›Schwarze Quadrat‹, das Malewitsch mit weiteren 38 seiner suprematistischen Bilder dort plazieren konnte. Die Sensation war perfekt, zumal das im Katalog schlicht als ›Viereck‹ aufgeführte Werk auch heftige Kritik hervorrief. Die Gegner sahen mit dem Aufkommen des Suprematismus bereits das Ende der Kunst gekommen. Sie richteten ihren Spott auf das »tote Quadrat«, das »personifizierte Nichts«. Am weitesten in seiner Ablehnung der neuen Malerei ging der bekannte Kunsthistoriker, Maler, Bühnenbildner und Schriftsteller Alexander Nikolewitsch Benois, ein Generationsgenosse Lenins und der führende Vertreter der konservativen ›Welt der Kunst‹-Bewegung. Benois disqualifizierte das ›Schwarze Quadrat‹ in einem Anfang 1916 in der Petrograder Zeitschrift ›Die Sprache‹ erschie-

nenen Artikel »als den aller-, allerabgefeimtesten Trick in der Jahrmarktsbude der allerneuesten Kultur«.
Malewitsch ist in einem langen Brief an Benois mit dem Datum Mai 1916 auf diese Polemik eingegangen. Er bezieht sich darin auch auf einen Verriß des russischen Schriftstellers und Religionsphilosophen Dmitri Mereschkowski, der – ein Freund von Benois – in einer Zeitschrift das Auftreten von Malewitsch und gleichgesinnten fortschrittlichen Künstlern als »die Invasion der Rüpel in der Kultur« charakterisiert hat. Dieses im Russischen Museum Leningrad im Original gehütete und im Berliner Bauhaus-Archiv in einer Übersetzung vorliegende Schreiben verdient höchste Beachtung, weil es viel vom Wesen Malewitschs offenbart und als ein erstklassiges frühes Dokument für die suprematistische Philosophie gelten kann. Außerdem zeugt es von der polemischen Begabung Malewitschs.
»Ihr Kollege, Herr Mereschkowski«, so schreibt Malewitsch an Benois, »hat über den Futurismus geschrieben und ihn als die künftige Bewegung von Rüpeln gegen die heilige Kunst bezeichnet. Am meisten fühlt sich Herr Mereschkowski gekränkt ob der Absage des Rüpels an die ›schöne weibliche Psyche zugunsten der mechanischen Vermehrung des Menschen‹. Herrn Mereschkowski kam in seinem Inneren die Angst an, der künftige Flegel könne ihm sein Weibchen entreißen, und da hub er an zu heulen, wurde eifersüchtig wie ein echter Mandrill oder Hottentotte, der sich an sein Weibchen und seine Gewohnheiten gewöhnt hat. Der Futurismus hat Mereschkowskis Geschmack eine Ohrfeige erteilt und aufs Podest gehoben: die

Maschine als Geschwindigkeit, als neue Schönheit der Moderne.«
Malewitsch spielt hier mit dem Vokabular des Futurismus, dessen Programmatik sein Begründer, der italienische Dichter Emilio Filippo Tommaso Marinetti, im Februar 1909 im ›Ersten Manifest des Futurismus‹ verkündet hat. Auf das Konto von Marinetti geht auch jener berühmte Satz, der die Stoßrichtung der Bewegung schlaglichtartig deutlich macht: »Ein Rennwagen ist schöner als die Nike von Samothrake.« Es kann keine Frage sein, daß Malewitsch und alle anderen ›linken‹ Künstler die Informationen, die Marinetti ihnen bei seinem Besuch 1914 in Moskau und in Leningrad vermittelt hat, begierig aufgesogen und sich mit den Arbeiten der futuristischen Künstler wie Giacomo Balla, Carlo Carrà, Umberto Boccioni, Gino Severini und Luigi Russolo vertraut gemacht haben.

Allerdings wird in den unzulänglichen Berichten über diesen Besuch Marinettis auch kolportiert, daß der ›Chef-Futurist‹ da und dort heftiger Kritik von seiten russischer Künstler ausgesetzt gewesen sei und daß er darauf höchst unwirsch reagiert habe: »Die Russen sind falsche Futuristen, welche den wahren Sinn der großen Botschaft einer Welterneuerung durch futuristische Mittel verdrehen.« Aber über seine Botschaft konnte es keine Unklarheiten geben – das futuristische Manifest ist gleich nach seiner Veröffentlichung im Pariser ›Figaro‹ (20. Februar 1909) auch in russischen Zeitungen – natürlich in russischer Sprache – publiziert worden.

Malewitschs Brief an Benois zeigt inhaltlich und sprachlich, wie stark er damals von den radikalen Ideen des Futurismus beeindruckt war. Indem er auf den hoffnungslos rückständigen Religionsphilosophen Mereschkowski drischt, prügelt er die ganze traditionalistische Richtung. »Der arme Greis, Herr der Pfründe der griechischen Kunst, ernährt sich von den Küchenresten der früheren Pracht des Herrn, fristet sein Dasein bei den Ruinen des Friedhofs der griechischen und römischen Kunst. Wartet immer noch darauf, daß man ihm jeden Augenblick illustre Cäsaren bringt. Doch, o weh! Die Jahrhunderte vergehen, und keine Toten bringt man auf den Friedhof ... Und der alte Wachtmeister, um den Verstand gekommen, doch immer noch treuer Sklave des Cäsaren, ergreift dessen hervorlugende Knochen und rennt mit ihnen, hoch über seinem ergrauten Haupt erhoben, durch das ihm unverständliche Jahrhundert und schreit, wie schön sie seien. Doch die Götter sind tot und werden nicht mehr auferstehen! So starben die Elefanten, Träger der indischen, ägyptischen, griechischen und römischen Kunst.

Doch das waren Elefanten, die die Kultur ihrer Zeit trugen. In unserer Zeit aber gibt es keine Elefanten mehr. Und der Elefant, von dem Sie schreiben, ist kein Elefant, sondern ein Jagdhund, ein Treiber bei der Hatz. Seine Aufgabe besteht darin, die junge Generation unseres Jahrhunderts in die finsteren Katakomben der Vergangenheit zu jagen. Doch das glückt nicht. Die Rüpel kommen einer nach dem anderen – und wieviele sind bereits in unserer Zeit vorübergezogen: Monet, Courbet, Gauguin, van Gogh, Millet, der Rüpel Cézanne und die noch größeren Rüpel

Picasso und Marinetti (von uns dilettantischen Rüpeln ganz zu schweigen). Doch Mereschkowski steht auf dem Platz des Neuen Jahrhunderts inmitten des wahnwitzigen Wirbels von Motoren am Himmel und auf der Erde, schaut aus irren Augen und hält immer noch den Knochen des Cäsaren über seinem ergrauten Kopf erhoben und schreit etwas von Schönheit. Doch am Himmel sind seine Worte nicht zu hören, und auf der Erde ist das Geheul der Propeller näher und verständlicher.«

Und dann kommt Malewitsch auf den Kern seiner neuen gegenstandslosen Malerei, und das geht nicht ohne einen Seitenhieb auf die von Benois ins Leben gerufene und alten Mustern verhaftete ›Welt der Kunst‹-Bewegung ab: »Doch die ›Welt der Kunst‹ – um was hat sie ihre Zeit bereichert? Ein paar Krinolinenstoffe und Uniformen aus der Zeit von Peter dem Großen hat sie als Geschenk eingebracht. Deshalb wende ich mich nur an diejenigen, die zusammen mit mir bereit sind, der gegenwärtigen Kunst ihre eigene Frucht zu geben. Und ich bin glücklich, daß das Gesicht meines Quadrates mit keinem einzigen Meister und keiner Zeit zur Deckung gebracht werden kann. Stimmt's? Ich gehorchte den Vätern nicht und bin ihnen nicht ähnlich. Und ich bin eine Stufe.«

Malewitschs Absolutheitsanspruch in Sachen neuer Kunst ist unüberhörbar. Er hat nichts anderes als die Suprematie im Sinn, und damit ist er »eine Stufe«. Er fährt schweres Geschütz auf, um die Ideologie der ›Welt der Kunst‹ zu zerstören – und schon in dieser grundsätzlichen Auseinandersetzung mit den Vertretern einer ›rechten‹ Kunst be-

weist Malewitsch, daß er Mut und Standvermögen hat – Eigenschaften, die ihm in den bevorstehenden Kontroversen mit den kommunistischen Machthabern zugute kommen werden.
Es ist in der Tat auch im Jahre 1916 bereits riskant, wider den Stachel der kommunistischen, materialistischen Revolution zu löcken. »Ich verstehe Euch«, so schreibt Malewitsch in seiner Abrechnung mit Benois und dessen ›Welt der Kunst‹, »Ihr seid Väter und wollt, daß Eure Kinder Euch ähnlich sind. Und ihr scheucht sie in die Weidegründe des Alten und brennt ihrer jungen Seele Stempel (des Wohlverhaltens) ein wie in die Pässe auf dem Polizeirevier. Dreckig, um tausend Jahre im Rückstand, gehen sie aus dem Haus, dekoriert mit dem Stempel, irren ziellos umher, ohne zu wissen, warum und wohin und wozu (freie Künstler).«
Und Malewitsch steigert sich in seiner Kritik: »Die Akademie und das Museum haben Sie ihres wahren Sinnes beraubt. Sie haben sie zu strikten Parteiausstellungen gemacht, desgleichen sie in ein Werkzeug verwandelt und in Kasematten für ein Gefängnis – für Ausschluß von Freidenkertum. Sie haben dort Schablonen ausgestellt und ihnen zu Ruhm verholfen. Und wer Ihrer Schablone treu ist, der wird neben Ihnen ausgestellt. So werden die Fangeisen der Stagnation geschmiedet. Und die unglückselige, im Geiste arme, nach Ruhm dürstende Jugend geht in Richtung Schablone. Cézanne, der größte Meister, der Rüpel Frankreichs, ist tot und nie der Ehre für würdig befunden worden, mit Ihnen ausgestellt zu werden ... Und Ihr

System feiert Triumphe. Alles haben Sie vorausbedacht und überall Stacheldraht gezogen, nur einen Schlitz für Ihre Schablone haben Sie freigelassen. Alle Instrumente, um einen Ihnen Unähnlichen auszuradieren, sind in Ihrer Hand; doch stark ist die Leinwand, und auf dem Speicher ist eine Galerie der Rüpel, ein Museum. Von dort werden sich Eure Enkel die Bilder besorgen und Eurem System den Hals umdrehen.«
Malewitsch ist offensichtlich in seinem Element: »Ich habe eine einzige nackte (wie eine Hosentasche), ungerahmte Ikone meiner Zeit – und zu kämpfen, fällt schwer. Doch das Glück, Euch unähnlich zu sein, verleiht die Kraft, immer weiter und weiter in die Leere der Öden fortzuschreiten. Denn dort ist Umgestaltung. Und Ihren Vorwurf, meine Philosophie gleiche der, die Millionen Leben hinwegfegt, halte ich für unrichtig. Gleichen sie nicht alle dem Feuer, das jeglicher Bewegung den Atem abschnürt? Meine Philosophie lautet: Vernichtung der Städte und Dörfer alle 50 Jahre, Vertreibung der Natur aus der Kunst, Vernichtung von Liebe und Aufrichtigkeit in der Kunst, um nichts in der Welt aber Abtötung des lebendigen Quells im Menschen (Krieg).«
Solche radikalen Thesen mußten die ›rechten‹ Künstler und insbesondere die ›rechten‹ Funktionäre, wie Benois einer war, empfindlich treffen. Hier liegen auch die Ursachen für die späteren Fehden zwischen Malewitsch samt seinen getreuen Anhängern und den mächtigen, kommunistisch orientierten Künstlerverbänden. »Nein, Herr Benois«, so schließt Malewitsch seinen Brief, »es gelingt Ihnen nicht, das Geheimnis der

Zauberformel aufzutun und mich in die Herde der Schweine zu treiben; denn das Geheimnis der Zauberformel, das ist die Kunst selbst zu schaffen, und diese lebt in der Zeit, und die Zeit ist größer und weiser als die Schweine! Und nie werden Sie auf meinem Quadrat das Lächeln der holden Psyche erblicken. Und nie wird mein Quadrat Matratze für die Liebesnacht sein.«

Zwischen den künstlerischen Anschauungen von Benois und Malewitsch haben sich damals Welten aufgetan. Benois' Wurzeln gehen zurück bis in die Tradition der ›Wanderer‹ – jener Künstlergruppe, die der russische Eisenbahnmagnat Sawa Mamontow seit Mitte der sechziger Jahre des 19. Jahrhunderts um sich geschart hatte und die mit ihren Ausstellungen von Ort zu Ort ›wanderten‹, um ihre künstlerischen Überzeugungen unters Volk zu bringen. Denn die Beglückung des gemeinen Volks war ihr Ziel. Die ›Wanderer‹ – unter ihnen Ilja Repin, Michail Wrubel, Wassili Polenow, Walentin Serow, Wassili Surikow, Isaak Lewitan und Konstantin Korowin – verstanden sich als Sozialreformer. Mit ihrer Kunst wollten sie die Wahrheit und Wirklichkeit des Lebens darstellen. Nicht umsonst gerieten so das Landleben und vor allem die Figur des Bauern in den Mittelpunkt des Schaffens der ›Wanderer‹. Es ist in diesem Zusammenhang nicht ohne Reiz, den Bogen über die Schwelle zum 20. Jahrhundert zu schlagen und sich zu vergegenwärtigen, daß auch Kasimir Malewitsch in seiner neo-primitivistischen und anschließenden kubofuturistischen Phase etwa ab 1905/06 Szenen aus dem bäuerlichen Leben und dem Hand-

werksstand malte und nach der hohen Zeit des Suprematismus erneut diese Thematik aufgriff.
Freilich war inzwischen Entscheidendes geschehen. Die Ideale einer neuen Kunst wurden von der Avantgarde der jüngeren russischen Künstlerinnen und Künstler begierig aufgegriffen. Sie kannten Cézanne und die französischen Impressionisten. Sie kannten den Kubismus von Picasso und Braque, und sie kannten den Futurismus. Die ›Welt der Kunst‹ war längst ein alter Zopf – mochte sich ihr Begründer Alexander Benois auch noch so deutlich von den »völkischen« Ansichten der ›Wanderer‹ abgesetzt und statt dessen das Heil seiner Bewegung auf dem Felde der Internationalität und der Rückbesinnung auf die Kultur der Zeit Peters des Großen und Katharinas der Großen gesucht haben.
Die kultivierte Bewegung ›Welt der Kunst‹, die – zusammen mit ihrer gleichnamigen Zeitschrift – einen großen Einfluß auf das russische Theater und vor allem auf das russische Ballett von Sergej Diaghilew genommen hatte, verlor in dieser Aufbruchphase der neuen Kunst schnell an Gewicht; doch gelang es dem unermüdlichen und ehrgeizigen Benois, sich andere Sprachrohre für die Propagierung seiner Ideen zu verschaffen, wobei nicht übersehen werden darf, daß dieser kunstbesessene und hochgebildete Mann mit seinem vielfältigen, natürlich auch umstrittenen Wirken das künstlerische Leben in Rußland um die Jahrhundertwende bereichert und mit seinen zahlreichen wissenschaftlichen Arbeiten einen wichtigen Beitrag zur Erforschung der russischen Kunstgeschichte geleistet hat.

Eine neue Zeit brach an. Neue Blätter erschienen und verschwanden – etwa ›Apollo‹, ›Die Waage‹, ›Der neue Weg‹. 1905 wurde auf Anregung des damals 35 Jahre alten Malers Wiktor Borissow-Mussatow in Moskau die Künstlergruppe ›Himmelblaue Rose‹ gegründet, deren Organ ab 1906 ›Das Goldene Vlies‹ war. Diese Zeitschrift war stark nach Frankreich hin orientiert, sie erschien anfangs sogar in russischer *und* französischer Sprache. So ist es kein Wunder, daß von der ›Himmelblauen Rose‹ und dem ›Goldenen Vlies‹ die ersten Impulse für die revolutionäre Kunst in Rußland ausgingen.
Wie es in einem programmatischen Artikel dazu heißt, gab es für die Gruppe »zwei Ziele: einerseits wollte sie durch die Gegenüberstellung von russischen und westlichen Experimenten den besonderen Entwicklungsgang der jungen russischen Malerei und ihre neuen Probleme deutlich darlegen, andererseits die der westlichen und russischen Malerei gemeinsamen Merkmale herausstellen.« Und weiter: »Trotz der unterschiedlichen Eigenart beider Völker nämlich (die Franzosen sind sensueller, die Russen spiritueller) gehen die neuen Wege der jungen Maler auf einen gemeinsamen geistigen Ursprung zurück. Hier ist es der Wunsch, über Ästhetizismus und Historizismus hinauszugelangen, dort die Reaktion auf die neuakademische Kunst, die den Impressionismus hervorrief.«
Das ›Goldene Vlies‹ ließ es nicht bei diesen Leitsätzen bewenden, sondern machte Ernst mit der Öffnung nach den künstlerischen Errungenschaften des Westens. 1908 veranstaltete die Zeitschrift in Moskau eine sensationelle französisch-russische

Ausstellung mit insgesamt 285 Werken, darunter drei Skulpturen von Aristide Maillol und Auguste Rodin. Alle ›Stars‹ der Avantgarde Frankreichs waren vertreten – Pierre Bonnard, Edouard Vuillard, Maurice Denis von den ›Nabis‹, Henri Matisse, André Derain und Kees van Dongen von den ›Fauves‹, zudem Alfred Sisley, Auguste Renoir, Georges Braque, Paul Cézanne, Vincent van Gogh, Paul Gauguin. Zur Vernissage in den mit Seidenstoffen ausgekleideten Sälen soll es Champagner gegeben haben.

Schon in dieser ersten ›Vlies‹-Schau fielen in der russischen Abteilung die Bilder des 27jährigen Michail Larionow und seiner gleichaltrigen Lebensgefährtin Natalia Gontscharowa durch ihre besondere Farbigkeit auf. Das war in den beiden folgenden ›Vlies‹-Ausstellungen im Januar und Dezember 1909 nicht anders. Insbesondere diese letzte Veranstaltung des ›Goldenen Vlies‹ bekräftigte die führende Position des Gespanns Larionow/Gontscharowa innerhalb der russischen Avantgarde, die sich daranmachte, den starken Einfluß der Nabis und Fauves abzuschütteln. Larionow und Gontscharowa setzten hier die entscheidenden Akzente. Ihre Kunst, die sich sehr selbstbewußt auch aus Elementen der russischen Volkskunst, nun gepaart mit den französischen Erfahrungen, speiste und entschieden auch primitivistische Formen benutzte, hat einen Künstler wie Kasimir Malewitsch sicherlich beeinflußt – sein neo-primitivistischer und kubofuturistischer Stil wurde von diesem Umfeld geprägt.

Keimzelle für eine weitere, rasante und starke Impulse auslö-

sende Entwicklung der Kunst in Rußland war in der Nachfolge des ›Goldenen Vlies‹ die 1909 in Moskau gegründete und von Larionow/Gontscharowa beherrschte Künstlergruppe ›Karo-Bube‹, in der sich hauptsächlich die russischen ›Cézannisten‹ zusammenfanden – neben Larionow und Gontscharowa waren dies u. a. Aristarch Lentulow, Robert Falk, Ilja Maschkow und Pjotr Kontschalowski. Es gab einige Ausstellungen, in denen bei wechselnder Besetzung Kandinsky und Jawlensky, Gleizes und Lhote, Delaunay und Léger vertreten waren. Aber Larionow, damals das Haupt jener jungen russischen Künstler, die unabhängige, eigenständige Wege suchten, hatte schon die Parole ausgegeben – sie hieß: Fort von der »Münchner Dekadenz« des ›Blauen Reiter‹ und fort von dem »billigen Orientalismus der Pariser Schule«!
Zweifellos: das künstlerische Klima wird rauher, das Tempo der Entwicklung schneller. Dies geht einher mit dem umwälzenden politischen Geschehen, das schließlich mit der Oktoberrevolution von 1917 die Sowjets an die Macht bringt. Zwischen 1900 und 1905 muß das Land den Krieg mit Japan, Streiks und Unruhen, eine Meuterei in der Schwarzmeer-Flotte und einen Bauernaufstand verkraften. Der Zar löst 1906 die erste und 1907 die zweite Reichsduma auf. An seinem Hof herrscht als Wundermann der sibirische Bauer Rasputin, der 1916 ermordet wird. Lenin gelingt es, 1912 in der neugebildeten Duma eine selbständige Fraktion zu bilden und im Mai eine eigene Parteizeitung herauszubringen, die ›Prawda‹. Das Blutbad, das die Miliz im selben Jahr unter

Bergarbeitern in Lena anrichtet, nimmt Wladimir Iljitsch Uljanow zum Anlaß, aus Solidarität mit diesen Arbeitern den Namen Lenin anzunehmen. 1915 kommt es in Moskau zu einem Generalstreik, die Unruhe in der Bevölkerung wächst. Das russische Heer zeigt sich zunehmend demoralisiert. Am 23. Februar 1917 bricht eine erste Revolution in Petrograd aus, Zar Nikolaus II. dankt ab, das Militär schlägt den Putsch nieder, Lenin flieht nach Finnland, Kerenski wird Ministerpräsident. Der bewaffnete Aufstand vom 25. Oktober 1917 – die Oktoberrevolution – gelingt. Lenin kehrt aus dem Exil zurück, in dem er seine Schrift ›Staat und Revolution‹ verfaßt hat, und setzt sich an die Spitze des Rates der Volkskommissare, dem als Fachkommissare noch Alexei Rykow (Inneres), Anatoli Lunatscharski (Volksbildung), Leo Trotzki (Äußeres) und Josef Stalin (Nationalitätenfragen) angehören. Zudem: In allen diesen Jahren leidet die Bevölkerung unter den schlimmsten Versorgungsschwierigkeiten – das Wort Hungersnot ist für weite Teile des Landes und über einen langen Zeitraum hinweg Realität.

Die Vorstellungskraft reicht nicht aus, um nachzuvollziehen, was zwischen 1910 und 1920 in Rußland an tatsächlichen Veränderungen in den Bereichen von Politik, Gesellschaft, Kunst und Kultur gleichzeitig geschah. Bis dahin gültige Wertsysteme brachen zusammen. Politik und Kunst integrierten sich – jedenfalls für eine kurze heroische Phase – auf geradezu atemberaubende Weise. Überall in den Zentren gärte und brodelte es. Die Kunst eines Malewitsch, Tatlin und Lissitzky

schickte sich an, ins Leben der Massen einzudringen – und dies in einem durchaus ganz konkreten Sinne, das heißt durch die Gestaltung der Umwelt und vieler Lebensbereiche.
Die Folge dieser alle bis dahin bekannten Maßstäbe sprengenden Entwicklung war eine Zersplitterung der kreativen Kräfte und eine schon bald nach der Oktoberrevolution einsetzende und dann immer stärker und gezielter in Gang gebrachte Beeinflussung der Kunst durch die sowjetischen Machthaber, die natürlich in den Reihen der Künstler schnell genügend Verbündete bzw. Mitläufer fanden. Lenin, dessen Herz für die antike und klassizistische Kunst schlug, hat an diesem Prozeß des allmählichen Verstummens der Avantgarde in seinem Land einen entscheidenden Anteil. Schließlich hat er auf vielfältige Weise seine Abneigung gegenüber den zeitgenössischen ›linken‹, bourgeoisen, futuristischen Künstlern zum Ausdruck gebracht. Dies geschah auf zahllosen Versammlungen sowie durch entsprechende Dekrete, Briefe, Anfragen, Notizen.
Die bis hin zu offener Feindschaft gehenden Kontroversen zwischen den Revolutionskünstlern und auch innerhalb der einzelnen Gruppen zeichnete sich erstmals deutlich im Umkreis der Gruppe ›Karo-Bube‹ ab, die übrigens mit behördlicher Genehmigung tätig und in ihrer Ausstellungspolitik offen für alle Künstler im Bereich des ›linken‹ Spektrums war. So konnte auch Kasimir Malewitsch hier ausstellen – allerdings mit geringem Erfolg. Wichtig aber war, daß er bei den ›Karo-Buben‹ Larionow und Gontscharowa kennenlernte, die unter Protest im Februar 1912 die ›konservativen Cézannisten‹ verlassen hatten,

um noch im März die Gruppe ›Der Eselsschwanz‹ mit einer Ausstellung in Moskau der Öffentlichkeit zu präsentieren. Diese Schau vereinte zum ersten Male die Werke von Larionow, Gontscharowa, Malewitsch und Tatlin – alle waren breit vertreten, ein anderer Prominenter sandte aus Paris ein einziges Bild, ›Der Tod‹: Marc Chagall. Ansonsten war nur Unbedeutendes zu sehen. Aber es gab einen Skandal – die Zensurbehörde entschied, daß das vierteilige Gemälde ›Die Evangelisten‹ von Natalia Gontscharowa nicht in eine Ausstellung mit dem Titel ›Eselsschwanz‹ gehöre. Das sei Gotteslästerung. So wurde das Bild abgenommen und fürs erste beschlagnahmt. Malewitsch zeigte primitivistische Szenen aus dem bäuerlichen Milieu, ähnlich wie Gontscharowa, und er hat später in seiner Autobiographie dazu Stellung genommen: »Gontscharowa und mich zog es zum Bauerntum. Jedes unserer Werke hatte ein Thema, das, wenn auch in primitiver Form ausgedrückt, einer sozialen Absicht diente. Dies unterschied uns grundsätzlich von der Gruppe ›Karo-Bube‹, die den Anschauungen Cézannes folgte.«

Das explosionsartige Auftreten von Künstlergruppen mit ihren zum Teil auch überdrehten Aktivitäten hatte zur Folge, daß ständig neue Konstellationen, neue Zusammenschlüsse, neue Programme erprobt wurden. Vieles davon wurde aber auch immer wieder in Frage gestellt, verworfen, bekämpft, verurteilt. Der wendige Larionow überraschte bereits auf der Ausstellung des ›Bundes der Jugend‹ 1911 mit einer ›rayonistischen‹ Komposition, der ›Glasscheibe‹, einer kristallinisch aufgebrochenen, lichten Farbstruktur. Und in seinem ›Rayonistischen Manifest‹ von 1913 verkündete er pathetisch: »Wir erklären: Der Genius unserer Zeit ist alles dies: Hosen, Jacken, Schuhe, Busse, Straßenbahnen, Flugzeuge, Eisenbahnen, herrliche Schiffe – welch ein Zauber – welch unvergleichlich große Epoche der Weltgeschichte! Wir leugnen den Wert des Individuellen im Kunstwerk. Man darf ein Kunstwerk nur nach den Mitteln und Gesetzen seiner Erschaffung betrachten und bewerten. Es lebe die Schönheit des Orients! Wir vereinen uns mit zeitgenössischen östlichen Künstlern zu gemeinsamer Arbeit. Es lebe die nationale Bewegung! Wir gehen Hand in Hand mit den Malern der Heimat ... Wir sind gegen den Westen, der unsere östlichen Formen verflacht und alle Dinge ihres Wertes beraubt. Wir erwarten technische Meisterschaft in der Kunst. Wir bekämpfen die Kunstgesellschaften, die zur Stagnation führen. Wir erwarten vom Publikum keine Beachtung, bitten es jedoch, auch von uns keine Beachtung zu erwarten ...«

Das waren starke Töne, aber in jener Zeit waren diese an der Tagesordnung – und das hatte wohl sehr viel mit dem Elan des unerhörten Aufbruchs in neue Dimensionen von Kunst und Gesellschaft zu tun. In den meist kurzlebigen Kunstblättern der unterschiedlichsten Richtungen gab es zum Teil äußerst heftige und polemische Auseinandersetzungen um kleine und große Probleme. An vielen Fronten der ›linken‹ und ›rechten‹ Kunst entbrannte der Kampf beispielsweise um die Bedeutung des russischen Futurismus, des Konstruktivismus, des Produktivismus und des Proletkults für die Ziele der politischen Revolu-

tion, in starkem Maße natürlich auch um die Bedeutung des Suprematismus.
So ist der Futurismus für den einen gleichbedeutend mit »allen linken« Tendenzen in der Kunst, für den anderen ist er »ein Abfallprodukt der sich zersetzenden bürgerlichen Kunst« und daher keine proletarische Kunst, wie Sergei Tretjakow, ein prominenter Schriftsteller, Kritiker und Redakteur der bedeutenden Revolutionszeitschrift ›LEF‹ (Linke Front der Künstler) dort einmal geschrieben hat. Mit der Frage nach Marinetti, der bei seinem Besuch in Moskau von den russischen Futuristen mit Eiern beworfen worden sei, müsse endlich Schluß gemacht werden, meinte Tretjakow. »Er ist ein Feind, auch wenn er den Namen Futurist trägt. Kein geringerer Feind für den russischen Futurismus als der Menschewismus für den Kommunismus, auch wenn beide die gleiche Losung haben: ›Proletarier aller Länder, vereinigt euch!‹ Das Problem liegt nicht in der Bezeichnung, sondern darin, wofür und wie diese eingesetzt wird.«
Tretjakow beklagt, daß der Weg des russischen Futurismus vom Tage seiner Geburt an schwer gewesen sei: »In einer vergifteten Atmosphäre wurde er geboren, mit vergifteter Nahrung gespeist. Aber der tödliche Haß gegen diese Atmosphäre und diese Nahrung, ebenso wie die harte Selbstkritik und Selbstprüfung sorgten dafür, daß er nicht auf der Stelle seiner früheren Erfolge zu treten begann, sondern weiter voranschritt, angetrieben durch das Gespür für dialektische Wirklichkeit und durch das Prinzip der sozialen Zweckmäßigkeit. Wie kann er es aber wagen, sich als proletarische Kunst zu bezeichnen?«

Interessant ist auch die Ansicht des Kunsthistorikers und Kunstkritikers Nikolai Punin, der 1953 nach mehrmaligen Verhaftungen in einem Lager umgekommen ist. In ›Kunst der Kommune‹ schreibt der damals 31jährige: »... Wenn wir vom Futurismus sprachen, sprachen wir immer von der Macht; mehr noch, wir haben schon darauf hingewiesen, daß der Futurismus eine Ergänzung zum Kommunismus ist, weil der Futurismus nicht nur eine künstlerische Bewegung ist, sondern ein ganzes Formensystem ... Und jetzt sind wir sogar bereit zu behaupten, daß es den Kommunismus als eine Kulturtheorie nicht ohne den Futurismus geben kann, ebenso wie es den gestrigen Abend ohne unsere heutige Erinnerung an ihn nicht geben kann.«
Punin kann sich noch steigern: »Wenn man irgendwelche objektiven Beweise für unsere Verwandtschaft mit dem Kommunismus suchen müßte, dann liegen sie gerade in dieser materialistischen Sichtweise mit allen Konsequenzen, die aus ihr möglich sind: Mechanisierung des Lebens, Kollektivismus, Determinismus, planmäßige Organisation der Kultur und, was besonders wichtig ist, das Schöpferische, denn wir glauben, daß das Schöpferische der wesentlichste Grund ist, der Futurismus und Kommunismus gegenwärtig zusammenbringt. Es gibt heute keine anderen Bewegungen außer der sozialistischen und der futuristischen, die die Zukunft im Blick hätten, und keine anderen Methoden außer den Methoden des Kommunismus und des Futurismus, die mit einer so konzentrierten schöpferischen Spannung dieser Zukunft entgegen-

gingen. Und genau dieses Schöpferische, diese Einheit des materialistischen Standpunkts, der Kollektivismus, sowie die Methoden der Erfindungen selbst, sie sind es, die uns hauptsächlich der kommunistischen Revolution näherbringen, ich betone: der Revolution, nicht jedoch dem bestehenden sowjetischen Alltag ...«

Noch heftiger waren die Kämpfe um den Konstruktivismus. Die ›Kleine sowjetische Enzyklopädie‹ vermerkt noch in ihrer Ausgabe vom August 1960 zum Stichwort Konstruktivismus: »Eine formalistische Strömung in der bourgeoisen Kunst, die sich nach dem Ersten Weltkrieg entwickelte. Von Natur aus antihumanistisch und den Realismus ablehnend, erschien der Konstruktivismus als Ausdruck tiefsten Verfalls der bourgeoisen Kultur in der Zeit der allgemeinen Krise des Kapitalismus.«

Von den bekannten Künstlern der damaligen Avantgarde hat sich Naum Gabo, der 1920 mit seinem Bruder Nathan (Antoine) Pevsner das ›Realistische Manifest‹ schrieb, gegen die Entwicklung der konstruktivistischen Bewegung zu einer Ideologie gewandt. Damit zielte er auf Tatlin und die ›Erste Arbeitsgruppe der Konstruktivisten‹, die nicht so sehr an der Kunst interessiert waren, sondern vielmehr daran, Gebrauchsgegenstände zu entwerfen, während Gabo selbst in seinem Manifest Raum und Zeit als wesentlich für den Konstruktivismus bezeichnet. Von Tatlin wird folgendes Statement überliefert: »Die Kunst ist tot! ... Kunst ist so gefährlich wie Religion, eine Weltflucht ... Laßt uns mit der spekulativen Tätigkeit (dem Bil-

dermalen) aufhören und die gesunden Grundlagen der Kunst – Farbe, Linie, Materialien und Formen – auf das Gebiet der Wirklichkeit, die praktische Konstruktion übertragen!«
Die Idee des Konstruktivismus faszinierte nicht nur die bildenden Künstler, sondern auch die Filmer, Fotografen, Theaterleute, Designer, Architekten. Alexander Rodtschenko formulierte 1922 einige Konstruktivismus-Slogans in einem Brief an seine Frau Warwara Stepanowa: »Nieder mit der Kunst! Es lebe die Technik! Religion ist eine Lüge! Kunst ist eine Lüge! Tötet die letzten Überbleibsel menschlichen Denkens, soweit es mit der Kunst verbunden ist. Nieder mit den Kunsttraditionen! Es leben die konstruktivistischen Techniker! Nieder mit einer Kunst, welche nur das Unvermögen der Humanität verschleiert! Die kollektive Kunst der Gegenwart ist konstruktives Leben.«
In der ersten Ausgabe der Zeitschrift ›LEF‹, 1923, hieß es: »Die materiale Gestaltung des Objektes soll die ästhetische Kombination ersetzen. Das Objekt soll als Ganzes behandelt werden, es darf keinen erkennbaren Stil vertreten, sondern muß ganz einfach auf derselben Stufe stehen wie ein industrielles Produkt, wie zum Beispiel ein Wagen oder ein Flugzeug. Konstruktivismus bedeutet rein technische Meisterschaft und Zusammenstellung der Materialien nach drei Prinzipien: a) Tektonik (Schöpfungsakt), b) Faktur (Art und Weise der Schöpfung), c) Konstruktion.«
In seiner 1922 erschienenen Abhandlung über den Konstruktivismus schrieb Alexei Gan, ein engagierter Verfechter der Pro-

duktionskunst: »Die proletarische Revolution ist nicht ein aufpeitschender Ruf, sondern eine wirkliche Peitsche, die alle Schmarotzer aus dem wirklichen Leben vertreiben wird.« Gan, damals 30 Jahre alt und im Auftrag der Abteilung für Bildende Künste (IZO) innerhalb des Volkskommissariats für kulturelle Bildung (NARKOMPROS) verantwortlich für die Massenschauspiele zu den diversen Oktoberrevolutions-Feiern, hat die enge Verbindung von Kunst und Arbeit, wie sie im Konstruktivismus zur Anschauung gebracht werden soll, immer betont. Eigentlich den Idealen der ›Wanderer‹ des 19. Jahrhunderts verwandt, schwärmten die Konstruktivisten auch von einer sozialen, ganz auf den Menschen bezogenen Kunst. Gan sprach sogar von »sozial gelenkten Kunstwerken« und erklärte der »reinen« Kunst »einen kompromißlosen Krieg«.

Der romantische, sozialreformerische Bezug dieser Bewegung ist unverkennbar. »Reißen wir uns los von unserer spekulativen Aktivität (Kunst)«, agitiert Alexei Gan in seinem Konstruktivismus-Buch, »und versuchen wir den Weg zu wirklicher Arbeit zu finden, und wenden wir unsere Kenntnisse und unsere Geschicklichkeit an, wirkliche, lebendige und zweckmäßige Arbeit zu leisten. Intellektuell-materielle Produktion stellt wechselseitige Beziehungen und eine Produktionsbasis mit Wissenschaft und Technik her, ersetzt die Kunst, die gerade in ihrer Eigenschaft als Kunst nicht losgelöst werden kann von Religion und Philosophie und sich nicht selbst herausschälen kann aus dem geschlossenen Kreis der abstrakten, spekulativen Aktivität. ... Nicht widerspiegeln, nicht bildlich

darstellen und nicht interpretieren, sondern wirklich bauen und die systematische Aufgabe der neuen Klasse, des Proletariats, ausdrücken, darum geht es. Der Meister von Farbe und Strich, der Erbauer von Raum-Volumen-Formen und der Organisator von Massenproduktionen, sie alle müssen Konstruktoren werden in der gemeinsamen Arbeit des Kampfes und der Bewegung der viele Millionen zählenden Massen ...«
Auch der ungarische Kunstschriftsteller und Kritiker Ernö Kállai, der zwischen 1920 und 1935 hauptsächlich in Berlin arbeitete und ein Kenner der Werke seiner konstruktivistisch arbeitenden Landsleute László Moholy-Nagy und László Peri war, hat die Beziehung des Konstruktivismus zum wirklichen Leben erkannt, gleichzeitig jedoch auf die Umkehr dieser Richtung zu einer neuen Ästhetik verwiesen. Kállai machte den Widerspruch an dem ›Realistischen Manifest‹ der Brüder Gabo von 1920 fest, in dem er eine vorsichtige Abwendung von der Ingenieurkunst herauslas. Im ›Jahrbuch der jungen Kunst‹ (Leipzig, 1924) schreibt er unter Hinweis auf die dem Konstruktivismus eigene »Sachlichkeit und Organisation höchsten Grades«: »Doch wie hätte diese Sachlichkeit eine Gegenüberstellung mit der Welt des Wissenschaftlers und Technikers ertragen können? Sie mußte notwendigerweise an ihrem inneren Widerstand zwischen Ästhetik und Utilitarismus zu Fall kommen, der allein durch den romantischen Nebel der begeisterten Anfänge verdeckt wurde. Die Russen schwärmten von Gegenständen und Realitäten. Sie waren von dem Fanatismus eines neuen, scheinbar unerhört kühnen und einleuchtenden

Baugedankens besessen. Sie machten Konstruktionen aus Industriestoffen, von größter formaler Ökonomie, interessantester Statik und, teilweise, räumlicher Struktur. Unleugbar tastete sich hier eine neue Einheit der Raum-, Stoff- und Formempfindung ins Leben. Doch es geht zu weit, wenn man diesen ›Gegenständen‹ mehr Bedeutung zumißt als die, Ausdruck einer romantischen Sehnsucht nach Architektur zu sein. Die meisten waren nur allzu deutliche Erinnerungen an nutzleistende technische Erzeugnisse, ohne das entscheidende Moment tatsächlicher Nützlichkeit aufweisen zu können. Die erstrebte Gegenständlichkeit enthüllte sich als pure Fiktion, und so mancher von ihren ›Konstrukteuren‹ treibt heute gewöhnliche Handwerkerarbeit. Was nicht allein den besonderen schwierigen Wirtschaftsverhältnissen Räterußlands zuzuschreiben ist, sondern vor allem der unausbleiblichen Götterdämmerung intellektueller Fiktionen.«
Freilich: In diesen ersten Jahren nach der Oktoberrevolution machten etliche konstruktivistische Künstler gleichsam ›Nägel mit Köpfen‹. Sie gingen tatsächlich, wie der kompromißlose Tatlin, in die Fabriken, um das Handwerk zu erlernen und sich mit der Tätigkeit des Ingenieurs vertraut zu machen. Tatlin entwarf einen energiesparenden Ofen und Arbeiterkleidung, die bei einem Minimum an Gewicht und Stoff größtmögliche Bewegungsfreiheit und Wärme geben sollte.
Zweifellos der schärfste Kritiker des Konstruktivismus war Kasimir Malewitsch. In einem vom 10. Mai 1927 datierten Brief an Kurt Schwitters aus Berlin, der in einer Übersetzung

im Berliner Bauhaus-Archiv vorliegt, geht Malewitsch auf einen Artikel von Schwitters ein, den dieser in der Zeitschrift ›Der Sturm‹ im Oktober 1921 (!) veröffentlicht hat. Darin »schreiben Sie verzweifelt, daß die Kunst ganz vom Konstruktivismus beherrscht werde zu einer Zeit, in der die Kunst bereits beginnt, das Banner hoch zu tragen, und der Künstler sich vom Joch der Ideen befreit«.
Malewitsch fährt fort: »Die Kunst befindet sich zwar in einer schweren Krise, aber der Mensch wird Mensch bleiben und sich nicht in einen leblosen Automaten verwandeln lassen, den er ja geschaffen hat, um seine eigenen Bewegungen für wichtigere, lebendige Dinge einzusetzen. Der Konstruktivismus wird daher in der Lage sein, die Kunst zu töten, er selbst ist von den Automaten besiegt worden. Die Konstruktivisten haben sich unter dem Druck der zweckmäßigen Technik von der Kunst abgewandt und sind bestrebt, dem Leben zu dienen, um es in wirtschaftlicher Hinsicht zu verbessern; sie sind selbst zu Automaten geworden und sich dessen nicht bewußt, daß die Konstruktion ihnen zur Befreiung von den Fesseln des Lebens dient.«
In diesem kaum bekannten Brief an Schwitters kommt Malewitsch zu tiefgreifenden Erkenntnissen, die sicherlich stark auch an seine persönlichen Erfahrungen als Künstler im kommunistischen Sowjetstaat gebunden sind. »Die Anhänger der neuen Kunst«, so schreibt er, »waren von den politischen und wirtschaftlichen Umwälzungen so hingerissen, daß sie die neuen Errungenschaften zu Ausdrucksmitteln machten, an-

statt Befreiung der Kunst von verschiedenen Ideologien anzustreben und tatsächlich neue Formen zu schaffen. Die übrigen neuen Künstler beschäftigten sich mit der Konstruktion verschiedener zweckmäßiger Gegenstände und haben sich dadurch von der Kunst abgewandt; die Kunst ist in die alte Form zurückgefallen, das heißt in Illustration, Ideologien und deren Bedienung.«

In einer Definition des Konstruktivismus, die in Übersetzung ebenfalls im Besitz des Bauhaus-Archivs Berlin ist, kommt Malewitsch zu klaren, aus seiner Sicht logisch entwickelten Aussagen: »Unter Konstruktivismus verstehe ich eine gewisse Art rein materialistischer Ideologie, ein zweckmäßiges, wissenschaftlich begründetes und menschliches Verhalten, das sich aus der einen oder anderen Sozialstruktur ergibt.

Der Konstruktivismus kann eine Ideologie der Darstellung sein. Wie sieht die Ideologie der Kunst aus? Meiner Ansicht nach kennt die Kunst weder Ideologie noch Idee, ja nicht einmal das Bild, und wenn jemand in der Kunst eine Ideologie ausmacht, dann findet er vor allem Elemente der einen oder anderen Ideologie, die der Kunst und auch dem Künstler aufgezwungen wurden.

Was ist die Form?

a. Unter Form verstehe ich eine Reihe von Elementen, die in einer Beziehung zueinander geschaffen wurden und die zusammen ein Werk ergeben.

b. Eine Form kann es nur in der Kunst geben, denn ein Werk ist die Verwandlung von Elementen in eine unzerstörbare, dauerhafte Verbindung.
c. In der Konstruktur kann es keine Form geben, weil sich die Konstruktur aus einer unbeständigen sozialökonomischen Struktur ergibt.
d. Der Künstler stellt die Frage nach der Form, der Bauingenieur nach der Zweckmäßigkeit.
e. Die Konstruktur als solche ist international, die Kunst ist international, der Konstruktivismus ist nicht international, denn er ist – wie eine Weltanschauung – eine Ideologie.«

Malewitsch hatte, als er dies niederschrieb, bereits seine suprematische Lehre formuliert, das heißt, er wußte schon damals, daß der Konflikt mit der Obrigkeit, mit Lenin, unausweichlich war. Hinterher, insbesondere nach Lenins Tod 1924, ging es nur noch um Fragen des Überlebens, um Richtungskämpfe zwischen Künstlergruppen, um Macht und Einfluß der Verbände. Aber in dieser heroischen Phase des Aufbruchs zur Schaffung des ersten sozialistischen Staates auf unserer Erde bildeten die avantgardistischen Künstler das kreative geistige Ferment. Vielfach wurde die Revolution mit der Botschaft des Christentums in Verbindung gebracht, ja es wurden sogar Vergleiche zwischen Christus und Lenin gezogen – und es gehört, wie wir später sehen werden, zu den tragischen Verstrickungen des Kasimir Malewitsch, daß er zu diesem heiklen Thema ein eigenwilliges, dunkles Kapitel liefert.

Es wäre sicherlich verfehlt, wollte man mit Blick auf die kurze Phase der Übereinstimmung von politischer und künstlerischer Revolution gleich von einer Liebesumarmung der letztlich von ihrem Wesen her divergierenden Kräfte sprechen. Nach der Zeit des ›Kriegskommunismus‹, die 1921 mit der Verkündung der ›Neuen Ökonomischen Politik‹ (NEP) endete, zeichnete sich schnell und grausam ab, daß die fortschrittlichen künstlerischen Ideen, wie sie im Suprematismus von Malewitsch ihren höchsten Ausdruck gefunden haben, und die kommunistische Ideologie der Bolschewiki miteinander unvereinbar waren. Dort war die im Gegenstandslosen begründete geistige Freiheit das Ziel, hier ging es um die am Materialismus orientierte Diktatur des Proletariats.
El Lissitzky, der wohl ein überzeugter Kommunist gewesen ist und später, auch unter Stalin, als eine Art Kulturbotschafter des Regimes mit der Gestaltung der sowjetischen Beiträge auf internationalen Messen beauftragt wurde, hat in einem Vortrag 1923 in Deutschland sehr klar die eigenwillige Entwicklung der russischen Kunst skizziert. »Bei uns hat die Frage, ob Kunst überhaupt notwendig ist«, so meinte er mit Blick auf die Oktoberrevolution von 1917, »folgende Bedeutung: In der neuen Gesellschaftsordnung, in der die Arbeit aufhören soll, Sklaverei zu sein, in der nicht einige kleine Gruppen Luxus für eine begrenzte Gesellschaftsschicht produzieren, sondern wo alle für alle arbeiten, dort wird die Arbeit frei, und alles, was entsteht, ist Kunst. So wird die Kunst als etwas an und für sich Existierendes aufgehoben. Diese Auffassungen waren die Grün-

de der Entwicklung, die wir in den letzten Jahren durchmachten. Wir haben aufgehört, nur die Augen zu verdrehen, wir haben den Kopf nach einer ganz anderen Richtung gewandt. Wir sahen einen einschneidenden Umschwung aller Lebensbedingungen, eine neue Gestaltung des Staates, der Wirtschaft, der Wissenschaft, eine wunderbare Technik. Erfindungen, die noch gestern als Utopien galten.«
Und Lissitzky, der den zwölf Jahre älteren Malewitsch bewunderte und der – ein in Deutschland ausgebildeter Architekt – selbst mit seinen konstruktivistischen Räumen (den ›Prouns‹) Weltruhm erlangte, stellte in seinem Vortrag die Frage, wo denn die Kunst geblieben sei. »Diese Frage«, so argumentierte er, »wurde bei uns nur von der jüngsten Generation gestellt. Die Intellektuellen, die Akademiker erwarteten die ›neue Zeit‹ in der Gestalt eines Messias mit Strahlenkranz, weißen Gewändern, auf einem weißen Pferde, mit manikürten Händen. Doch in Wirklichkeit kam die neue Zeit in Gestalt des russischen Iwan mit verwühlten Haaren, zerrissenen und schmutzigen Kleidern, barfuß und mit zerarbeiteten und blutenden Händen. In dieser Erscheinung erkannten die Leute die neue Zeit nicht. Sie wandten sich ab, liefen fort und versteckten sich. Da blieben nur die Jüngsten. Doch diese jüngste Generation wurde nicht im Oktober 1917 geboren, sondern der Oktober in der Kunst entstand viel früher.«
Lissitzky, der 1923 an Tuberkulose erkrankte und 1941 daran in Moskau starb, hat in seinem Vortrag mit Recht auf das russische Mittelalter hingewiesen, das mit seiner Ikonenmalerei

eine Hochkultur der Kunst hervorgebracht hat. Er fuhr fort: »Mit der Epoche der Revolution, die Peter der Große in Rußland durchgeführt hatte, begannen die westlichen Einflüsse eine entscheidende Rolle zu spielen. Aber die Kunst des Westens selbst befand sich damals auf einer absteigenden Linie. Sie war durchaus nicht imstande, das Wachstum der russischen Kunst zu fördern. Die Kunst wuchs nicht mehr aus dem Volke, sondern wurde von oben herunter, von der Staatsakademie, gezüchtet.«

Vor diesem Hintergrund entwirft Lissitzky dann die weitere Entwicklung der russischen Malerei von den Künstlervereinigungen der ›Wanderer‹ und der ›Welt der Kunst‹ über ›Karo-Bube‹ und ›Eselsschwanz‹ bis hin zum Suprematismus. »Da bricht der Krieg aus«, so Lissitzky in seinem bemerkenswerten Vortrag, »und der Zusammenhang zwischen Rußland und dem Westen ist fast bis auf den heutigen Tag zerrissen. Der weitere Werdegang der russischen Kunst vollzieht sich auf äußerlich isolierten Wegen. Betrachten wir die Basis, auf welcher die russische Malerei des letzten Dezenniums gewachsen ist. Zwei entgegengesetzte Kräfte charakterisieren das gegenwärtige Rußland und kommen zum Ausdruck: Das bodennahe, farbige, noch mittelalterlich geschlossene Dorf und die noch nicht ausgeprägte, aber doch schon mit starker Tendenz zu Amerikanisierung und bis zu den äußersten Ausmaßen anwachsende Stadt. Die Künstler richten ihre Aufmerksamkeit nicht auf die Farben, sondern konzentrieren sich auf die Materialien. Das Wesen des Dorfes, seine Farbigkeit, der langsame

Lebensrhythmus, der die Beschaulichkeit möglich macht, gebären eine Malerei der reinen Farbe und der abstrakten Formen. Diese Züge haben sich endgültig kristallisiert in der reinen russischen Schule des Suprematismus ...«

Diese Analyse von El Lissitzky ist für die damalige Zeit von schöner Nüchternheit. Da spricht ein Pragmatiker, der – wie insbesondere sein Meister Malewitsch – erkannt hat, daß die Blütenträume der künstlerischen Revolution nicht gereift sind. Aber der Aufbruch dahin geschah mit gewaltigem Schwung, und die Hoffnungen der Künstler auf die Verwirklichung einer neuen Zeit, die sich auch für ihre Ideen und Konzepte offen zeigte, waren groß. Daß die neuen Herren des Proletariats die ›linken‹ Künstler mit ihren den Massen der Arbeiter und Bauern unverständlichen Werken und öffentlichen Aktivitäten zunächst tolerierten, lag an den politischen und ökonomischen Schwierigkeiten, mit denen das System zu kämpfen hatte. Die Verbrüderung von politischer und künstlerischer Revolution war keine wirkliche, sondern nur eine Schein-Verbrüderung. Die politischen Machthaber ließen die Maske fallen, als sie ihre Diktatur etabliert hatten. Das geschah vollends mit der Einführung der Neuen Ökonomischen Politik im Jahre 1921.

Wie die Stimmungslage unter den jungen Künstlern zur Zeit der Oktoberrevolution von 1917 war, hat anschaulich der bekannte futuristische Komponist und Klaviervirtuose Arthur Lourié beschrieben: »Wie auch meine Freunde, die Avantgarde der Jugend – Künstler und Dichter –, glaubte ich an die Oktoberrevolution und schloß mich ihr alsbald an. Dank der

Unterstützung durch die Oktoberrevolution wurden wir, die vorwärtsstrebenden Künstler und Exzentriker, ernstgenommen. Zunächst versprach man uns Knaben und Phantasten, wir könnten unsere Träume verwirklichen, und es würde in die reine Kunst nicht nur keine Politik eindringen, sondern überhaupt keine Gewalt. Uns würde völlige Freiheit für alles gegeben, was uns in unserem Bereich wünschenswert erschien. Eine solche Gelegenheit war einmalig in der Geschichte. Nie hatte es in der Welt so etwas gegeben. Für dieses Vertrauen, das man in uns setzte, standen wir fraglos zur Revolution; unsere Bewegung behauptete und festigte sich auch darum, weil Lenin sie unterstützte, dessen Tendenz es war, der Jugend die Möglichkeit zur Selbstverwirklichung zu geben. Niemand hinderte die futuristischen Künstler an ihren dekorativen Eskapaden: Während der Revolution wurden alle Zäune, alle Brücken, alle Häuserwände auf die unwahrscheinlichste Weise bemalt, mit der unwahrscheinlichsten Phantasie. Die Zeit war phantastisch und unwahrscheinlich, und der Futurismus war das Reinste von allem, was ich jemals kannte.« Fünf Jahre später war bei Lourié der naive Rausch verflogen – 1922 machte er in seiner Funktion als Musikkommissar eine Dienstreise nach Berlin, von der er nie wieder in die Sowjetunion zurückkehrte. Vier Jahre vor Ausbruch der Oktoberrevolution war er, nach seiner Taufe, zum Katholizismus konvertiert. Jetzt, 1922, emigrierte er nach Paris und starb vereinsamt in Amerika.

Die Lourié-Erinnerungen zeigen, welche ideellen Möglichkeiten die Revolution den Künstlern damals bot. Nicht alle durchschauten das System so schnell und so scharf wie Malewitsch, und noch gab es für keinen der ›linken‹ Künstler einen Grund, über das Ende dieser Entwicklung nachzudenken oder gar bereits Ausreiseanträge zu stellen. Niemand konnte ahnen, daß es bald schon zum Exodus vieler bedeutender Maler, Bildhauer, Musiker, Literaten, Regisseure und Schauspieler kommen sollte. Noch feierte man die Revolution und schmückte sie an den Jahrestagen.

Malewitsch und Lissitzky beteiligten sich heftig an diesen ›Schmuck-Werken‹. So bemalten sie gemeinsam in Witebsk 1500 qm Leinwand für ein Fabrikfest, gestalteten drei Gebäude und schufen die Bühne für die Festsitzung des Fabrikkomitees im Stadttheater. Lissitzky hat sich daran erinnert, daß Antoine Pevsner, Naum Gabo und Gustav Kluzis ihre Werke in einem offenen Musikpavillon auf einer stark besuchten Allee in Moskau ausgestellt und abends mit dem Publikum darüber diskutiert haben. Malewitsch war seit 1917 intensiv an der festlichen Ausschmückung von Städten und Demonstrationszügen beteiligt, auch zu den Umzügen am 1. Mai. Mit seinem Freund Michail Matjuschin bemalte er im Herbst 1918 in der Rekordzeit von 24 Stunden eine 300 qm große Leinwand – für einen Saal im ehemaligen Winterpalais in Petrograd, in dem der Kongreß für Dorfarmut tagte.

Matjuschin hat dies so erlebt: »Durch die breiten Fenster flutet das Licht. Über dem Bogengang leuchten die Worte ›Proletarier aller Länder, vereinigt euch!‹ ... Auf einer Massenversammlung sprachen Majakowski, Brik, Punin u. a. Die Arbeiter und Bauern empfingen uns als zu ihnen gehörig. In unseren künstlerischen Leistungen fanden sie sich vielleicht nicht ganz zurecht, aber sie vertrauten unserem Enthusiasmus. Ich erinnere mich, wie nach einem groben Ausfall eines sogenannten ›rechten‹ Künstlers gegen unser Plakat ein Mann aufsprang und überzeugt, gebieterisch rief: ›Wir erlauben niemandem, unsere Kunst zu beschimpfen!‹ Es stellte sich heraus, daß er ein Arbeiter des Putilow-Werkes war. Darüber haben wir uns von Herzen gefreut.«

Es ist die Ironie der Kunstgeschichte, daß ausgerechnet Malewitschs Suprematismus in dieser Frühphase der Oktoberrevolution eine Art Massenagitationsmedium war. Überall waren rote und schwarze Kreise, Quadrate, Dreiecke, Kreuze angebracht – auf Häusern, Zäunen, in Klubräumen und Lesesälen, auf Flugblättern, Manifesten, auch auf den Agitations-Dampfern und Agitations-Eisenbahnzügen. In der Zeitschrift ›Kunst der Kommune‹ vom 9. Februar 1919 schreibt der Kritiker Nikolai Punin: »Der Suprematismus ist als prächtige Blüte in ganz Moskau aufgegangen. Ausstellungsschilder, Ausstellungen, Cafés – alles ist Suprematismus.«

Mit beispielloser kreativer Energie gingen die Künstler voran. Es schien, als wollten sie die Parole »Verwandelt die Welt!« sofort und auf breiter Basis in die Tat umsetzen. Lissitzky schrieb 1926 im ›Gutenbergjahrbuch‹ über diese Zeit: »In unserer jungen Künstlergeneration hat sich in der Revolutionszeit eine latente Energie gesammelt, die nur den großen Volksauftrag erwartete, um sich zu entfalten. Das Auditorium ist die große Masse, die Halbanalphabeten-Masse geworden. Die Revolution hat bei uns eine kolossale aufklärende und propagandistische Arbeit geleistet. Das traditionelle Buch war in einzelne Seiten zerrissen, hundertfach vergrößert, farbig gesteigert und als Plakat auf die Straße gebracht. Im Gegensatz zum amerikanischen war unser Plakat nicht zum momenthaften Auffangen im vorbeirasenden Auto geschaffen, sondern zum Ablesen und Aufklären auf geringe Distanz. Würde man heute eine Anzahl Plakate in der Größe eines handlichen Buches klischieren lassen und nach einem Thema geordnet binden, so könnte das eigenartigste Buch entstehen. Wegen der Armut an Druckmöglichkeiten und der Eile war das Beste meist Handarbeit, aber normalisiert, lapidar und für die einfachste maschinelle Vervielfältigungsart am dankbarsten. Es wurden Staatsgesetze als aufgerollte Bilderbücher und Armeebefehle als broschierte Bilderbüchlein gedruckt.«

Charakteristisch für diese propagandistische Wirkung von Kunst waren die berühmten ROSTA-Fenster. Dabei handelt es sich um Plakate, die in der Art von Comics aktuelle Themen aus Kunst, Wirtschaft, Politik, Militär kommentieren, illustrieren, glossieren. Sie wurden zwischen 1919 und 1922 von der ›Russischen Telegraphen-Agentur‹, abgekürzt ROSTA (Vorgängerin der TASS), verteilt und dienten danach der Hauptabteilung für politische Aufklärung innerhalb des Volkskommissariats für Bildung zu agitatorischen Zwecken. Diese Comics wurden hauptsächlich in die Schaufenster leerstehender Läden gehängt – daher ROSTA-Fenster – und entstanden als Kollektivarbeit von Malern und Schriftstellern unter der Leitung des Dichters Wladimir Majakowski, der mit seinen glühenden, sprachgewaltigen Versen und Stücken und mit seinen unkonventionellen, oft exzentrischen Auftritten zu einem der führenden, gleichwohl auch umstrittenen Revolutionskünstler avancierte. Gemeinsam mit seinen futuristischen Freunden David Burljuk und Anatoli Kamenski hatte er bereits 1918 in der ›Zeitung der Futuristen‹ in einem Dekret über die Demokratisierung der Künste die Weichen für diese großangelegte, dann von ROSTA bis in die entlegensten Winkel des Landes getragene Kampagne gestellt.

In diesem Dekret heißt es: »1. Mit der Vernichtung der Zarenherrschaft ist von heute an auch der Verbleib der Kunst in den Magazinen, den Scheunen des menschlichen Genius – den Palästen, Galerien, Salons, Bibliotheken, Theatern –, abgeschafft. 2. Im Namen der Gleichheit jedes einzelnen vor der Kultur sei das Freie Wort von nun an auf die Häuserwände, Zäune, Dächer und Straßen unserer Städte und Dörfer, auf die Rückseite der Automobile, Equipagen, Straßenbahnen und die Kleider aller Bürger geschrieben. 3. In siebenfarbigen Regenbögen sollen sich die Bilder (Farben) auf Straßen und Plätzen von Haus zu Haus spannen und das Auge (den Geschmack) der Passanten erfreuen, veredeln . . . Mögen die Straßen zum Feiertag der Kunst für alle werden. Dann wird jeder, wenn er auf die Straße tritt, sich erheben und klüger fühlen durch den Anblick der Schönheit anstelle der alten Straßen.«

Insgesamt erschienen rund 1600 Motive in Auflagen bis zu 300

Exemplaren. Dazu ein paar Textbeispiele: »Der 8. Sowjetkongreß hat den Orden des roten Arbeiterbanners eingeführt. 1. Hau, Hauer. 2. Heb die Produktion Pud für Pud. 3. Erfüllst du dein Soll, 4. geht der Ruin kaputt.« Oder: »1. Der letzte Feind ist fertig. 2. Die älteren Einberufungsjahrgänge: der Entlassung gewärtig. 3. Heimkehren werden nun die Soldaten, 4. zu dem Land nützlichen Arbeitstaten. 5. Doch bedenkt allzeit: der Kapitalismus lebt auf drei Weltvierteln. 6. Seid bereit!« Oder: »Amerika und Japan rüsten fieberhaft zum Krieg. 1. Die Kommunisten führen dazu Krieg, 2. daß Frieden sei. 3. Die Imperialisten schließen dazu Frieden, 4. daß neuer Krieg ausbreche.«

Mit den ROSTA-Fenstern war Majakowski in seinem Element. Er fühlte sich schon immer mit seiner künstlerischen Arbeit als Schriftsteller und Graphiker dem einfachen Volk verbunden. Er war der Trommler der Revolution. Viele Tages- und Wochenblätter veröffentlichten regelmäßig seine Gedichte, Glossen, Satiren. Seine Wirkung war enorm. 1922 gründete er, unterstützt von seinen futuristischen Freunden, die Gruppe LEF (Linke Front), die von 1923 bis 1925 die gleichnamige Zeitschrift herausgab und die Majakowski dann von 1927 bis 1928 als ›Neue LEF‹ allein redigierte.

LEF setzte sich entschieden für die Integration von Kunst und Leben ein. Viktor Sklowski hat dazu in seinen Erinnerungen an Majakowski folgendes geschrieben: »Majakowski brauchte seinen LEF, denn wie Puschkin hielt auch er die Beschäftigung mit der Kunst für eine Staatsangelegenheit. Er mußte das Leben umgestalten. Er liebte seine Zeitschrift, denn er war kein Vereinsmeier ... Majakowski brauchte nicht allein die Kunst, sondern auch das Leben, die Kunst aber, um das Leben umzugestalten. Majakowski betrachtete die alte Lebensform als einen Bunker, den es zu stürmen galt. Er bot die Artillerie auf und kontrollierte jedes einzelne Geschütz ... Und gleichzeitig war LEF auch ein literarischer Salon. Der letzte literarische Salon überhaupt.«

Boris Arwatow, Theoretiker und Mitbegründer des LEF, hat 1926, damals 30 Jahre alt, das LEF-Programm so skizziert: »Da unsere Epoche ihren Tendenzen nach die Epoche des industriellen Kollektivismus ist, entsteht für die Gesellschaft immer mehr die Möglichkeit, unter Ausnutzung der gewaltigen und allumfassenden Technik bewußt ihr Leben zu gestalten und damit auch die konkreten Formen, in denen sich dieses Leben realisiert. Während die Künstler früher illusorische Schönheit in Bildern und Statuen schufen, das Leben abbildeten oder es äußerlich verschönerten, müssen sie jetzt Schluß machen mit der Ästhetik der Kontemplation und des Wohlgefallens, die individualistisch inspirierten Träume vom Leben lassen und statt dessen an die Gestaltung des Lebens selbst, seiner materiellen Formen herangehen. Die Kunst muß von Anfang bis Ende utilitär werden, sagen die LEF-Anhänger. Reine Kunst, l'art pour l'art, Form als Selbstzweck, all das sind Produkte des desorganisierten bürgerlichen Gesellschaftssystems, das sich naturwüchsig entwickelt und deshalb unfähig ist, das konkrete Material seiner Entwicklung zu steuern und

Kreativität ins Leben zu bringen. Die organische Verbindung der Kunst mit der Produktion der materiellen Werte, mit der Industrie, ist das praktische Programm des LEF.«
Arwatow, der mit seinen Thesen vielfach auch angeeckt ist, knüpft die Realisierung der Integration von Kunst und Produktion an die Erfolge der Kollektivierung der Gesellschaft. Er befindet, daß LEF jede handwerklich primitive Kunst als technisch reaktionär abzulehnen hat ebenso wie die angewandte, schmückende Dekorationskunst, die für LEF genauso reine Kunst sei wie die Staffeleikunst, und zwar deshalb, »weil sie mit dekorativer, von außen herangetragener Form als solcher dem Gegenstand die berüchtigte ›Schönheit‹ verleihen« wolle. Der LEF sei für eine bis ins kleinste Detail zeitgemäße, urbanistische, industrielle, ›amerikanisierte‹ Kunst. Das Ziel der LEF-Künstler sei die Umwandlung der gesamten Kunst in die Gestaltung der materiellen Kultur der Gesellschaft in engem Kontakt mit der technischen Intelligenz.
Wladimir Majakowski hat eine andere Sprache zur Verfügung gehabt. 1930 fand im Moskauer Schriftstellerklub eine Ausstellung über sein Werk statt, die er selbst konzipiert und zusammengestellt hat: ›20 Jahre Arbeit‹, so der Titel. Nur zwei Monate nach der Eröffnung im Februar setzte Majakowski seinem Leben mit der Pistole ein Ende. Er war erst 46 Jahre alt. Als Hauptziel seiner Ausstellung hatte er verkündet, »eure Vorstellung von der Tätigkeit des Poeten zu erweitern, aufzuzeigen, daß der Lyriker nicht ein Mensch ist, der wie ein krauslockiger Hammel umherstampft und blökend empfind-

same Liebesthemen zum Besten gibt, daß der Poet vielmehr ein Mensch ist, der in unserer Zeit verschärften Klassenkampfes seine Feder dem proletarischen Waffenarsenal einverleibt, ein Mensch, der keinerlei niedere Verrichtung scheut, keinerlei Thema, das zur Revolution, zum volkswirtschaftlichen Aufbau Bezug hat, zurückweist und Agitationsverse über jedes ökonomische Thema verfaßt«.

In seinem aufrührerisch-bewegenden Gedicht ›Aus vollem Halse‹, mit dem er sich in dieser Schau »unmittelbar an die Enkelschaft« wendet, heißt es u. a.:

Ich kommandier
meine Seiten wie Rotten
und schreite die Front
der Zeilen ab.
Die Verse stehen
bleiern-schwer,
gefaßt auf den Tod
und auf Heldengrüfte.
Stramme Poeme,
Gewehr an Gewehr,
drohen
mit zielenden Überschriften.
Die allerliebsten Waffen
blitzen,
bereit
im Sturme loszutanzen,

die Kavallerie
meiner schnellen Witze
sträubt ihre Reime
wie spitze Lanzen.
Und das
bis zu den Zähnen bewaffnete Heer,
zwanzig siegreiche Jahre
schwer,
bis zu dem
allerletzten Blatt,
widme ich dir,
Proletariat.

Majakowski war auch intensiv an einer anderen Errungenschaft der Revolution beteiligt – an der ›Symphonie der Fabrikspfeifen‹. In seiner umfangreichen Darstellung und Kritik des kulturellen Lebens in Sowjet-Rußland ›Geist und Gesicht des Bolschewismus‹ (1926) hat René Fülöp-Miller über diese spezifische Revolutions-Musik interessante Ausführungen gemacht. »Die neue Musik mußte alle Geräusche des mechanistischen Zeitalters, den Rhythmus der Maschine, den Lärm der Großstadt und der Fabrik, das Schwirren von Treibriemen, das Knattern von Motoren und die grellen Töne der Automobilhupen in ihren Bereich einbeziehen.
Deshalb ging man sehr bald daran, eigene Lärminstrumente zu konstruieren, Lärmorchester zusammenzustellen, dem Publikum anstelle der altgewohnten bürgerlich-individualistischen

›Läppereien‹ eine ›wahrhaft neue Musik‹ vorzuführen und solcherart die kollektive Seele auf die Offenbarung des Allerheiligsten vorzubereiten. Man imitierte alle erdenklichen Geräusche aus Industrie und Technik und vereinigte sie zu eigenartigen Fugen, in denen eine ganze Welt von Lärm die Ohren betäubte. In immer umfangreicheren Formen gab sich die neue ›Maschinenmusik‹ zu erkennen, und bald wurden Lärmsymphonien, Lärmopern und Lärmfestspiele verfaßt.«

Was nun die ›Symphonie der Fabrikspfeifen‹ betrifft, so steht dahinter die Vorstellung Majakowskis und seines Mitstreiters K. Gastjew, »daß die proletarische Musik nicht mehr auf einen engen Raum beschränkt bleiben dürfe, daß ihr Auditorium vielmehr die Bevölkerung eines ganzen Bezirkskreises sein müsse«. Fülöp-Miller: »Die Fabrikspfeife war ihrer Ansicht nach am besten geeignet, das neue und vorherrschende Orchesterinstrument zu bilden, denn ihr Ton war für ganze Stadtteile zugleich vernehmbar und erinnerte das Proletariat an seine eigentliche Heimat, die Fabrik. Es dauerte nicht lange, bis man von den theoretischen Erwägungen zur Praxis überging: schon im Jahre 1918 wurden in Petersburg und später in Nishnij Nowgorod Versuche mit derartigen Fabrikspfeifensymphonien angestellt; am 7. November 1922 erfolgte in Baku die erste Aufführung großen Stils. An ihr nahmen die Nebelhörner der gesamten Kaspischen Flotte, alle Fabrikssirenen, zwei Batterien Artillerie, einige Infanterieregimenter, eine Maschinengewehrabteilung, etliche Hydroplane und schließlich Chöre teil, bei welchen sämtliche Zuschauer mitwirkten.«

Wenn man sich alle diese ›linken‹ Aktivitäten von Futurismus, Kubofuturismus, Suprematismus, Konstruktivismus, Produktivismus, von ›Eselsschwanz‹, LEF und Terrororchester vor Augen führt, wenn man an diesen grandiosen künstlerischen, revolutionären Aufbruch, an diese beispiellose und ach so kurze heroische Phase für die Künste in der Zeit um die Oktoberrevolution von 1917 denkt – dann mag man sich fragen, was wohl diese kreative Explosion bewirkt hätte, wenn Lenin und seine Volkskommissare die Schraube später nicht angezogen hätten? Und natürlich ist auch das Phänomen noch längst nicht geklärt, wie es geschehen konnte, daß da in Rußland ab etwa 1905 diese ungeheure Ballung fortschrittlicher künstlerischer Kräfte in allen Bereichen der Kunst zu verzeichnen war.

Der historische Tatbestand einer vorübergehenden Übereinstimmung von politischer und künstlerischer Revolution ist sicherlich nicht von der Hand zu weisen. So gibt es auch in dieser Geschichte, die in dem Konflikt zwischen Malewitsch und Lenin ihren tragischen Ausgang findet, eine Konstellation, die es ermöglichte, daß der Traum von einer besseren Welt wenigstens eine Zeitlang geträumt werden konnte. Und diese Konstellation ist personifiziert durch Anatoli Wassiljewitsch Lunatscharski, der nach der Oktoberrevolution von 1917 von Lenin als Volkskommissar für das Bildungswesen (NARKOMPROS) berufen wurde und sich auf diesem Posten bis 1929 halten konnte. 1933 starb er, 58jährig, während eines Aufenthalts in Frankreich.

Lunatscharski, der in Zürich studiert hat, konnte auf ein wechselvolles revolutionäres Leben zurückblicken, als ihn Lenin, den er bereits 1904 kennengelernt hatte, an die Spitze dieses für die Sowjetmacht agitatorisch so wichtigen Ressorts holte. Für die revolutionären Künstler erwies sich dies als vorteilhaft, denn der umfassend gebildete Lunatscharski, den Künsten, der Literatur, dem Theater und der Musik gegenüber schon von Hause aus sehr aufgeschlossen, erreichte es, daß die neue Kunst sich zunächst ohne spürbare direkte Einmischung von seiten des Staates entfalten konnte – mitunter auch gegen die Einwände des in Kunstfragen stockkonservativen Lenin. Und es gelang Lunatscharski auch, in den mit der Einführung der Neuen Ökonomischen Politik 1921 schwieriger gewordenen Zeiten der Avantgarde gewisse Freiräume offenzuhalten.
Freilich: Lunatscharski war ein politischer Revolutionär – und er blieb sich in dieser Haltung stets treu. So sehr er mit den Künstlern fühlen mochte, so deutlich verfocht er die materialistischen, auf die Bedürfnisse der Massen von Arbeitern und Bauern gerichteten Prinzipien der Bolschewiki. Letztlich konnte er den Niedergang der avantgardistischen Kunst in seinem Lande nicht aufhalten – er konnte diese Entwicklung, die in der von Stalin befohlenen Doktrin des ›sozialistischen Realismus‹ mündete, allenfalls etwas verlangsamen. Dabei muß in Rechnung gestellt werden, daß – einmal ganz abgesehen vom einfachen Mann auf der Straße – auch bei den Gebildeten eine große Unsicherheit darüber herrschte, was es mit dieser neuen abstrakten, gegenstandslosen, futuristischen Kunst auf sich habe.

Für das ›Schwarze Quadrat‹ gab es kein Vorbild – und Malewitsch hatte ja schon mit Blick auf dieses unerhörte Werk geäußert: »Ich bin eine Stufe!«
So ist es kein Wunder, daß vor allem in der Frühphase der neuen Kunst Richtungskämpfe zwischen einzelnen Künstlern, Künstlergruppen, Funktionären, Kritikern, Wissenschaftlern an der Tagesordnung waren. In diesen Auseinandersetzungen nahm Lunatscharski von Anfang an eine besondere, mal vermittelnde, mal tadelnde, mal idealistische, mal ironische Stellung ein. Daß er über profunde Kenntnisse der aktuellen westeuropäischen Kunstszene verfügte, steht außer Frage. So ist es interessant, beispielsweise sein Urteil über Picasso zu erfahren, dessen kubistische Gemälde er in einer Pariser Ausstellung 1913 sah: »Der begabte Picasso, eine rastlos suchende, doch der ›Persönlichkeit‹ bare Gestalt, höchst typisch für unsere Zeit gieriger Originalitätshascherei bei fast immerwährendem Fehlen echter Originalität, ist, nachdem er faszinierend meisterliche Halbkopien all der bedeutendsten älteren Sucher zuwege gebracht hatte, auf die anfangs recht harmlose, obwohl schon damals paradoxe Idee verfallen, zwecks Erzielung einer Ausdrucksform für Volumina und Valeurs krumme Linien und Oberflächen auf direkte Linien und reine Flächen zu reduzieren, weil ›der Würfel überzeugender und sachlicher als die Kugel‹ sei.«
Wenn man die späteren Stellungnahmen Lunatscharskis zu Problemen der künstlerischen Entwicklung im eigenen Lande liest, fällt auf, daß er höchst geschickt zwischen den Fronten

agierte. Die Uneindeutigkeit seines Verhaltens, dieses geschickte Taktieren – dies machte ihn wohl in den Augen mancher Künstler so verdächtig. Bangte Lunatscharski um seine Stellung im Rat der Volkskommissare? Hatte er Furcht vor Lenin? Wollte er sich absichern, um zu retten, was zu retten war? Für den willensstarken und unbeugsamen Malewitsch war dieser Kommissar für das Bildungswesen, der sich in einer anderen Version auch Kommissar für Volksaufklärung nannte, mit seiner Taktik des Pendelns eine schwer durchschaubare Figur – Lenin war für ihn der stärkere Gegenspieler, weil er, gerade auch in Fragen der Kunst und Kultur, streng, eindeutig, kompromißlos war. Auch aus dieser Perspektive gewinnt der Konfliktstoff Dramatik.

Aus den Äußerungen Lunatscharskis läßt sich immer wieder ein seltsamer Widerspruch erkennen. Vereinfacht gesagt ist er zwar für die Freiheit der Kunst, aber gleichzeitig auch für die Durchsetzung der Ziele der proletarischen Revolution. In einem Artikel für die ›Kunst der Kommune‹, 1918, schreibt er u.a.: »Dutzendmal habe ich erklärt, das Kommissariat für Volksaufklärung solle in seiner Einstellung zu den einzelnen Richtungen im Kunstleben unparteiisch sein. Was Formfragen anbetrifft, darf der Geschmack des Volkskommissars und sämtlicher Vertreter der Staatsgewalt nicht in Rechnung gestellt werden. Allen Personen und Gruppen im Kunstbereich ist eine freie Entwicklung zu gewähren! Keiner Richtung darf gestattet werden, die andere zu verdrängen, sei sie mit erworbenem traditionellem Ruhm oder mit Modeerfolg ausgestattet!«

Im Oktober 1920 trägt Lunatscharski auf einer gemeinsamen Sitzung des Kunstsektors seines Kommissariats und der kommunistischen Fraktion des Zentralkomitees der Gewerkschaft der Kunstschaffenden seine von ihm als Richtlinien verstandenen Thesen zur Kunstpolitik vor: »1. Erhaltung der wirklichen Kunstwerte der Vergangenheit. 2. Kritische Aneignung dieser Kunstwerte durch die proletarischen Massen. 3. Jede erdenkliche Förderung der Schaffung experimenteller Formen revolutionärer Kunst. 4. Einsatz aller Kunstarten zur Propaganda und Verwirklichung der Ideen des Kommunismus, dazu Förderung des Einflusses der kommunistischen Ideen auf die Massen der Kunstschaffenden. 5. Objektive Einstellung zu allen künstlerischen Strömungen. 6. Demokratisierung aller künstlerischen Einrichtungen, die den Massen auf jede erdenkliche Weise zugänglich gemacht werden müssen.«
In einem Artikel für ›Das Rote Neuland‹, 1921, macht Lunatscharski klar, auf welcher Seite er – bei aller Toleranz gegenüber jedwedem künstlerischen Standpunkt – in Wirklichkeit steht. »Die Kunst selbst ist heute in verschiedene Lager gespalten, und eine Trennungslinie fällt sofort ins Auge: die sogenannte realistische Kunst, unter der man jetzt gemeinhin die gesamte vergangene Kunst versteht, und die sogenannte futuristische. Ich persönlich glaube, daß der Weg von der Kunst der Vergangenheit zur proletarischen, sozialistischen Kunst nicht über den Futurismus verläuft, und wenn sie durch diese oder jene Errungenschaften des Futurismus, und seien sie nur technischer Art, befruchtet wird, so ist dies wahrscheinlich nicht sehr ernst zu

nehmen (dies gilt nicht für das Kunstgewerbe). Aber das ist meine persönliche Meinung, die wahrscheinlich ein Großteil anderer Kommunisten teilt.... Für mich unterliegt es keinem Zweifel, daß dem Proletariat und dem Bauerntum erheblich mehr von lebensvollen Werken einer ideengeprägten, inhaltlich reichen Kunst der besten Epochen der Vergangenheit gegeben wird, als von einer Kunst, die von vornherein erklärt, daß sie inhaltlich leer, daß sie rein formal sei, und die schließlich zu einer absolut inhaltsleeren Sujetlosigkeit kommt.... Ohne der sogenannten neuen Kunst Privilegien zu gewähren, sollte man auch weder ein Kesseltreiben gegen sie veranstalten, wodurch wir uns die Sympathie von Hunderten junger Künstler verscherzen würden, noch aus ihnen Märtyrer im Namen ihrer Ideen machen, hinter denen sie fest stehen. Das wäre völlig vergeblich, ohne jede Notwendigkeit und jeden Nutzen ...«
Wer damals genau zu lesen und gut zu hören verstand, der konnte aus diesen Verlautbarungen Lunatscharskis bereits erkennen, daß der Wind, der der neuen Kunst aus der Richtung der Oktoberrevolution ins Gesicht blies, schärfer geworden war. Der ›liberale‹ Volkskommissar für Volksbildung und Aufklärung mußte bereits zu ehernen Worten greifen, um seine durch Lenin kaum noch gedeckte Position zu verteidigen. In einem 1920 veröffentlichten Artikel hatte er auf noch eine andere ständige Aufgabe des Staates hinsichtlich seines kulturellen Wirkens hingewiesen, nämlich »die revolutionäre Form des Denkens, Fühlens und Handelns im ganzen Land zu verbreiten«. Er fragt: »Kann ihm hierbei die Kunst von Nutzen

sein?« Und er meint, daß die Antwort sich von selbst ergebe: »Wenn die Revolution der Kunst die Seele geben kann, so kann die Kunst zum Mund der Revolution werden.«
Das Kapitel Kasimir Malewitsch kann aufgeschlagen werden ...

# 2

# Kasimir Malewitsch: Herkunft

## Frühe Prägungen

## Wege zur Malerei

Kasimir Malewitsch stammt aus Kiew. Dort wurde er am 26. Februar 1878 geboren. Sein Vater arbeitete in einer Zuckerfabrik – in welcher Position, das allerdings ist nicht ganz klar. Es heißt, er sei Kolonnenführer oder Vorarbeiter gewesen, auch von Betriebsleiter oder Direktor ist die Rede. Angestellter mag noch die unverfänglichste Berufsangabe sein. Daß er, wie in den bislang vorliegenden spärlichen Angaben zur Herkunft Malewitschs ebenfalls vermerkt ist, Gutsverwalter gewesen sei, hat der Sohn in seinen autobiographischen Notizen selbst ad absurdum geführt. Es lohnt sich, diese Aufzeichnungen zu lesen, weil sie – besser als jede Interpretation – die Wurzeln offenlegen, die charakteristisch für Malewitschs späteres Werk sind. Er schrieb seine Erinnerungen an die ukrainische Heimat zum ersten Male 1923 nieder und dann noch einmal 1933, nun in leicht veränderter Form. Inhaltlich stimmen beide Fassungen im wesentlichen überein. Obschon in Fachbüchern (Kopenhagen 1968, Stockholm 1976 und Dresden 1978) publiziert, ist dieser Text weitgehend unbekannt. Wir zitieren ihn hier in der Fassung von 1923 für den Katalog ›Kasimir Malewitsch zum 100. Geburtstag‹, den die Kölner Galerie Gmurzynska im Juni 1978 herausgebracht hat.

»Bevor ich an eine Untersuchung der Bildenden Kunst insgesamt herantrete, muß ich mich zunächst selbst als Maler, der einst die Natur so darstellte, wie sie sich seinem Auge darbot, analysieren und die Gefühle und Bedürfnisse, die mich hierzu motivierten, aufzeigen. Und zwar von frühester Kindheit an, soweit ich mich erinnern kann. Bis heute noch weiß ich genau,

welche Zustandsformen der Natur mich am intensivsten ergriffen und zu einer bestimmten Reaktion auf eben diese Zustände reizten.
Ich erinnere mich gut daran und werde nie vergessen, daß mich in erster Linie Färbungen und Farben, ferner Stürme, Gewitter und Blitze sowie gleichzeitig die vollkommene Ruhe nach einem Gewitter faszinierten; mich bewegte ebenfalls sehr der Wechsel von Tag und Nacht – ich weiß heute noch, wie schwierig es war, mich zu Bett zu bringen, mich vom begeisterten Beobachten loszureißen oder, einfach und zutreffender gesagt, vom Betrachten leuchtender Sterne am rabenschwarzen Firmament.
Sogar heute erlag ich diesem inneren Drang, als ich vom Bett aus, das am Fenster steht, den Vorhang öffnete und in den freien Raum schaute.
Ich liebe ebenso das Mondlicht im Zimmer, wo die Fenster auf Fußboden, Bett und an den Wänden hingemalt werden; viele Jahre sind vergangen, doch bis auf den heutigen Tag haben sich diese Erscheinungen unauslöschlich in mir eingeprägt.
Um bei der Wahrheit zu bleiben – in meiner Familie ergötzte man sich nicht ausschließlich an Gewitterdonner und Farbenwandel der Natur; und wenn mein Vater es auch mochte, so war er nicht imstande, es auf Papier zu übertragen, er konnte nicht zeichnen. Einmal gut brachte er nur einen kämpfenden Ziegenbock und einen Medaillonkopf – allerdings nur von links – zuwege.
Das sind, so kann man ruhig sagen, sämtliche Lebensumstän-

de, die auf mich einwirkten und unter denen ich im Süden der Ukraine aufwuchs. Vielleicht ist das zu wenig, vielleicht sollte ich auf den Alltag selbst hinweisen, auf die Bedingungen, unter denen mein Vater lebte. In unserem häuslichen Alltag spielte sich das Leben so ab, wie es für sämtliche Zuckerfabrikarbeiter der 1880er Jahre normal war. Es wurde niemals über Kunst gesprochen, somit erfuhr ich nicht gerade früh, daß ein Wort ›Chudoshestvo‹ (altes Wort für ›Kunst‹, bedeutet in der heutigen Umgangssprache etwa ›Schabernack‹, Anm. d. Übersetzers) existiert und daß es Künstler gibt, die nichts anderes machen, als zu malen, was ihnen gefällt. Das häusliche Leben spielte sich bei der Mutter ab, der Vater arbeitete den ganzen Tag über in der Zuckerfabrik.

Das Zuhause war einfach. Da gab es Ikonen, die eher aus Tradition und um der Gesellschaft willen als aus religiösen Gründen aufgehängt waren. Hierin unterschieden sich Vater und Mutter nicht, da sich beide unter verschiedenen Vorwänden von der Kirche abgewendet hatten. Mein Vater pflegte sich ab und zu köstlich zu amüsieren, indem er – für die Betroffenen unerwartet – den katholischen und orthodoxen Geistlichen zusammen einlud.

In meiner kurzen Schilderung des Alltagslebens möchte ich auf das hinweisen, was mich beeinflußt haben könnte, und hierdurch eine Leitlinie aufdecken. Zum Beispiel: Es gab kunstvolle Ikonen, die in erster Linie eine Wirkung ausüben mußten, weil sie farbliche Darstellungen von Menschen waren; doch hier tritt klar zutage, daß sie auf einer anderen Relation gegenüber dem Menschen basieren; somit konnte ich gar nicht auf den Gedanken kommen, in der Ikonendarstellung normale Menschengesichter und Farben zu erblicken, mit denen man die letzteren malen kann. Also riefen die Ikonen keinerlei Assoziationen hervor, sie waren mit der Umgebung nicht verbunden.

Ich ging mit meinem Vater auch in die Fabrik, sah die Maschinen jener Zeit; ich erblickte sich schnell drehende Zentrifugen, in denen weißer Zucker glänzte. Ich stand an einem wundersamen, riesigen Apparat, an dem mein Vater das Aufkommen der Melasse und die Kristallisation des Zuckers kontrollierte – aber auch das regte mich nicht zur Abbildung an; hier wirkten andere Eindrücke auf mich, eher musikalischer Art: Lärm, Pfeifen, das Stöhnen der Maschine, ihr besonders weicher Rhythmus – das gefiel mir sehr. Am meisten faszinierte mich indessen die Natur, wie übrigens auch meinen Vater, der ebenso wie ich die Veränderung in ihr liebte. Aber wir schwiegen beide, weil wir einander nichts anderes zu sagen vermochten als das Wort ›gut‹. Was nun und weshalb es nun ›gut‹ sei, darüber fiel kein einziges Wort. (Anm.: Malewitsch bezeichnete alle Naturerscheinungen, die in ihm das Gefühl der Schönheit hervorriefen, mit dem Wort ›choroscho‹ – gut, schön – und folgte so dem Beispiel seines Vaters. Erst als Künstler hat Malewitsch den Begriff ›Schönheit‹, so wie er sich in seinem Geist gebildet hat, in Gemälden und Farben ausgedrückt.)

Und den Sinn eben dieses Wortes möchte ich nach genau vierzig Jahren erkennen, wobei ich nicht weiß, ob ich ihn heute deuten kann. Ich erinnere mich, wie nach einem Platzregen, der vor Sonnenuntergang niedergegangen war, eine Kuhherde durch riesige Pfützen auf der Straße lief. Ich stand wie versteinert da und beobachtete, wie Wolkenfetzen über die Sonnenscheibe hinwegzogen, sah, wie sich diese zwischen die Wolkenfetzen zwang und sich still in dieser Pfütze spiegelte, wie das von den vorüberziehenden Kühen manchmal gestreifte Wasser sanfte Wellen schlug und wie sich gleichzeitig die Kühe in ihm spiegelten.

Ich erinnere mich an eine Fahrt im März mit dem Vater zur Bahnstation, überall lag Schnee, am Horizont indessen hing eine riesige Wolke, aus der es bleiernblau herausregnete. Ich erinnere mich an einen See an einem heißen Tag, auf dessen bewegter Oberfläche sich die Sonne, ununterbrochen sprühenden Sternen gleich, widerspiegelte – all das übte eine starke Wirkung auf mich aus, doch ich wiederhole nochmals, nur eine Einwirkung. Diese durch ihr ›gut‹ faszinierenden Erscheinungen vermochte ich in meinem visuellen Gedächtnis nur mit mir zu tragen. Alle diese Bilder wurden im Nervensystem gespeichert, irgendwohin in einen Koffer als noch zu entwickelnde Negative eingelagert, aber von einem Entwickeln konnte keine Rede sein. Weder entstanden in mir solche Gedanken, noch kamen von der Außenwelt irgendwelche Anstöße hinzu, denn wer wußte schon, was mit mir geschieht, was ich dachte und erlebte, falls ich überhaupt etwas erlebte.

Und wer käme schon auf den Gedanken, aus mir einen Künstler zu machen, wo doch für den Vater klar war, daß ich in der

Zuckerfabrik arbeiten oder mir einen leichteren Beruf aussuchen sollte, denn er hielt seine Arbeit – zwölf Stunden durchgehende Nachtschicht – für schwer.
Ich streifte gerne umher, lief in den Wald und auf hohe Hügel, von wo aus ringsum der Horizont zu erblicken war; daran hat sich bis heute nichts geändert. Man kann zu der Schlußfolgerung gelangen, die gesamte menschliche Kultur habe keinen Einfluß auf mich ausgeübt, ein solcher sei ausschließlich durch die Natur erfolgt. Und das, obwohl der Vater mir oft sagte, daß die Menschen auf Grund ihrer Kultur Maschinen bauen werden, die ihnen jegliche Arbeit abnehmen werden, wobei er immer von den ersten Zuckerfabriken sprach, in denen man die Rüben noch mit den Händen zerkleinerte, während sie heute von Maschinen zerschnitten werden. Aber er sagte auch, daß dieses nicht sobald geschehen werde.
Aber solche Überlegungen sagten mir bis auf den heutigen Tag nichts oder hätten mich nicht darauf bringen können, neue Maschinen zu erfinden und auszudenken. Mein Vater war indessen nicht ohne erfinderisches Interesse. Ich erinnere mich daran, daß er einmal vielerlei ausrechnete, etwas in der Art einer Rechenmaschine. So ging die Zeit dahin. Ich begann das Bedürfnis zu verspüren, Negative zu entwickeln. Hier ist anzumerken, daß ich in meiner frühesten Kindheit überhaupt nicht malte, weder mit vier, noch mit sechs Jahren, wo normalerweise alle Kinder malen. Irgendwie ging es mir nicht in den Kopf, daß Bleistift, Kohle und Papier technische Mittel sind, mit denen man Negative von Eindrücken entwickeln konnte. In

der Familie hatte mir niemand etwas davon gesagt. Offensichtlich war ich zu blöde, um selbst darauf zu kommen.
Für mich war es interessanter zuzusehen, wie sich die Störche oder die Habichte in die Lüfte erhoben; letztere hatten es mir besonders angetan, was vielen Küken, von denen wir eine Unzahl hatten, das Leben kostete. Ich pflegte sie nämlich festzubinden oder auf dem Strohdach der Viehställe laufen zu lassen, um zu warten, bis ein Habicht im Sturzflug auf das Dach herabjagte. Doch ich hatte indessen Bogen und Pfeil, in dem eine Nadel steckte, im Anschlag. Oft glückte die Rettung des Kükens. Es war klar, mit diesem Geheimnis durfte ich mich vor niemandem brüsten. Dafür reichte es bei mir gerade noch. Ich war damals ganze sieben Jahre alt. Und so blieb alles beim alten. Die Notwendigkeit zum Entwickeln wurde immer größer, Mittel waren jedoch keine vorhanden, und keiner meiner Altersgenossen aus der engeren Heimat kannte sie.
Da fährt mein Vater nach Kiew. Er fährt übrigens gerne mit mir, weil ich seinen verschiedenen Erzählungen zuhöre, was wiederum für mein Leben von großer Bedeutung war. Er nahm mich also mit nach Kiew. Ich sah mir zunächst das Hochufer am Dnjepr an, danach die Geschäfte. In einem Schaufenster erblickte ich ein Bild, auf dem – in äußerst geschmackvoller Art – ein auf einer Bank sitzendes, kartoffelschälendes Mädchen dargestellt war. Kartoffel und Schale waren frappierend echt. Das machte einen so unauslöschlichen Eindruck auf mich, als käme er von der Natur selbst. In der Tat handelte es sich hier ebenfalls um die Abbildung einer menschlichen Figur

wie auf den Ikonen, doch aus einem bestimmten Grunde heraus erregte sie meine äußerste Aufmerksamkeit und rief eine ungewöhnliche Erregung in mir hervor, was bei den Ikonen nicht der Fall war.
Später wurde mir klar, warum: In der Natur, in der ich organisch eingebettet war, gab es nichts, was den letztgenannten ähnelte; möglicherweise wirkten die Ikonen der klassischen Meister im gleichen Sinne auf mich, denn diese Kunst und das Spezifische, worin sie besteht, hatte ich nicht begriffen. Bereits hieraus ist ersichtlich: das mit Kartoffeln und Töpfen abgebildete Mädchen war so ähnlich wiedergegeben, daß es mir wie die Natur selbst erschien. Ich sah ihr Duplikat und fühlte, daß es von Menschenhand abgebildet war. Gleichzeitig kam ich nicht darauf, diesen Menschen zu suchen, um bei ihm zu lernen, wie man so etwas überträgt; ich konnte mich an niemanden wenden. Ich dachte noch nicht einmal daran, Farben aus Kiew mitzunehmen, ja, ich sagte meinem Vater überhaupt nichts davon. So fuhr ich weg, wurde größer und erfreute mich bis zu meinem elften Lebensjahr an der lebendigen Natur, nicht ahnend, daß es Farben gibt, mit denen man sie wiedergeben könnte. Das zeugt natürlich auch davon, daß ich in einer Einöde aufwuchs, in der man noch nicht einmal etwas anmalte, und die Möglichkeiten, die ich hatte, waren meiner Aufmerksamkeit entgangen.
Doch es kam ein Tag, ebenso erschütternd wie jener, an dem ich das Mädchen mit der Kartoffel erblickt hatte. Ich interessierte mich aus irgendeinem Grunde für den Anstreicher, der

das Dach anstrich und ein Grün mischte, wie die Bäume, wie der Himmel. Das brachte mich auf die Idee, man könnte mit dieser Farbe Baum und Himmel wiedergeben. Während der Mittagspause stahl ich mich aufs Dach und fing an zu malen – einen Baum wiederzugeben. Es wurde allerdings nichts daraus, was mich keineswegs bekümmerte, denn der Anstrich als solcher machte mir Spaß, allein schon das Streichen mit dem Pinsel empfand ich als sehr angenehm. Aber auch hier stellte ich dem Maler, dem Fachmann sozusagen, keine Fragen. Ich hatte Pinsel und Farbe voll in Anspruch genommen, wobei ich eine enorme Menge verbraucht hatte; für den Anstreicher bedeutete das einen beträchtlichen Verlust, weshalb er auch den ungebetenen Gehilfen holte, um ihm die Ohren langzuziehen. Einige Zeit später begann ich, mit Tinte einen Berg auf Papier zu malen. Aber alle Formen zerflossen, und es kam nur ein Klecks heraus, der nichts darstellte.
Ich war ein unglaublicher Dummkopf, und dabei leuchteten in meinem Gehirn die Negative, brannten hell die Sonnenstrahlen, blinkten die Pfützen, waren Bäume angestrahlt, liefen die Kühe wie lebendig, ja, genau, sie bewegten sich in meinem Negativ, waren nicht starr wie in einem Kaleidoskop; wollte ich jedoch etwas davon aufs Papier übertragen und dort auch wiedererkennen, so kamen nur unförmige Kleckse heraus. Jetzt hörte ich auf, durch die Gegend zu streifen, und verbrachte täglich immer mehr Zeit mit Bleistiftzeichnen. Der Bleistift aber ärgerte mich sehr, und ich warf ihn schließlich weg, um zum Pinsel zu greifen. Um ehrlich zu sein – diese Pinsel

stammten aus der Apotheke, und mit ihnen wurde diphtheriekranken Kindern der Rachen eingepinselt. Ich fand nicht, daß man mit diesem Pinsel besser als mit dem Bleistift streichen konnte, aber er bedeckte eine größere Fläche. Aus irgendeinem Grunde saß ich zu Hause und kam nicht auf den Gedanken, daß man in die Natur hinausgehen, sehen und malen müsse.
Dieser Gedanke entstand nicht so wie bei kleinen Kindern. Diese malen aus dem Gedächtnis heraus und bilden ab, woran sie sich erinnern. Ich war aber doch nicht mehr klein und tat immer noch wie ein kleines Kind. Was ich wollte? Es war mir vollkommen klar. Ich wollte das malen, was ich gesehen hatte. Wie die Kühe nach dem Regen durch die Pfützen liefen und sich im Wasser spiegelten. Das war so gut – und wie schlecht kam es auf dem Papier heraus! Kühe? Kein Mensch erkennt, was das darstellen soll! Und so wurde ich zwölf, dreizehn und fünfzehn Jahre. Damals hatte ich nichts begriffen, obwohl ich mehr als glücklich war. Meine Mutter hatte mir eine komplette Malerausstattung gekauft. Diesen großen Tag werde ich nie vergessen.
Es war in Kiew, als ich zum ersten Mal die Schwelle eines Geschäftes überschritt, in dem es viele Bilder gab, die mich in Aufregung versetzten. Weder Mutter noch ich wußten, was wir kaufen sollten. Der Verkäufer sah unsere Verlegenheit und beeilte sich, uns zu helfen; er legte uns eine Ausstattung vor, an die nicht einmal richtige Maler denken durften – einen kompletten Farbensatz mit allen Abstufungen, 54 an der Zahl, ganz so, wie es ein gewisser Professor festgelegt hat. Auf der ganzen

Fahrt freute ich mich an diesen Farben, die mein Nervensystem, genauso wie die gesamte Natur, in eine angenehme Spannung versetzten: Smaragdgrün, Kobalt, Zinnoberrot, Okker – alles das evozierte in mir das nämliche farbliche Aufblühen, das ich in der Natur gesehen hatte. Und nun, um bei Kiew zu bleiben, wo es, wie ich später erfuhr, so bedeutende Künstler gab wie Pimonenko und Muraschko, fuhr ich in eine kleine Stadt wie Konotop, Gubernat Tschernigow, wo ich eifrig und bemüht Landschaften mit Storch und Kühen im Hintergrund zu malen begann. Erst damals erkannte ich, daß auch in der Natur nichts vollkommen ist. Von morgens bis abends verbrauchte ich Farben, ohne den Bleistift auch nur anzurühren.
So vergingen Tage, Monate, ein Jahr und ein zweites, da zog die Familie nach Kursk, aber noch in Konotop hatte ich erfahren, daß es in Moskau eine Schule gibt, in der man die Wiedergabe der Natur lehrt, so wie sie ist. Aber sämtliche Aufnahmegesuche, die ich an die Schule gerichtet hatte, ließ mein Vater verschwinden, um mir nach genau einem Monat zu erklären, daß dort kein freier Platz sei.
Kursk war bereits die Stadt, in der ich meine Tätigkeit als Maler begann. Morgens und abends malte ich die Natur in allen Beleuchtungsphasen. Damals erfuhr ich auch, daß man die Leute, die sich mit der Wiedergabe der Natur befaßten, Maler (Chudoschniki) nennt, die Tätigkeit aber als solche – Kunst. Was indessen Kunst ist, war unbekannt, und das nicht etwa nur mir, sondern auch anderen Malern, die nach eigenen Aussagen Etüden anfertigten, um sich von ihrer Beamtentätigkeit zu

erholen - das war für sie bereits Kunst. Folglicherweise schloß Kunst das Ziel der Erholung nach der Arbeit in sich ein. Aber ich empfand das nicht. Ich war wie ein empfindsamer Apparat in der Art eines Barometers, auf den sämtliche Veränderungen der solaren Natur wirkten. Ich reagierte, indem ich einfach alles, was ich sah, auf meine Leinwand übertrug, und stellte mir nicht im mindesten die Frage, ob das nun Kunst oder Malerei sei. Es ging nur darum, ob es ähnlich oder genau war.
In Kursk war ich nicht allein. Es gab da Beamte, die in der Akademie der Künste studiert, aber keinen Abschluß gemacht hatten und danach zum Finanzamt, zur Verwaltung oder zur Eisenbahn gegangen waren. Alle hatten genau ein und dieselbe Aufgabe, nämlich die Reproduktion der Natur ohne jegliches Nachdenken, ohne Diskussionen oder Veränderungen. Das war von 1898 bis 1901. Ich hatte bereits eine gewisse Praxis, so daß ich bereits 1898 Kollegen in nichts nachstand; vielleicht beruhte darauf der Beginn meiner öffentlichen Ausstellungen. Ich malte bereits Wächter auf Melonenfeldern, Tagelöhnerinnen, Basare, Kramläden; den Menschen. Ich wußte bereits von den bedeutendsten existierenden Künstlern, von Repin und Schischkin. Man sprach von Wassiliew; auch davon, daß es in Moskau die berühmte Tretjakow-Galerie gab, als Musterbeispiel, wie man die Natur zu malen habe. Die Fahrt nach Moskau war jedoch ein unerreichbares Ziel, wozu man ein Zauberpferd benötigt hätte. Doch der Gedanke an Moskau erfaßte mich immer stärker. Geld war nicht vorhanden, und des Rätsels Lösung war in Moskau zu finden. Natur war

überall, aber die Mittel, wie sie zu malen war, sie waren in Moskau, wo obendrein berühmte Maler lebten.
Ich mußte also auch Beamter werden, nicht nur um das Reisegeld, sondern um den Umzug und das Studium zu verdienen. Es begann eine höllische Zeit. Den Dienst habe ich nie begriffen, wie ein Vogel der freien Wildnis nicht begreifen kann, weshalb man ihn im Käfig gefangenhält. Es kam öfter vor, daß ich während der Dienstzeit meine Staffelei aufstellte und die Aussicht aus dem Fenster malte. Ich machte das absolut ernsthaft, alle lächelten, und wohlmeinende Leute erklärten, man dürfe das nicht. Die Vorgesetzten waren ebenfalls verlegen, manchmal aber auch beeindruckt von einer vollendeten Studie; so verneigten sie sich vor der Kunst und zeigten sich nachsichtig, obwohl sie rieten, tagsüber zu arbeiten und nach 4 Uhr zu malen. So zogen nicht nur Monate, sondern Jahre dahin, bis ich etwas Geld zusammen hatte und mich entschließen konnte, nach Moskau zu übersiedeln.
Aber ich möchte auf das Leben in Kursk zurückkommen . . .«
(Hier bricht die Aufzeichnung ab.)

Malewitsch war 26 Jahre alt, als er endlich im heißersehnten Moskau eintraf. 1896 hatte sein Vater die Tätigkeit in der Kiewer Zuckerfabrik aufgegeben und war mit seiner Familie nach Kursk umgezogen, wo er eine Stellung in der Verwaltung der Moskau-Kiew-Woronescher Eisenbahn antrat. Sein Sohn Kasimir war dort als technischer Zeichner untergekommen.
Als Maler war Malewitsch im Grunde ein Autodidakt, freilich

genial begabt, wie seine frühen impressionistischen Gemälde zeigen. Das Studium an der Moskauer Schule für Malerei, Plastik und Architektur brachte ihm nicht sehr viel, eher schon die Lehrjahre im privaten Atelier von Fjodor Rerberg, in dem er zwischen 1905 und 1910 gelegentlich auftauchte, um seine Technik zu verbessern. Ohnehin war an ein geregeltes Studium nicht zu denken, denn von 1905 bis 1907 nahm Malewitsch an der Ersten Russischen Revolution teil, kämpfte auf den Barrikaden von Presna, wurde am rechten Bein verwundet.
Die Tatsache, daß Malewitsch in seinem künstlerischen Werk immer wieder den Rang des bäuerlichen Lebens und der handwerklichen Arbeit betont hat, hängt mit den Wurzeln seiner Herkunft, mit der kindlichen Prägung durch die Erlebnisse der Natur eng zusammen. Er ist zeitlebens ein Geschöpf der Ukraine geblieben. Auch in seinen leicht überarbeiteten autobiographischen Aufzeichnungen von 1933 gibt er darüber erneut bewegende Auskünfte, wie aus den von Nikolai Chardschiew veröffentlichten ›Kapiteln aus der Autobiographie eines Künstlers‹ hervorgeht. Valentine Marcadé ist in einem Beitrag zu dem erwähnten Malewitsch-Katalog der Galerie Gmurzynska auf diese besondere Beziehung des Künstlers zu den Bauern seiner Heimat eingegangen und zitiert die 1933er Autobiographie.
Der gesamte Text, meint sie, sei von der enthusiastischen Beziehung Malewitschs zum Schaffen des Volkes durchtränkt. »Auf diesem Untergrund«, so Malewitsch, »entwickelten sich in mir die Gefühle zur Kunst, zur Malerei.« Er erinnert sich daran, daß er in den Mondnächten gern am geöffneten Fenster

seines Schlafraums stand und den Gesängen der Burschen und Mädchen lauschte: »Ich lauschte mit innigem Vergnügen, wobei ich den Himmel der Ukraine betrachtete, auf dem, Kerzen ähnlich, die Sterne leuchteten. Und der ukrainische Himmel ist dunkel, so dunkel wie nirgendwo in Rußland ...«
Und weiter: »Auf den Plantagen arbeiteten Bauern, groß und klein, fast den gesamten Sommer und Herbst über; ich als Maler freute mich an den Feldern und den ›farbigen‹ Arbeitern, welche jäteten und Rüben ausmachten. Mädchengruppen in bunten Gewändern durchzogen in Reihen das ganze Feld. Das war ein Krieg. Die Heere in bunten Kleidern kämpften mit dem Unkraut und befreiten die Rüben von unnützem Gewächs. Die Rübenpflanzungen zogen sich ins Unendliche, bald gingen sie in dem weiten Horizont auf, bald fielen sie sanft ab oder schwangen sich auf Hügel empor. Dörfer und Weiler in ihren grünen Feldern umschließend, bedeckt von der gleichförmigen Oberflächengestalt der Blätter ...«
Malewitsch war, als er diesen Text 1933 – auf der Basis der autobiographischen Aufzeichnungen von 1923 – noch einmal, geringfügig verändert, niederschrieb, wieder zu den figurativen Gestaltungen zurückgekehrt. Er spielte in dem System Stalins künstlerisch keine Rolle mehr. Zudem gab es erste Anzeichen für eine Erkrankung, die ihn zwei Jahre später dahinraffen sollte. Nun also, am Ende seines Lebens, betont er noch einmal diese tiefe Übereinstimmung des Bäuerlichen mit der Ikonenmalerei und der Ikonenverehrung, sieht die Ikone in einer Verbindung zum »gesamten russischen Volk mit all seinem emotionalen

Schöpfertum«. Die Kunst der Ikonenmalerei seien Formen höherer Kultur, bäuerlicher Kunst: »In ihr habe ich die gesamte geistige Seite der ›bäuerlichen Zeit‹ entdeckt, ich begriff die Bauern durch die Ikone, sah sie nicht als Schar von Heiligen, sondern als einfache Leute ... Ich blieb auf der Seite der bäuerlichen Kunst und begann, Bilder im Geiste des Primitivismus zu malen.« Und er scheut sich nun, 1933, nicht, zu bekennen, daß er in dieser Anfangsphase Ikonenmalerei imitiert habe.

Malewitschs Neigung zum bäuerlichen Leben, zu dem Leben der Handwerker und der einfachen Menschen war tief und unantastbar – und das galt auch für die Jahre seines Ruhms als suprematistischer Maler und Lehrer. Er hatte längst sein ›Schwarzes Quadrat‹ gemalt, da gab er zusammen mit dem Dichter und Graphiker Wladimir Majakowski agitatorische Farblithographien im Stil der alten Volksbilder, der ›Luboks‹, heraus. Das war 1914. Liest man dazu einen Brief, den Malewitsch im Dezember dieses Jahres an seinen Freund Michail Matjuschin geschrieben hat, dann versteht man, welche Lust er daran hatte, diese Spezialform russischer naiver Kunst für seine Zwecke zu gestalten. Er habe sich recht volkstümliche Plakate ausgedacht, so konnte Matjuschin lesen, und wenn ihre Sprache etwas derb geraten sei, dann brauche der liebe Michail Wassiljewitsch keine Angst zu haben, »weil ja eben darin das Volkstümliche liegt – sie sind von anderen ästhetischen Vorstellungen geprägt«.

Man könnte sagen, daß Malewitschs ›Luboks‹ mit den schlagkräftigen Texten von Majakowski vom Klima des vorrevolutionären Kriegskommunismus geprägt sind. Patriotische Reaktionen gehörten damals, wenigstens für eine kurze Spanne, zum Klima des Aufbruchs in eine neue Zeit. Malewitsch mochte sich davon nicht ausschließen. Er beteiligte sich an vielen Aktionen der ›linken‹ Künstler, gestaltete futuristische Gedichtsammlungen, entwarf Stickmuster, Wandschirme, Sonnen- und Regenschirme. Diese Entwürfe der Berufskünstler wurden von Laienkünstlern auf dem Lande ausgeführt und waren später, nach der Revolution, vielbewunderte Ausstellungsstücke im Museum der Schönen Künste in Moskau. Darunter gab es auch zahlreiche suprematistische Entwürfe von Malewitsch und seinen Schülern. Es wird berichtet, daß Malewitschs Mutter Ludwiga für Verwandte und Bekannte Schals und Pullover nach suprematistischen Zeichnungen ihres Sohnes gestrickt hat, und sie soll ihm auch das Kreuzstichsticken und das Stricken beigebracht haben. Sie wird als einfache, liebevolle, warmherzige Frau beschrieben.

Vater und Mutter Malewitsch waren polnischer Abstammung. Im Elternhaus wurde polnisch gesprochen. Malewitsch beherrschte diese Sprache fließend. Wie ein Kenner seines Werks, Andrei Nakov, weiß, signierte er seine Werke bis 1908 polnisch – Malewicz – und in gleicher Weise wieder ab 1928. Auch seine frühen Texte hat Malewitsch in polnischer Sprache verfaßt. Es ist bekannt, daß er später mitunter von Künstlerkollegen mit ›Pan Kazimir‹ – Herr Kasimir – angeredet wurde. Zur Familie Malewitsch gehörten zwei Töchter und – außer Kasimir – noch drei Söhne, einer davon lebte in Polen, die beiden anderen in Moskau. Kasimir Malewitsch war in erster Ehe mit Casimiria

verheiratet, mit der er eine Tochter, Galina, hatte. Aus seiner zweiten Ehe mit Sofia Michailowna stammt die Tochter Una. Die dritte Ehe schloß er mit Natalia Andreewna.
Was die polnische Abstammung betrifft, so hat Valentine Marcadé, wie bei Gmurzynska nachzulesen ist, die Spekulation »einiger westlicher Kunstwissenschaftler« bezweifelt, die unter Hinweis auf die Tatsache, daß Malewitsch in die katholische Kirche ging, behauptet hätten, Malewitsch habe polnisch gedacht. »Erstens wurde der Gottesdienst in katholischen Kirchen«, so schreibt sie, »nicht in polnischer Sprache, sondern in Latein abgehalten, und zweitens befanden sich katholische Kirchen nur in großen Städten wie Kiew, Lwow usw. In den kleinen Provinzstädten der Ukraine (wo die Familie Malewitsch ja lebte) gingen die Katholiken in die unierte Kirche, wo der Gottesdienst in kirchenslawischer Sprache gefeiert wurde.«
Wie sehr auch die ukrainische Landschaft mit ihrer spezifischen Farbigkeit Malewitsch geprägt haben mag – in Moskau war er am Ziel seiner frühen Träume. Die vielfältigen künstlerischen, geistigen Anregungen, die sich ihm hier boten, sog er geradezu gierig auf, vertiefte sie, um schon bald daraus zu eigenen Erkenntnissen und zu einem eigenen künstlerischen System zu finden, das im Suprematismus kulminierte. So ist es eigentlich kein Wunder, daß dieser junge Mann, der 1904 aus der ukrainischen Provinz ins brodelnde Moskau kam, schnell zu einer Persönlichkeit heranwuchs und im künstlerischen Geschehen der Stadt wie in der revolutionären Kunst- und Kulturszene des Landes allgemein schnell eine führende Rolle einnahm.

Kasimir Malewitsch fiel auf, zweifellos. Er malte nach den stimmungsvollen impressionistischen Bildern um 1910 bereits seine primitivistischen ›Dielenbohner‹, die ›Pediküre im Badehaus‹ und ›Argentinische Polka‹ und begann danach seine Serie der ›alogischen‹ Bilder, von denen ›Kuh und Geige‹ ein besonders charakteristisches Beispiel ist, um dann in kubofuturistischer Manier seine Holzfäller, Handwerker und Bauern zu komponieren. Er nahm an allen wichtigen Ausstellungen teil, war Mitglied im ›Verband der Jugend‹, mit drei Gemälden auf der Ausstellung ›Salon des Indépendants‹ 1914 in Paris vertreten und berichtete Matjuschin stolz von einem Brief Archipenkos, in dem dieser schreibt, »daß ich unter den französischen Malern Erfolg habe – er selbst ist begeistert«.
Malewitsch hatte den 17 Jahre älteren Michail Matjuschin 1913 in Moskau kennengelernt. Zeit ihres Lebens verband sie eine enge Freundschaft. Dies bezeugen auch die zahlreichen Briefe, die erhalten sind. Matjuschin hatte Musik und Malerei studiert, war Komponist, Kunsttheoretiker und Pädagoge. Als einer der führenden Vertreter des russischen Futurismus hat er futuristische Almanache und Bücher des bedeutenden russischen Futuristen-Dichters Welimir Chlebnikow herausgegeben. Ein Höhepunkt der Zusammenarbeit zwischen Malewitsch und Matjuschin war die Oper ›Sieg über die Sonne‹, für die Matjuschin die Musik, Malewitsch das für den Suprematismus entscheidende Bühnenbild und Alexei Krutschonych den Text schuf – davon später.
Im Hexenkessel der neuen, revolutionären Kunst, wie sie sich

vor allem in Moskau, Petrograd und Witebsk entfaltete, machte Kasimir Malewitsch eine steile Karriere. Bereits im August 1917 wurde er zum Vorsitzenden der Kunstabteilung des Moskauer Sowjets gewählt – Voraussetzung dafür, daß er schon kurz nach der Oktoberrevolution 1917 zum Chefkonservator aller Moskauer Kunstschätze und zum Leiter aller Moskauer Kunstinstitute ernannt wird. »Ich habe jetzt viel zu tun«, schreibt er im August 1917 an Matjuschin, »denn ich wurde zum Vorsitzenden der Kunstabteilung im Moskauer Sowjet der Soldatendeputierten gewählt. Meinen Dienst leiste ich im 56. Reserve-Infanterieregiment; man muß zum Wohl der Gemeinschaft arbeiten ... Ich habe eine ganze Reihe von Arbeiten vor – insbesondere die Einrichtung der 1. Moskauer Nationalen Kunstakademie. Mein Gedanke wurde freudig begrüßt, und unser Grüppchen wird größer. In Kürze werde ich einige kleine Sektionen der Abteilungen einrichten, die dann in großem Maßstab in der Akademie vertreten sein werden.«
Offensichtlich ist Malewitsch in seinem Element. Er schwärmt vom »Donner der Oktoberkanonen«, der zum Neuerer geworden sei und geholfen habe, »die alten Zangen zu öffnen und die neue Leinwand der Moderne aufzurichten«. 1918 erfolgt seine Berufung zum Professor an die Höheren Staatlichen Künstlerisch-Technischen Werkstätten (WCHUTEMAS) und an die von Marc Chagall geleitete Kunstschule in Witebsk, an der er – gewissermaßen als Zentralorgan seiner suprematistischen Lehre – im gleichen Jahr UNOWIS proklamiert, das bedeutet ›Festiger neuer Formen in der Kunst‹. Malewitsch

treibt die Reform der Kunsthochschulen radikal und rasant voran. INCHUK, das als Institut der Abteilung Kunst (IZO) des Volkskommissariats für das Bildungswesen (NARKOMPROS) ins Leben gerufen wurde, gab es nicht nur in Moskau, sondern auch in Petrograd und in Witebsk. Das ursprüngliche Konzept dafür hatte Wassily Kandinsky entwickelt. 1922 wird Malewitsch auch Direktor des Leningrader INCHUK.

Ein unermüdlicher Funktionär, Künstler, Künder, Lehrer – so engagiert sich Kasimir Malewitsch an den Kunstzentren seines Landes, hält Vorträge, gründet Institute, verfaßt Artikel, Kritiken, Manifeste, theoretische Abhandlungen. Er ist allgegenwärtig, inspiriert die jungen Künstlerinnen und Künstler mit seiner Lehre – eine faszinierende Persönlichkeit, Meister und ein bißchen Messias auch, Lenin und der Partei wie den ›rechten‹ Künstlern und ihren Gruppierungen zunehmend ein Dorn im Auge, und dies gewiß auch deshalb, weil er kein Blatt vor den Mund nimmt, weil er seine große Autorität zur Verfolgung und Durchsetzung seiner suprematistischen Lehre konsequent einsetzt.

Auf welchem Boden Malewitschs künstlerische Philosophie gewachsen ist, kann heute immer noch nicht schlüssig ausgemacht werden. Was hat er gelesen? Was hat ihn interessiert, gar beeinflußt? In dem Katalog zu der Ausstellung ›Malewitsch – Mondrian und ihre Kreise, aus der Sammlung Wilhelm Hack, Köln-Ludwigshafen/Rhein‹ haben die tschechischen Kunstwissenschaftler Miroslav Lamač und Jíri Padrta, beide hervorragende Kenner der russischen und sowjetischen Avantgardekunst, zu diesem Problem Stellung genommen. Lamač spricht angesichts von »mehreren tausend beschriebenen Seiten«, die Malewitsch hinterlassen hat, von einer »recht schillernden Theorie«. Er sieht zwar einen gewissen Zusammenhang mit »zeitgenössischen und älteren Strömungen philosophischen Denkens sowie wissenschaftlichen Theorien und Erkenntnissen« und meint, daß sich die Gesamtsumme all dessen – »die stets Schema bleiben wird« – durch die »Originalität von Synthesen und Schlußfolgerungen sowie durch die Genialität der bestürzenden Blitze im Wortnebel« auszeichne: »Das Hauptmerkmal jedoch ist Naivität. Naivität verstanden als die große Kraft der unerschütterlichen Souveränität des Kindes in seinem Begreifen der Welt und in seiner Selbstdarstellung.« Jíri Padrta wagt sich dagegen an eine etwas direktere Darstellung der möglichen Einflüsse zur Herausbildung der spezifischen Philosophie von Malewitsch. »Es ist nicht schwer«, schreibt er, »in seinen Äußerungen die breite, bunte Skala des Einflusses westlicher Philosophie, Ästhetik und Kunsttheorien zu verfolgen. Noch leichter jedoch ist es, eine gebührende ›phänomenologische Reduktion‹ durchzuführen und so zu den Grundevidenzen zu gelangen, d. h. zu Platon, Hegel, Kant, Schelling, Nietzsche und – erst kürzlich entdeckt – auch zu Schopenhauer als den Vätern von Malewitschs philosophischen Gedanken ... Wenn wir einerseits ernste Bedenken hegen, ob Malewitsch, der lange – und praktisch noch in den Jahren 1915 bis 1916, als er seine ersten Texte herausgab – Schwierigkeiten mit der russischen Stilistik hatte, Hegel und

Kant las, so scheint andererseits doch außer Zweifel zu stehen, daß er sich frühzeitig ausführlich – wenn auch sicher recht spontan und unsystematisch – in den zeitgenössischen heimischen Quellen über das philosophische Geschehen in Rußland informierte.«

Es mischten sich damals in Rußland viele Einflüsse westlicher und östlicher Philosophien und Theologien. Hier konnte Malewitsch auf die Belesenheit seiner gebildeten Freunde Matjuschin und Krutschonych bauen. Von einem gewissen Einfluß auf Malewitsch dürfte auch der Philosoph, Naturwissenschaftler und Theologe Pawel Florenski gewesen sein, der – vier Jahre jünger als Malewitsch und 1937 in einem Lager umgekommen – an den ›WHCHUTEMAS‹ Vorlesungen über Kunst hielt. Seine Untersuchungen zum Problem der ›Ikonostase‹ mußten auf viele Künstler damals einen großen Eindruck gemacht haben. Denn die besondere Bedeutung der Ikone als »Theologie in Farben« und als eine Komposition, die auf die Darstellung der Illusion des dreidimensionalen Raumes verzichtet, um nur sie selbst zu sein, rein und nicht interpretierbar – dies lag als Problem auch suprematistischer Erkenntnis nahe.

Insgesamt gesehen aber ist Malewitsch in seinem Philosophieren ein Außenseiter geblieben. Jírí Padrta scheint es, daß »Malewitschs intellektuelle Erziehung, trotz der Vielseitigkeit seiner Interessen, sehr eigenartig und seine philosophischen Grundlagen – vom Gesichtspunkt des systematischen Philosophierens westlicher Art aus betrachtet – ziemlich problematisch gewesen« sind. Er meint: »Anders lassen sich seine häufig fast primitiven Abwandlungen und seine Bearbeitung komplexer philosophischer Grundprobleme nicht erklären. Gleiches gilt für stilistische Kurzschlüsse, terminologische Inkonsequenzen und sprachliche Barbarismen, von denen es in seinen Texten nur so wimmelt. Fremde philosophische Gedanken und Termini eignet sich Malewitsch souverän an; er geht mit ihnen absolut frei – vorsichtig ausgedrückt, sehr ›unakademisch‹ – um. Er unterwirft sie Bearbeitungen, die häufig nur noch sehr wenig mit dem ursprünglichen Sinn und Kontext gemein haben, und er betreibt mit ihnen eine Argumentations- und Terminologiegymnastik, über die ihre Autoren zweifellos sehr erstaunt wären.«

Weiter: »Sämtliche Theorien Malewitschs vermitteln den Eindruck, als ignoriere er jede gemeinsame Arbeit in der Geschichte und Kultur des Denkens sowie der Sprache. Sowohl das Gedankengut als auch das linguistische Material scheint sich Malewitsch selbst erarbeitet zu haben – so wie sich etwa Tolstoi seine Schuhe anfertigte ... Er errichtete die verschiedensten Gedankenmodelle und zerstörte sie dann wieder. Es kann gefährlich und irreführend sein, sich bei ihrer Interpretation an ihren Wortlaut zu halten. Noch problematischer ist dann jeder Versuch, ihnen eine Entwicklungslogik unterschieben zu wollen und sie in die Schablonen westlicher Philosophie-Schemata einzuordnen.«

Aber der Wissenschaftler Jírí Padrta hat ein Herz für Malewitsch und dessen »unprofessionelle Art theoretischen Denkens« – sie strahle einen irritierenden Zauber aus: »Sie fasziniert durch eine Besessenheit des Argumentierens, eine leidenschaftlich hartnäckige, asketische Konsequenz – die an das Aufflammen apostolischer Schriften erinnert – und schließlich auch durch die unbestreitbar urwüchsige Originalität einer großen Persönlichkeit.«

Tatsächlich sind die meisten Texte von Malewitsch eine Mischung aus Getragenheit und Einfachheit. Sie wirken logisch und verwirren oft zugleich. Sie haben manchmal einen befremdenden pastoralen Klang und zeugen dann wieder von einer dichterischen und eigenwilligen Kraft. Lamač nennt sie »recht dunkel und begrifflich kryptisch«, während für Camilla Gray (in: ›Das große Experiment‹, Köln 1974) Malewitschs Sprache »eine seltsame Mischung aus Unbildung, Patriarchentum und echter Poesie« darstellt. »Der Wortgebrauch«, meint sie, »ist äußerst unlogisch, der Bedeutungsgehalt eines Wortes wechselt innerhalb eines Werkes oft zwei- oder dreimal, die Sätze fallen syntaktisch auseinander, sind von immenser Länge und unklar im Sinn. So ist es schon im Russischen schwierig, Malewitsch zu begreifen; ihn zu übersetzen, ist nahezu unmöglich.«

In der Rigorosität der Anwendung unterschiedlicher künstlerischer, philosophischer, theologischer Systeme, Gruppierungen, Botschaften und gerade auch in der unbedenklichen Hinwendung zu abseitigen, mystisch verbrämten ›Lehren‹ gibt es zweifelsohne eine Geistesverwandtschaft zwischen Malewitsch und Joseph Beuys, und dies gilt auch für die Art und Weise des Vermittelns und Verkündens ihrer Weltbotschaften. Die priesterliche Attitüde geht bis in die Kleidung hinein – Malewitsch trug zum Beispiel gern bäuerliche Kleidung, speziell ein weißes Überwurfhemd mit weißer Hose. In dieser Tracht, in der er sich noch 1931 im Garten seiner Datscha in Nemtschinowka bei Moskau fotografieren ließ, unterrichtete er auch an den WChUTEMAS.

Werner Haftmann hat in seiner Einleitung zu Malewitschs Schrift ›Suprematismus – Die gegenstandslose Welt‹ (Köln 1962) mit Blick auf den spezifischen Stil Malewitschs folgendermaßen argumentiert: »Es ist die manische Besetzung der Psyche des Künstlers durch eine ihn ganz erfüllende schöpferische Idee, die die sonderbarsten Kausalschlüsse und absurdesten Analogien herbeizieht, um die noch ungreifbare Idee irgendwie erkennbar und definierbar zu machen. Diese sprung- und ruckhafte, halluzinierte Weise des Denkens, dessen Holprigkeit einen nicht durch zugeneigte Neugier geleiteten, logischen Geist zur Weißglut bringen kann, ist Ausdruck der fast unmöglichen, eifernden Bemühung, von Erfahrungen reden zu müssen, die nur im Empfindungsmäßigen und Bildnerischen deutlich waren. Und Malewitsch war ein großer Eiferer.« Und Haftmann zitiert den Maler Antoine Pevsner, der berichtete, »daß Malewitsch tränenüberströmt bei der Beerdigung seiner Lieblingsschülerin eine große schwarze Fahne hinter dem Sarg einhertrug, auf die er ein weißes Quadrat genäht hatte«. Haftmann rät: »Das Bild dieser rührenden eifernden Figur sollte man beim Lesen dieses Textes nicht vergessen.«

Haftmann ist Malewitsch sehr dicht auf der Spur, wenn er

darauf hinweist, daß dieser der Prototyp eines russischen Malers sei und daß seine Texte die »sonderbare russische Eigenart« zeigen, »die Maxim Gorki ›die Furcht des russischen Denkens vor sich selbst‹ nennt«. Er zitiert Tolstoi, für den »das Bewußtsein das größte moralische Übel ist, das den Menschen befallen kann«, und Dostojewski, der das Bewußtsein »als Krankheit« empfand. Haftmann meint, daß auch Malewitsch in seinem Denken von diesem »Mißtrauen gegen die Kraft des Verstandes« (Gorki) zutiefst erfüllt gewesen sei. In dieser »angespannten, ungefügten und halluzinierten Denkweise« spiegelt sich, wie Haftmann ausführt, »auch die ganze Schwere der Aufgabe wider, die vertrauten Gedankenbilder von Grund auf umzugestalten«. Und: »Bei dieser Arbeit sah sich Malewitsch immer wieder auf seine aus dem Unbewußten heraufwollenden Erfahrungen zurückgeworfen. So setzte er auf diese – wenn dabei auch das Denkgefüge auseinanderfiel und die Prophetie die Logik ersetzte.«

Alles in allem also ergibt sich bei der Betrachtung der suprematistischen Philosophie von Malewitsch ein starker, wesensmäßig bedingter Hang dieses Künstlers zu den mystischen Gründen des Seins, zum Visionären, Transzendentalen. Er wollte wirklich eine Veränderung bewirken, die sich in der schöpferischen Freiheit des neuen Menschen erfüllen sollte. Im Suprematismus verdichtete sich diese Vision.

# 3

## ›Sieg über die Sonne‹

## Suprematismus und ›Schwarzes Quadrat‹

## Die Auseinandersetzung mit dem ›Futtertrog-Sozialismus‹

Die Geburtsstunde des Suprematismus schlug bei der Welturaufführung der futuristischen Oper ›Sieg über die Sonne‹ am 3. Dezember 1913 im Lunapark-Theater zu St. Petersburg. Die Idee zu diesem Stück entstand unmittelbar nach dem Zusammenschluß des ›Verbandes der Jugend‹ mit der Theatergruppe ›Gileja‹, zu der Majakowski, Chlebnikow, Krutschonych und die Brüder Burljuk gehörten. Das war im März 1913. Im Sommer desselben Jahres trafen sich auf der Datscha von Matjuschin im finnischen Uusikirkko anläßlich des etwas hochtrabend genannten 1. Allrussischen Futuristenkongresses die Mitglieder dieser Gruppe. Mit dabei war auch Kasimir Malewitsch. In einem Manifest des Kongresses wurde die Gründung eines Theaters namens ›Budetljanin‹ bekanntgegeben. ›Budetljane‹ – dies bedeutet ›Zukünftler‹, und so verstanden sich die russischen Futuristen. »Zukünftler sind Leute, die am Kommen sind«, schrieb Majakowski 1914, »wir stehen am Vorabend.«

›Sieg über die Sonne‹ ist eine Gemeinschaftsarbeit von Matjuschin (Musik), Malewitsch (Bühnenbild und Kostüme), Krutschonych (Text) und Chlebnikow (Prolog). Das Herausragende daran ist, daß alle Elemente dieses Stücks eng miteinander verzahnt sind, man kann hier schon von Integrationstheater, ja von einem Gesamtkunstwerk sprechen, in dem der Bühnenraum von Malewitsch die eigentliche Sensation ist. Das lassen jedenfalls die wenigen erhaltenen Bühnen- und Kostümentwürfe Malewitschs deutlich genug erkennen, und auch die Augenzeugenberichte überliefern, daß an jenem 3. Dezember

1913 im Petersburger Lunapark-Theater Ungewöhnliches geschehen ist. Aufgabe war, ein Libretto zu schaffen, in dem mit dem Sieg über die Sonne, wie Matjuschin festgehalten hat, »der Sieg über die alte eingewurzelte Auffassung von Sonne gleich Schönheit«, also über »die alte Romantik und hohle Geschwätzigkeit« entsprechend der ›budetljanischen‹ Idee versinnbildlicht wird. Es ging darum, sowohl für den »ewigen Ästheten Nero/Caligula« – in einer Person – als auch für den aus dem 24. Jahrhundert zurückgekehrten Menschen und die zukünftlerischen Athleten einen Raum zu entwerfen. Diese Athleten standen für die Kräfte des weltumspannenden Fortschritts. Letztlich sollte der Untergang der Sonne herbeigeführt werden – dieses Symbol der Logik und, so Krutschonych, »Urheber des Leidens«. Der Text dazu war weitgehend unsinnig, alogisch, er wurde von den Spielern stammelnd und röchelnd vorgetragen, die Musik war streckenweise ohrenbetäubend laut, chaotisch, atonal.

Immerhin gehörte der Komponist Matjuschin zu der kleinen Gruppe von Musikern, die sich zeitweise mit ultrachromatischen Experimenten beschäftigten, also mit Kompositionen, in denen sie mit Drittel-, Viertel-, Achtel- und Zwölfteltönen operierten. Für ›Sieg über die Sonne‹ schrieb Matjuschin, der 1915 in St. Petersburg einen ›Leitfaden zum Erlernen des Vierteltons auf der Geige‹ veröffentlichte, eine kurze, unbegleitete Melodie mit Vierteltönen – Musikwissenschaftler vermuten, daß er damit der erste Komponist gewesen sei, der Vierteltöne in eine Komposition einführte und sie auch notierte.

Malewitsch setzte also für diese außergewöhnliche futuristische Oper die alles überragenden Maßstäbe, indem er die Kostüme im wesentlichen in kubofuturistischer Manier entwarf und für den Prospekt des Bühnenraums ein durch die Diagonale geteiltes schwarz-weißes Quadrat zeichnete. Larissa A. Shadowa schreibt in ›Suche und Experiment‹ (Dresden 1978): »Malewitschs gezeichnete Bühnenbilder haben keine Perspektive. Sie benutzen den Bühnenraum nicht wie ein Zimmer, dem eine Wand fehlt; ganz im Gegenteil, sie zerstören ihn. Jeder Prospekt ist ein selbständiger kubischer Raum. Bei raschem Wechsel entstand vielleicht der Eindruck einer durchgehenden kubischen Form. Mit malerischen Mitteln wurde auf der Bühne ein neuer Raum konstruiert. Er erhielt Mehrdimensionalität. Er schien wie eine eigene, durchaus selbständige Welt, in die der Zuschauer aktiv einbezogen wurde.«
A. Mgebrow, ein Zeuge der Aufführung, erinnert sich: »Der Vorhang hob sich, und der Zuschauer fand sich vor einem zweiten aus weißem Kattun, auf dem mit drei verschiedenartigen Hieroglyphen der Librettist, der Komponist und der Bühnenbildner gezeichnet waren. Der erste Akkord der Musik ertönte, und der zweite Vorhang öffnete sich zur Hälfte. Ein Herold und ein Troubadour traten auf und ein Ich-weiß-nicht-Was mit blutigen Händen und einer großen Zigarette. Er begann, den Prolog zu lesen. Der Prolog endete. Seltsame kriegerische Schreie ertönten, und der neue Vorhang zweiteilte sich erneut. Von oben wurde ein Stück Pappe herabgelassen, über und über mit Kriegsfarben bedeckt. Zwei lebensähnliche Krie-

gerfiguren waren darauf dargestellt – alles in einer blutroten Farbe. Die Prospekte wurden entfernt. Jetzt begann die Handlung. Die verschiedenartigsten Masken kamen nach vorn und traten ab. Die Prospekte wurden verändert und die Stimmungen wechselten. Ohrenzerreißende Geräusche und Kanonenschüsse erklangen . . .«

B. Lifschitz, ein anderer Premierenbesucher, hat sich in seinem Buch ›Der anderthalbäugige Schütze‹ (Moskau 1933) so an die Aufführung erinnert: ». . . Das, was K. S. Malewitsch im ›Sieg über die Sonne‹ geschaffen hatte, konnte die Zuschauer nicht unberührt lassen, die in dem Augenblick, in dem sich vor ihnen der schwarze Abgrund des Theaters auftat, aufhörten, sich als Zuhörer zu fühlen. Die Neuartigkeit und Originalität des Verfahrens von Malewitsch lag vor allem in der Verwendung des Lichtes als Ursprung, das Form überhaupt erst bildet und das das Lebendige als auch das Sächliche im Raum erst legitimiert. Zum ersten Male wurden Prinzipien, die sich noch im Impressionismus behauptet hatten, in den dreidimensionalen Raum übertragen. Doch vom Impressionismus war die Arbeit Malewitschs weit entfernt.

Zum ersten Mal entstand innerhalb eines Bühnenkastens eine malerische Stereometrie, hielt ein strenges Rauminhaltssystem Einzug, das die der Bewegung menschlicher Figuren inhärenten Elemente des Zufalls auf ein Minimum reduzierte. Die Figuren selbst wurden von den blitzenden Scheinwerfern zerstückelt und verloren abwechselnd Hände, Beine oder Köpfe, denn für Malewitsch bedeuteten sie lediglich geometrische

Körper, die es galt, nicht allein in ihre Einzelheiten zu zerlegen, sondern auch im malerischen Raum völlig aufzulösen.
Die einzige Realität war die abstrakte Form, die sich restlos die ganze teuflische Eitelkeit der Welt einverleibte. Anstelle der Vierecke und Kreise, auf die Malewitsch bereits damals seine Malerei zu reduzieren versuchte, erhielt er hier nun die Möglichkeit, mit ihren räumlichen Gegenstücken, dem Kubus und der Kugel, zu operieren, und nachdem er sich ihrer bemächtigt hatte, begann er mit der Unerbittlichkeit Savonarolas, alles zu vernichten, was sich auf den ihnen vorgezeichneten Bahnen in den Weg schob.
Das war der malerische Unsinn, der der leidenschaftlichen Gegenstandslosigkeit des Suprematismus vorgegriffen hatte ...«
Die phantastische Story von der Gefangennahme der Sonne (1. Akt) und vom Leben im ›Zehnten Land der Zukunft‹ nach Entfernung der Sonne (2. Akt) hat damals in St. Petersburg großen Wirbel hervorgerufen. Da es nur zwei Vorstellungen gab (im Wechsel mit Majakowskis Stück ›Wladimir Majakowski, eine Tragödie‹), war der Andrang groß. Schon längst hatten die futuristischen Künstler mit ihrem Auftreten in der Öffentlichkeit den Boden für einen handfesten Skandal bereitet – in ihrem Stammcafé ›Zum streunenden Hund‹ machten sie ihre dada-ähnlichen Späße, spielten den Bürgerschreck, spazierten mit angemalten Gesichtern, mit Radieschen und Löffeln im Knopfloch durch die City – auch Malewitsch war öfters dabei.
Die futuristische Bewegung erfuhr also mit dem ›Sieg über die

Sonne‹ eine Sternstunde – und Malewitsch, der das in eine weiße und eine schwarze Fläche geteilte Quadrat auf einen Kattun-Prospekt gezeichnet hatte, machte sich Gedanken über die Folgen dieses Experiments. Allerdings ist er noch sehr unsicher, wie die weitere Entwicklung verläuft. Zwar symbolisiert er auf dem Titelblatt der von Matjuschin edierten Buchausgabe der Oper (St. Petersburg 1913) seine Mitwirkung als Bühnen- und Kostümbildner mit einem schwarzen Quadrat (Komponist Matjuschin wird als Notenschlüssel und Texter Krutschonych mit den beiden ersten Buchstaben seines Namens dargestellt). Aber noch befindet er sich in einem ziemlich schwierigen Stadium. Es mag sein, daß er doch lange Monate benötigt hat, um sich über die künstlerischen Konsequenzen, wie sie diese Erfahrung des Quadrats mit sich bringen mußte, im klaren zu werden.

Dann schickt er, vermutlich im Mai 1915, drei Zeichnungen an Matjuschin und schreibt ihm dazu in einem Brief: »Ich schicke Ihnen drei Zeichnungen in der Gestalt, in der sie 1913 angefertigt wurden. Drei Vorhänge für den Prospekt. Dort ist ein Vorhang das schwarze Quadrat, das mir zu vielerlei gedient hat, denn es bietet eine Menge Material ...« Das Material sollte für eine geplante 2. Auflage des Opern-Buchs verwendet werden, die jedoch nicht zustande kam. In einem weiteren Brief an Matjuschin schreibt Malewitsch: »Der Vorhang stellt ein schwarzes Quadrat dar. Keim aller Möglichkeiten, erlangt es in seiner Entwicklung eine ungeheure Kraft. Es ist der Stammvater des Würfels und der Kugel, sein Zerfall zeitigt eine erstaunliche Kultur in der Malerei, in der Oper. Es markiert den Beginn des Sieges.«

Freilich hält Malewitsch mit der öffentlichen Verkündigung dieses Sieges zurück. Außer Freund Matjuschin weiß niemand von den fundamentalen Veränderungen, die im Atelier von Malewitsch passieren. Dann gibt Malewitsch Ende 1915 eine Broschüre ›Vom Kubismus und Futurismus zum Suprematismus (der neue malerische Realismus)‹ heraus. Den Umschlag ziert ein schwarzes Quadrat. Das Geheimnis konnte nicht länger bewahrt werden. »Ich bin hereingefallen«, beklagt sich Malewitsch in einem Brief an Matjuschin, »ich sitze da, habe meine Arbeiten herumgehängt und arbeite. Plötzlich öffnet sich die Tür und Puni tritt ein. Das heißt: Meine Arbeiten wurden gesehen. Jetzt muß um jeden Preis meine Broschüre über meine Arbeit veröffentlicht werden und die Arbeit getauft werden, um mein Autorenrecht zu sichern.« Wenig später heißt es: »In Moskau wissen schon viele etwas über meine Arbeiten, aber nichts über den Suprematismus.« Schließlich: »Die Bezeichnung kennen schon alle, aber den Inhalt niemand. Lassen wir es ein Geheimnis bleiben.«

Diese ganze vorsichtige Entschleierung des Suprematismus fand mit Blick auf die ›Letzte Futuristische Ausstellung 0,10‹ statt, die am 17. Dezember 1915 in Petrograd eröffnet wurde und die den Rahmen für die endgültige Inthronisierung des Suprematismus bildete – wahrhaft ein historisches Datum. Zu diesem Zeitpunkt hatten einige Anhänger von Malewitsch, Alexandra Exter, Iwan Kljun etwa, die Bedeutung der neuen

Malerei erkannt und ihn gebeten, auf der Ausstellung noch nicht als Suprematist aufzutreten, um, »sei es nur zum Schein«, die bisherige Einheit der avantgardistischen Künstler zu wahren. So wurde auf die Bezeichnung ›Suprematismus‹ im Katalog verzichtet – aber die Broschüre ›Vom Kubismus und Futurismus zum Suprematismus‹ war bereits in Umlauf.

Zudem war ein Zeitschriftenprojekt in Angriff genommen worden – Titel: ›Supremus‹. An den Vorbereitungen dafür nahmen die Malerinnen Olga Rosanowa und Nadeshda Udalzowa lebhaften Anteil. Malewitsch hatte in dieser Zeit die Arbeit an der neuen Malerei voll aufgenommen und intensiv vorangetrieben. Was er im März 1914 noch ›Orphofuturismus‹ und Anfang 1915 ›Fewrealismus‹ (von russisch ›fewral‹ = Februar) genannt hat, ist nun ganz im Suprematismus gemündet.

Larissa A. Shadowa gibt eine interessante Deutung dieses Begriffs: »Im Französischen werden das lateinische ›suprematia‹ (suprématie), was soviel bedeutet wie Überlegenheit, Herrschaft, Oberhoheit, und das davon abgeleitete ›supremus‹ im Sinne des Höchststadiums einer Erscheinung häufig gebraucht. Den russischen Künstlern vom Anfang des Jahrhunderts war bekanntlich, unabhängig davon, ob sie die Sprache erlernt hatten oder nicht, die französische Terminologie geläufig. Der Latinismus ›supremus‹ konnte auch noch im Blickpunkt der Aufmerksamkeit Malewitschs stehen, weil er im Polnischen in dem gleichen Sinne wie im Französischen gebraucht wird; und Malewitsch beherrschte Polnisch von Kindheit an.

Der von ihm geschaffene Terminus ›Suprematismus‹ entsprach offenbar der Dialektik seiner Empfindungen gegenüber der neuen Richtung: einerseits ihre Bande zum Kubismus und Futurismus im Westen; andererseits ihre prinzipielle Neuartigkeit unter den Entwicklungsbedingungen der russischen Kultur. Aus seiner Sicht siegten hier neue künstlerische Tendenzen, die nach seiner Auffassung die vorrangigen, beherrschenden geworden waren. Diese Nuance wollte der Begründer der neuen Richtung offensichtlich in ihrem Namen wiedergeben.«
Und Shadowa zitiert eine Stelle aus einem Brief Malewitschs an Matjuschin vom September 1915: »In Moskau beginnt man mir beizupflichten, daß man unter neuer Flagge auftreten muß . . . Mich dünkt, daß Suprematismus am besten paßt, weil es Herrschaft bedeutet.«
Wie stark Malewitsch die Entdeckung des ›Schwarzen Quadrats‹ für die weitere Entwicklung seiner künstlerischen Arbeit beschäftigt hat, hat Anna Leporskaja, seine Meisterschülerin, überliefert: »Was das schwarze Quadrat in sich einschloß, das wußte Malewitsch nicht, und er begriff es auch nicht. Er faßte es als ein für sein Schaffen so kolossal wichtiges Ereignis auf, daß er, nach seiner eigenen Schilderung, eine Woche lang weder trinken noch essen, noch schlafen konnte« (Gmurzynska, ›Malewitsch‹, 1978).
»Beginn des Suprematismus ist die Fläche, die das Quadrat geschaffen hat«, so definierte Malewitsch später das Ereignis, »das Quadrat ist gleich Empfindung, der weiße Untergrund ist

gleich Nichts.« Die Kunsthistoriker Lamač und Padrta haben darauf hingewiesen, daß Malewitsch in Gesprächen selbst »das Quadrat oft als Symbol der Trennung von der gesamten Kulturgeschichte und als Boten einer neuen Schöpfung hervorgehoben« hat: »Ich habe die nackte Ikone meiner Zeit gemalt ... das Königliche in seiner Wortkargheit.« Er habe eine »fast heilig zu nennende Atmosphäre kultischen Geheimnisses um das Quadrat« bewahrt.

So schrieb Malewitsch noch 1920 in einem Brief an den russischen Kritiker, Kunsthistoriker und Sammler Pawel Ettinger: »... In Vorbereitung ist noch ein Thema über das suprematistische Viereck (genauer: Quadrat). Es wäre wert, darüber nachzudenken, was das ist und was in ihm ist. Niemand tat dies bisher. Und ich selbst bin nun mit der unverwandten Betrachtung seiner geheimnisvollen schwarzen Fläche beschäftigt, die zu irgendeiner Form des neuen Antlitzes der suprematistischen Welt, ihrer Umhüllung und ihres Geistes wurde. In ihm, dem Quadrat, sehe ich das, was die Menschen einstmals im Angesicht Gottes sahen. Die ganze Natur gebar sein Bild dem Menschen ähnlich, und wenn jemand in greiser Weisheit dieses geheimnisvolle Gesicht des schwarzen Quadrats durchdringen könnte, würde er vielleicht das sehen, was auch ich sehe. Ich spreche von ihm, dem Quadrat, noch zaghaft, aber für die ganze Welt, Gott und Natur wird der Weg dadurch unvermeidlich. In der unendlichen Vergangenheit strebte alles danach, daß durch sein ökonomisches Gesicht die Welt neuer Dinge geschaffen wird.

Ich weiß (?), daß der Suprematismus deshalb zur Gegenstandslosigkeit übergegangen ist, um eine neue geistige und utilitaristische Welt aufzubauen ... auf ihr, der Gegenstandslosigkeit, steht die Entwicklung des neuen Testaments der Welt. Dies existierte in der Vergangenheit, näherte sich uns und wird weitergehen, in dem es Tausende von Jahren Zeichen hinter sich zurücklassen wird. So enthüllt sich in ihm, dem Quadrat, die Form des Antlitzes der neuen Majestät Natur, die für das Quadrat der Altar sein wird, auf welchem sich sein Geheimnis offenbart« (Gmurzynska, ›Von der Fläche zum Raum‹, 1974).
Daß Malewitsch auch 1921, nachdem er den Suprematismus als malerisches System im wesentlichen abgeschlossen hatte, noch immer mit der Analyse des schwarzen Quadrats beschäftigt war, bezeugt eine Notiz von ihm, wonach »bis jetzt die Ursache der geometrischen Form oder der Figur in Gestalt des Quadrates noch nicht vollständig geklärt« sei.
Es ist verständlich, daß das ›Schwarze Quadrat‹ und 34 weitere gegenstandslose suprematistische Werke auf der legendären ›Letzten Futuristischen Ausstellung 0,10‹ großes Erstaunen und heftige Diskussionen auslösten. Malewitsch hatte der Bitte seiner Freunde entsprochen und diese Arbeiten im Katalog nicht als suprematistisch ausgewiesen. Allerdings war der Begriff durch die erwähnte Broschüre bereits Gesprächsstoff genug. Jetzt, zur Ausstellung ›0,10‹, gab Malewitsch zu der Problematik folgende Stellungnahme ab: »Wenn ich einigen dieser Bilder Titel gab, so nicht, um ihren Inhalt damit festzulegen. Ich wollte lediglich darauf hinweisen, daß auf vielen Bildern wirkli-

che Formen Grundlage der rein malerischen Bildelemente waren, aus denen dann ein absolutes, der Natur nicht mehr verpflichtetes Bild geschaffen wurde.«

So lauteten seine Bildtitel etwa: ›Bildnerischer Realismus des Fußballers‹, ›Zweidimensionale Bildelemente‹, ›Im Stadium der Ruhe‹, ›Zweidimensionale Bildelemente im Stadium der Bewegung‹. Praktisch war schon das ganze Arsenal suprematistischer Kompositionen vertreten – Beispiele für die wie schwebend wirkenden geometrischen Raumelemente: das ›Schwarze Kreuz‹, die Kombinationen quadratischer und rechteckiger Elemente, der ›Schwarze Kreis‹, ein kleineres ›Rotes Quadrat‹ und das berühmte ›Schwarze Quadrat auf weißem Grund‹, das hoch unter der Decke des Raumes über Eck hing und damit seine Suprematie unmißverständlich zum Ausdruck brachte. Malewitsch hat dann seine immer komplexer und dynamischer werdenden Bilder häufig nur noch ›Suprematistische Malerei‹, ›Suprematistische Komposition‹ oder einfach ›Suprematismus‹ genannt, mitunter aber auch realistische Titel gewählt, etwa ›Flug des Aeroplans‹, ›Fußball‹.

Jedenfalls war diese Petrograder Ausstellung wie zwei Jahre vorher die Aufführung der futuristischen Oper ›Sieg über die Sonne‹ eine Sensation. Der merkwürdige Ausstellungstitel ›0,10‹ bezieht sich auf eine von Malewitsch und seinen Anhängern geplante Zeitschrift, die ›Null‹ heißen sollte. In einem Brief vom 29. Mai 1915 an Matjuschin schreibt Malewitsch über dieses Projekt, daß es darum gehe, »alles auf Null zu bringen«. Und in der Broschüre ›Vom Kubismus und

Futurismus zum Suprematismus‹ hat er in die gleiche Richtung gedacht: »Ich habe mich in den Nullpunkt der Formen verwandelt und bin über Null hinausgegangen«, womit er das Gegenstandslose, den Suprematismus meinte.
Dabei war Malewitsch die Nr. 1, unbestritten, und zusammen mit den ursprünglich vorgesehenen weiteren neun Teilnehmern an dieser Schau ergab dies die Zahl 10 (dann kamen im letzten Moment außerplanmäßig noch vier Künstler hinzu). Also: Zehn Malerinnen und Maler strebten über Null hinaus – das Geheimnis des Titels ›0,10‹ (null – zehn) war gelüftet.
Die Ausstellung machte im übrigen das tiefe Zerwürfnis deutlich, das zwischen Malewitsch und Tatlin bestand. Wie Camilla Gray berichtet, nannte Tatlin die gegenstandslosen Arbeiten Malewitschs amateurhaft – sie hätten auf einer Ausstellung von Berufskünstlern nichts zu suchen. Da hat sich ein starker Haß auf den erfolgreichen Kollegen und Anführer der Avantgarde Luft gemacht. Malewitsch bestand natürlich darauf, ausschließlich seine suprematistischen Bilder auszustellen, und so erhitzten sich die Gemüter derart, »daß es kurz vor der Eröffnung zu Tätlichkeiten zwischen den beiden Rivalen kam«. Camilla Gray: »Die anderen Aussteller waren verzweifelt. Es muß ein beängstigender Anblick gewesen sein – der hochgewachsene, schlaksige Tatlin, voll von verzweifeltem Neid, und der fünfzehn Jahre ältere Malewitsch, ein schwerer, wuchtiger Mann, der sich sehr erregen konnte. Endlich gelang es Alexandra Exter zu vermitteln, und man kam überein, daß Tatlin, Udalzo-

wa und Popowa ihre Arbeiten in dem einen, Malewitsch und seine suprematistischen Anhänger die ihren in einem anderen Saal aushängen sollten. Auf Tatlins Saaltür verkündete dann ein Schild ostentativ: ›Ausstellung von Berufsmalern‹.«
Trotzdem war Malewitsch die beherrschende Figur dieser Ausstellung – und er rächte sich auf subtile, gleichwohl deutliche Weise für die Schmähungen, die Tatlin ihm angetan hatte, und zwar mit einem manifestartigen Text, den er zu der bis 19. Januar 1916 dauernden Ausstellung verfaßte:
»Erst wenn die Gewohnheit des Denkens verschwunden ist, in Bildern das Abbild von Winkelchen der Natur, von Madonnen und schamhaften Venus-Gestalten zu sehen, werden wir ein rein-malerisches Werk erblicken.
Ich habe mich in die Null der Formen verwandelt und habe mich aus dem stinkenden Morast der akademischen Kunst herausgefischt.
Ich habe den Ring des Horizonts durchbrochen und bin dem Kreis der Dinge entkommen, dem Ring des Horizonts, in welchem der Künstler und die Formen der Natur eingeschlossen sind.
Dieser verhaßte Ring, der Neuigkeit auf Neuigkeit eröffnet, führt den Künstler vom Ziel der Zerstörung weg.
Und nur das ängstliche Bewußtsein und die Mittelmäßigkeit der schöpferischen Kräfte im Künstler verleiten ihn zum Betrug und richten seine Kunst auf die Formen der Natur aus, aus Angst, das Fundament zu verlieren, auf dem der Urmensch und die Akademie ihre Kunst begründet haben.

Die geliebten Gegenstände und Winkelchen der Natur zu reproduzieren, ist dasselbe, wie wenn ein Dieb von seinen in Eisen geschmiedeten Fesseln begeistert ist.
Nur abgestumpfte und kraftlose Künstler geben ihrer Kunst den äußeren Schein der Aufrichtigkeit.
In der Kunst ist Wahrheit, nicht Aufrichtigkeit erforderlich.
Die Dinge sind verschwunden wie der Rauch, für eine neue Kultur der Kunst geht auch die Kunst voran zum Schöpferischen als Selbstzweck, zur Herrschaft über die Formen der Natur.«

Malewitsch spricht gern ›ex cathedra‹. Das Pathos vieler seiner Äußerungen, insbesondere im Zusammenhang mit dem Suprematismus, ist unüberhörbar. Andererseits zeugt alles, was er zu dieser Hauptproblematik seines künstlerischen Denkens und Tuns in Wort und Schrift verbreitet, von einem nahezu heiligen Ernst und von einer absoluten Sicherheit, daß er auf dem richtigen Weg sei. Alle diese Eigenschaften sind geeignet, ihn zum wirklichen Gegenspieler Lenins zu machen, der ja auch über eine geniale rhetorische Begabung verfügte und ebenso sicher in seinem Geschmacksurteil war. Freilich war Lenin sehr viel nüchterner und pragmatischer in seinem Denken, er konnte sich ganz einfach ausdrücken, wenn es darum ging, die Massen zu erreichen. Lenin war ein rein machtpolitisch fixierter Tribun – Malewitsch ein Tribun des von der Masse abgehobenen geistigen Prinzips, darin aber genauso radikal wie Lenin in der Ver-

folgung seiner politischen Ziele und der Anwendung seiner agitatorischen Mittel zur Erreichung derselben.
Der Suprematismus von Malewitsch mußte, stärker als alle anderen ›Ismen‹ in dieser revolutionären Zeit, zur einzigen Gegenkraft des Kommunismus werden, weil er ebenfalls den neuen Menschen wollte – allerdings nicht den materialistisch funktionierenden und von der Partei gelenkten, sondern den befreiten, geistigen Menschen.
Kasimir Malewitsch hat in vielen Artikeln zu dieser Problematik Stellung genommen, offen und versteckt, er hat sich ausführlich theoretisch geäußert und in verschiedenen suprematistischen Manifesten seine Vorstellungen dargestellt, und dies immer wieder auch öffentlich. Damit ein Bild dieses suprematistischen Kosmos entstehen kann, wollen wir dazu Malewitsch selbst sprechen lassen.
In seinem Beitrag zur 10. Staatlichen Ausstellung ›Ungegenständliches Schaffen und Suprematismus‹ 1919 in Moskau schreibt er: »Der Suprematismus ist 1913 in Moskau entstanden« (womit er wohl auf seine dort begonnenen Arbeiten an den Bühnenbildern und Kostümen für die Oper ›Sieg über die Sonne‹ Bezug nehmen wollte), »und die ersten Werke waren auf der Gemäldeausstellung in Petrograd, die bei den ›ehrwürdigen Zeitungen jener Zeit‹ Empörung hervorrief, ebenso wie bei den Kritikern und auch bei den Leuten mit Profession, den Meistermalern ...
Im gegenwärtigen Augenblick verläuft der Weg des Menschen durch den Raum, der Suprematismus ist der Signalmast der

Farbe in ihrer unendlichen Vielfalt. Die blaue Farbe des Himmels ist durch das suprematistische System überwunden und durchbrochen worden und ist in das Weiß als die wirkliche, reale Verkörperung der Unendlichkeit eingegangen, weshalb es vom farbigen Hintergrund des Himmels befreit ist …
Nur dann bin ich frei, wenn mein Wille mittels einer kritischen und philosophischen Begründung die Begründung neuer Erscheinungen aus dem bereits Existierenden herzuleiten vermag.
Ich habe den blauen Lampenschirm der Farbenbegrenzungen durchbrochen und bin zum Weiß gelangt; schwebt mir nach, Fliegergenossen, in die Tiefe; ich habe die Signalmasten des Suprematismus errichtet. Ich habe das Unterfutter des farbigen Himmels überwunden, habe es heruntergerissen und die Farben in den aus ihm gemachten Sack gesteckt und ihn zugeknotet. Schwebt! Die weiße Tiefe, die freie Unendlichkeit liegt vor Euch.«
In einem 1920 erschienenen Büchlein ›Suprematismus – 34 Zeichnungen‹, das in geringer Auflage in dem von El Lissitzky geleiteten Witebsker Atelier für graphische Kunst im Steindruckverfahren hergestellt wurde und das als Faksimiledruck 1974 herauskam (Editions des Massons, Lausanne, und Wasmuth, Tübingen), hat Malewitsch – visionär – die Raumfahrt und Satelliten-Programme vorhergesehen: »… Der suprematistische Apparat, wenn man so will, wird homogen und ohne jede Aufhängung sein. Ein Schleifstein ist, der Erdkugel gleich, die in sich das Leben der Vollendung trägt, mit allen

Elementen verschmolzen, so daß jeder konstruierte suprematistische Körper in eine naturgegebene Organisation eingeschlossen sein wird und per se einen neuen Satelliten bildet; man braucht nur die Wechselbeziehung zwischen zwei im Raum verlaufenden Körpern zu finden. Erde und Mond – zwischen beiden kann ein neuer, mit allen Elementen ausgerüsteter suprematistischer Satellit konstruiert werden, der sich auf einem Orbit bewegen wird, wo er sich seinen neuen Weg bahnt. Verfolgen wir die suprematistische Form in ihrer Bewegung, so gelangen wir zu der Lösung, daß die geradlinige Bewegung zu einem beliebigen Planeten nicht anders zu überwinden ist, als durch eine ringförmige Bewegung der intersphärischen suprematistischen Satelliten. Über der Arbeit am Suprematismus fand ich heraus, daß seine Formen mit der Technik irdischer Oberflächen nichts gemein haben. Sämtliche technische Organismen sind auch nichts anderes als kleine Satelliten: die ganze vitale Welt ist auf dem Sprung, in den Raum abzufliegen und einen besonderen Platz einzunehmen. ...«

Diese kleine Schrift hat tatsächlich den Charakter von ›Science-fiction‹, denn Malewitsch operiert mit seinen Ideen in der »Raumzeit neuer architektonischer Konstruktionen«, in der der »Suprematismus Verbindung mit der Erde« hält, »doch verändert er kraft seiner ökonomischen Bauten die ganze Architektur der Erdendinge, da er sich im weitesten Sinne des Wortes mit dem Raum der bewegten, ganzheitlichen Massen des Planetensystems vereinigt«. Dazu paßt als ein Ergebnis seiner Forschung, »daß der Suprematismus die Idee einer neuen

Maschine impliziert, d.h. einer neuartigen Möglichkeit, Organismen draht- und dampfbenzinlos zu bewegen ...« Deutlich wird, daß »von Malerei im Suprematismus keine Rede sein« kann, »die Malerei ist lange abgeschafft, der Künstler selber ist ein Vorurteil der Vergangenheit ...«
Bereits in einem am 15. Juli 1919 in seiner Datscha in Nemtschinowka bei Moskau abgeschlossenen und ebenfalls von Lissitzky im Witebsker Atelier für graphische Kunst herausgegebenen Text ›Über die neuen Systeme in der Kunst‹ (Faksimile in der Edition Howeg, Zürich 1988) hat Malewitsch sich schon deutlich von der kommunistischen Ideologie abgegrenzt: »... Der Mensch ist der Organismus der Energie, ein Staubkörnchen auf dem Weg zur Bildung des Einheitszentrums. Alles andere ist bloß ein Vorwand. Dörfer sind kleine Organisationszentren der Energie, die ihrerseits neue Zentren einer komplexeren und stärkeren Energieform bilden; im Verhältnis zu den Dörfern sind die Städte die wichtigsten Zentren und geben ihrerseits Kraft an die Metropolen des ganzen Landes weiter; in diesen ist alle Kraft des Volkes konzentriert. Doch die Energie kennt weder Völker noch Staaten, noch Nationalitäten, sie strebt daher nach immer höheren Stufen der Zentralisation; unter diversen Vorwänden aus dem politischen und ökonomischen Garküchenbetrieb stört der Mensch den geraden Verlauf der Bewegung. Diese Vorwände schwinden jedoch vor der globalen intuitiven Bewegung der Energien, und es entsteht eine Superstadt als Produkt aus den Städten ganzer Völker, und letztere werden

um diese Zeit bereits eine einheitliche Bewegungskraft darstellen.

Die entstandene ökonomische Politik entspringt in der Hauptsache der Beherrschung eines anderen Volkszentrums, das einhergeht mit der häßlichen Maske des Krieges, der gewaltsamen Unterdrückung anstelle der bewußten Einheitsbewegung ...«

Eine Revolution, so meint Malewitsch, geschehe nicht ohne weiteres, und es könne nicht schaden, »sich etwas um all die Schlüsse zu kümmern, die die Vernunft in dieser Richtung zieht, denn über das Ziel der einfachen Bewegung in die Unendlichkeit« gehe keiner hinaus. »Die Revolution besteht immer aus der Zertrümmerung aller ökonomischen Lösungen der Vergangenheit.« Aber: »Der Weg der Kunst ist kontinuierlich, denn in ihr lebt ein und dieselbe Energie zu ein und demselben unendlichen Zweck.«

Eine zentrale Analyse und Auseinandersetzung mit den Ideen des Materialismus und den Verhältnissen im kommunistischen System unternimmt Kasimir Malewitsch in seinen verschiedenen suprematistischen Manifesten, deren vier in dem Band ›Suprematismus – Die gegenstandslose Welt‹ (Köln 1962) veröffentlicht sind. Zusammengefaßt ergibt sich zunächst folgendes Bild: Die Gedanken des Menschen sind immer auf das Nützlich-Praktische gerichtet. Das Streben danach scheitert an der Wahrheit oder Wirklichkeit des Seins, das nicht gegenständlich ist. Die ganze Kultur des Menschen ist unzulänglich wie sein Verstand. Aber der Mensch hat einen guten Lehrmei-

ster – die Natur. Das wird gern vergessen, weil der Mensch, in der Idee des praktischen Realismus befangen, die ganze Natur nach seinem idealen Entwurf formen, das heißt, das Gegenstandslose gegenständlich machen will. Diese vergeblichen Bemühungen entfesseln den Sturm des Zorns der materialistischen Künstler und Techniker und haben Krieg, Drahtverhau, Selbstmord, Trauer im Gefolge.
Unter diesen Umständen ist die ganze Kultur, wie sie sich im Kommunismus offenbart, wie ein Irrenhaus mit Dunkelkammern, Einzelzellen, Krankensälen. Der praktische gegenständliche Realismus weist gegenüber dem wirklichen Irrenhaus einen Unterschied auf: Dort werden Irre von Gesunden geleitet, im Leben aber die Gesunden von Irren. Irre haben die Macht an sich gerissen und veranstalten ein organisiertes, wissenschaftlich fundiertes Gemetzel.
Der freie Wille ist eine Fiktion, solange der Mensch sich an Wirtschaftlichkeit, Technik, Zweckmäßigkeit und Nützlichkeit orientiert. Die gegenstandslose Kunst überwindet den gegenständlich-praktischen Realismus. Der Suprematismus ist das befreite Nichts der Gegenstandslosigkeit. Er steht gegen die animalische Futtertrog-Ideologie. Mit der Befreiung vom Gegenstand wurde die Kunst überflüssig. Auch die Natur bildet nichts ab. Sie ist infolgedessen gegenstandslos. In ihr gibt es keine Weisheit im menschlichen Sinne. Sie strebt nichts an, erkennt nichts. Sie kennt kein Ziel, keine Nützlichkeitserwägungen.
Und hier wörtlich ein Kerngedanke des Manifests von 1922: »Wie die materialistische Form des Kommunismus den Ein-

fluß der praktischen Gegenständlichkeit im religiösen Bereich verstärkt, so wird sie auch die Kunst nach und nach abschaffen, da die ästhetischen Gesetze den Gesetzen der Wirtschaft weichen müssen. In historisch kürzester Zeit soll alles, was das Leben der Dinge bestimmt, auf einen ausschließlich praktisch-gegenständlichen Weg des reinen Materialismus gezwungen werden. Man glaubt, daß auf diese Weise nationale und wirtschaftliche Kriege abgeschafft werden könnten. Aber zwischen Geist, Materie und Kunst werden dann neue Kriege entbrennen.«
Weiter in der Zusammenfassung der Gedanken Malewitschs: Die beherrschende Lehre vom praktischen Futtertrog-Realismus reicht bis in die religiöse, wissenschaftliche und künstlerische Sphäre hinein. Das materielle Futtertrog-Heil widerspricht allen Erkenntnissen der Natur, in der es solche Heilserwartungen nicht gibt. Denn die Natur ist gegenstandslos, und in ihr ist nichts, was im gegenständlichen, praktischen Realismus des Menschen ist, der glaubt, die Natur gemäß seinen Vorstellungen verwirklichen zu können. Notwendig ist, die gegenstandslose goldene Gleichheit zu erlangen, die weiße Gleichheit.
Dazu wörtlich: »Der Suprematismus ist eine scharfe Kampfansage an die organisierende, idealisierende Gegenständlichkeit. Er steht dafür, daß die Kunst nicht als Überbau aufgefaßt werden kann, der die Wirklichkeit des im Leben vorherrschenden, praktisch-gegenständlichen Futtertrog-Realismus als das Heil des absolut Materiellen widerzuspiegeln hat.«

Und: »Der historische Materialismus ist ein anschauliches Beispiel für die Unzulänglichkeit des menschlichen Denkens. Für ihn gibt es keine andere Zukunft als die weiterer Unzulänglichkeiten, besonders, wenn der historische Materialismus sich die Kultur der Produktion von Gegenständen zum Ziel gesetzt hat, wenn er durch sie in der Zukunft ein vollkommenes Heil zu erlangen hofft. Der historische Materialismus muß genau so entschieden abgelehnt werden wie der Gegenstand in der Kunst!«

Malewitsch sieht den Wesensinhalt des Suprematismus in der Ganzheit gegenstandsloser, naturbedingter Erregungen ohne Ziel und Zweckbestimmung. Dies bedeute jedoch nicht, »daß das gegenstandslose Wirken nicht auch Formen für die Allgemeinheit finden« werde. Die suprematistische Gegenstandslosigkeit ermögliche es, im Gegenteil, »gigantische Schöpfungen, ähnlich den Schöpfungen der Natur, wie Berge, Täler usw.«, zu schaffen. Und Malewitsch findet zu einem schönen Vergleich: »Eine Blume kann nach ihrem äußeren Bild als eine bestimmte Art bestimmt werden. Die Merkmale ihrer Besonderheit liegen aber nicht nur in ihrem äußeren Bild, sondern sind bereits im Samenkorn enthalten. Die Allgemeinheit erkennt allerdings im Samenkorn noch nicht die Blume, vor deren Anblick sie in Begeisterung gerät. Ähnlich wie der Blume kann es auch der Kunst ergehen: Die Allgemeinheit erkennt die Malerei nicht in ihrer veränderten Art. Die neue Art der Malerei entwickelt sich ähnlich wie das Samenkorn, obwohl der Gegenstand in ihr fehlt. Das fehlende Verständnis für die neue

Kunst ist darauf zurückzuführen, daß die im gegenständlich-praktischen Denken befangene Allgemeinheit gewohnt war, das Kunstwerk wie einen Strauß gepflückter Blumen zu betrachten.«

Interessant gerade auch für heutige Verhältnisse ist, daß Malewitsch in seiner Philosophie des Suprematismus auch ökologische Probleme anschneidet: »Die Allgemeinheit hält die Steigerung der gegenständlichen Vollkommenheiten für das einzig erstrebenswerte Ziel. Sie glaubt, daß sie das Glück auf Erden erreicht hat, wenn sie den ganzen Wald zu Möbeln verarbeitet, den ganzen Granit zu Bauten verbaut, das ganze Gold zu Ringen umgeschmiedet hat. Die Natur aber wächst und wächst und kennt kein Ende. Jedoch auch der Eifer der Allgemeinheit kennt keine Grenzen. Aber schließlich kann man ja nicht den ganzen Erdball zusammenkratzen, nicht das ganze Wasser aus den Meeren schöpfen und nicht alles erfinden. Somit gleicht der gegenstandsbesessene Mensch einem Verrückten, der sich abmüht, alle Schätze der Erde in seine Tasche zu stecken und zu diesem Zweck an ihr herumbastelt mit allen möglichen Sägen, Feilen und sonstigen Geräten.« Und die Natur selbst? Malewitsch: »Die Natur selbst weiß gar nicht, was in ihr Wert und was Unwert ist. Unbeirrt läuft sie weiter in ihrer Gegenstandslosigkeit, ohne Ermüdung, Arbeit und Schweiß zu kennen. Sie kennt auch keine Höhe, von der sie herabstürzen, kein Meer, in dem sie ertrinken könnte. Sie kennt nichts von den Ängsten, Sorgen, Zielen, Ideen der Menschheit.«

Malewitschs Rundumschlag zielt auch auf die Neue Ökono-

mische Politik (NEP), die Lenin 1921 einführte und die zunächst im kleinen Maßstab auch gewisse privatwirtschaftliche Tätigkeiten zuließ, in der Erwartung, daß sich die desolate Wirtschaft des Landes wenigstens in Teilbereichen ein wenig verbessern würde. »Der neue Wirtschaftsplan der praktischen sozialistischen Ordnung«, so argumentiert Malewitsch in diesem Witebsker Manifest vom Februar 1922, »hat zunächst den Kampf gegen die Religion aufgenommen, die er für eine veraltete, nicht mehr zeitgemäße Form im praktischen Sinne erklärte.« Und es bedarf nach den Erfahrungen, die er mit der Leninschen Kulturpolitik gemacht hat, keiner prophetischen Gaben mehr, um zu diesem Zeitpunkt – 1922 – vorauszusagen, daß »das Bestreben, eine einheitliche praktische Form zu finden, den Staat bei der weiteren Entwicklung zwingen« werde, »auch die Kunst als reinen künstlerischen Wert abzulehnen«.
Malewitsch: »Das 20. Jahrhundert brachte eine Wende, wie sie in der Geschichte der Menschheit bisher noch nicht bekannt war. Der wirtschaftlich-praktische Realismus wird, wenn er den Weg des Sozialismus weitergeht, zweifellos seine höchste Vollendung, seine äußerste Grenze erreichen. Sozialismus ist seinem Wesen nach reiner praktischer Realismus. Er schafft das Alte nicht ab, sondern entwickelt es weiter.« Mit dieser Feststellung hat Malewitsch mutig und klar einen Wesenszug der materialistischen Ideologie, wie sie von Lenin konsequent vertreten wurde, bloßgelegt.
Wenn man den tragischen Konflikt zwischen Malewitsch und Lenin zur Kenntnis nehmen und als solchen auch begreifen

will, dann verdient dieses Manifest höchste Aufmerksamkeit. Denn es enthüllt schonungslos die Schwächen und Irrtümer des kommunistischen Systems – aus der Sicht eines Künstlers, der Jahre zuvor noch für dieses System auf leitenden Posten gefochten hat, eines revolutionären Neuerers in der Kunst, der den Materialismus bald durchschaut und ihm mit seinem Suprematismus den geistig-künstlerischen Pol entgegengesetzt hat.

Er nehme an, so meinte Malewitsch, »daß die echte menschliche ungegenständliche Gleichheit, die frei von jedem Daseinskampf ist, zunächst durch die gegenständliche Lehre des Sozialismus hindurchschreiten« müsse, »ehe sie in die Gegenstandslosigkeit des Suprematismus übergeleitet werden« könne. Es sei natürlich möglich, »daß meine suprematistischen Schlüsse als unerfüllbare Ideen bezeichnet« würden. In einem solchen Falle möchte er darauf hinweisen, »daß doch auch die sozialistischen Hoffnungen einst für unerfüllbare, gegenstandslose Phantasien gehalten« worden seien. »Da sich aber das menschliche Bewußtsein in einer ständigen Entwicklung befindet«, so meint Malewitsch mit einem deutlich sarkastischen Unterton, »so könnte man meiner Ansicht nach mit Recht annehmen, daß auch eine Epoche der echten Gegenstandslosigkeit kommen wird.«

Es erscheine ihm allerdings zweifelhaft, ob die Sozialisten selbst schon erkannt hätten, daß der Sozialismus die letzte Etappe zum gegenstandslosen Suprematismus sei, »daß der Sozialismus jene mächtige, leitende Bewegung« sei, »die zur schnellsten Überwindung des rein Animalischen im Menschen« führe. Die sozialistischen Wirtschaftsgesetze seien »nur Hilfsmittel zur beschleunigten Überwindung der animalischen Ebene«. Wenn auch nicht heute oder morgen, aber irgendwann einmal, so fährt Malewitsch in seiner Abrechnung mit dem materialistischen Kommunismus fort, müsse doch »der Mensch seinen Mitmenschen ohne Rücksicht auf Nationen, Rassen und Staaten erkennen«. Er müsse ihn erkennen »ohne Rücksicht auf Religion, Gebräuche und Sitten«. Und hier sei es doch gerade der Sozialismus, »der die Menschheit auf die übernationale Ebene heben will, auf der Rassen- und Klassenunterschiede verschwinden«. Indes: »Wenn ich aber untersuche, in wessen Namen, warum und auf welcher Grundlage der Sozialismus die übernationale Ebene zu erreichen sucht, so finde ich keine andere Antwort, als daß es immer noch die gleichen gegenständlich-praktischen Futtertrog-Interessen sind, also das, was ich als animalische Ebene unserer Handlungen ansehe ... Wenn aber die Menschheit an dieser Grenze der höchsten Vollkommenheit des rein technischen, gegenständlichen Futtertrog-Realismus stehen bleiben sollte, dann wird der Mensch sich durch nichts mehr vom Tier unterscheiden.«

Der Sozialismus, so Malewitsch, träume von der Internationalen, »von der Vereinigung der Völker zu einem unlösbaren Ganzen« – wie der Maler »von einer Verbindung aller Farben zu einer Einheit« träume, »die keiner der einzelnen Farben« gleiche. Malewitsch weiß: »Die Menschen bewegen sich in jeder Epoche um ihre jeweilige Sonne. Der Sozialismus ist die Sonne

der Völker. Obwohl er von jeder Nation anders ausgelegt wird, ist er dennoch nicht national gebunden. Der Sozialismus darf auch keine bevorzugten Nationen kennen, wie die Sonne keine bevorzugten Planeten kennt. Bevor es aber dazu kommt, wird der Sozialismus noch manche Kämpfe und Kriege zu bestehen haben infolge der menschlichen Unzulänglichkeiten und seiner nationalen und wirtschaftlichen Irrlehren.«
Malewitsch kommt zu weiteren interessanten Überlegungen: »Wenn der Sozialismus seine Vielgestaltigkeit überwunden haben wird, wird die erste Stufe der Einigung, und zwar auf wirtschaftlichem Gebiet, erreicht sein. Danach folgt die zweite Stufe, auf der Völker, Rassen und Klassen zu einer Einheit umgeschmolzen werden und einen neuen Typ ergeben. Das kann aber nur geschehen, wenn der Sozialismus seine Begrenztheit ablegt und nicht mehr nur ›im Namen‹ des Futtertrogs wirkt und nicht nur die eine Sorge kennen wird: ›Ich will essen!‹ Der Mensch muß sich, wenn er zur Freiheit gelangen will, durch die dicke Schicht der Freßgier-Kultur durchkämpfen. Er muß eine scharfe Trennungslinie ziehen zwischen dem animalischen Prinzip und dem menschlichen. Die gegenständliche Futtertrog-Kultur kann nicht sein Ziel sein.«
Allerdings scheine ihm, so setzt Malewitsch seine Betrachtungen fort, »daß auch die Lehre vom Sozialismus nichts anderes« sei »als derselbe wirtschaftlich-praktische Futtertrog-Realismus«. Es mehrten sich die Anzeichen, daß »das Tier im Menschen nicht nur nicht verschwinde, sondern daß seine Merkmale immer deutlicher hervortreten« würden. Der Mensch sei

schon »zum Kauen zu faul und baue Mühlen, Dampfbäckereien und Konservenfabriken«. Er bringe immer mehr Spezialisten hervor »als einzelne mechanische Teile eines Organismus in seiner ganzen tierischen Breite«.

»Hat sich das neue politische System«, so fragt er sich, »darum Hammer und Sichel zum Symbol gewählt, weil auch sie technische Hilfsmittel sind für die Errichtung eines Staates, der von Hammer und Sichel und von Futtertrog-Interessen beherrscht wird?«

Malewitsch zeigt sich in diesem Manifest als ein scharfsichtiger, glasklar argumentierender Analytiker, insbesondere im Hinblick auf seine Auseinandersetzung mit dem Sozialismus. Dieser sei als eines der neuesten Wirtschaftssysteme bemüht, »die Lasten, die den Menschen zu erdrücken drohen, durch gleichmäßige Verteilung der Gewichte zu verringern«. Er wolle »die monumentale Zusammenballung von Gewichten, die auf einem Teil der Menschheit lasten«, ausgleichend verteilen und hoffe, »dadurch schließlich zur Gewichtslosigkeit zu kommen«. Der Sozialismus stütze sich nicht nur auf einen Teil der arbeitenden Menschen, »und zwar auf denjenigen, der die schwerste Last zu tragen« habe. In ihm sei das sozialistische System des Arbeits-Gleichgewichtes entstanden. »Daneben entsprang dieses System zum Teil auch jener Menschengruppe, die die ganze Arbeitslast in gegenständlichem Sinne den anderen aufgebürdet hat. Darum kann in der Vorstellung des arbeitenden Menschen dieses System nichts anderes bedeuten als einen Gleichgewichtszustand in bezug auf die Arbeitsverteilung, ohne den eigentlichen Wesenskern auch nur im geringsten zu ändern.«

Malewitsch kommt zu dem Schluß: »Im Sozialismus erreicht die Gegenständlichkeit ihre höchste Vollendung und Blüte. Somit ist der Triumph der Revolution nicht nur ein Triumph der Werktätigen, sondern mindestens auch ebenso sehr ein Triumph der bürgerlich-kapitalistischen Klasse. Kurz gesagt, es ist der Triumph des Gegenstandes, der Triumph des praktischen Realismus!«

Malewitsch hat diesem ersten Teil des Manifestes mit dem Titel ›Suprematismus als reine Erkenntnis‹ mit Datum vom 18. Februar 1922 einen zweiten, ebenfalls in Witebsk entstandenen Teil hinzugefügt, den er ›Suprematismus als Gegenstandslosigkeit‹ überschrieben hat. Die Thematik ist die gleiche wie in Teil 1, nur konzentrierter formuliert. Wieder spricht er von dem »weißen Zustand« als erstrebenswertes Ziel, das in der Kunst bislang nur im Suprematismus erreicht worden sei, und zwar im schwarzen und weißen Quadrat. Gelinge es der Kunst nicht, »sich von den Erfordernissen des Seins zu lösen«, so werde sie »weiter verdammt bleiben, reinen Futtertrog-Interessen zu dienen, weil ja das ›Sein‹ nicht anders verstanden wird als eine Kultur, die aus Nahrungssorgen geboren wurde«. Der Schlüssel zur Lösung aller Probleme ist für Malewitsch das ›weiße Quadrat‹, der ›weiße Suprematismus‹. »Denn während die Kunst die völlige Gegenstandslosigkeit erreicht hat, kennen alle technischen und religiösen Bewegungen und Bestrebungen nach wie vor nichts anderes als die Befriedigung materieller

Bedürfnisse. Doch werden sie verglühen im suprematistischen Realismus der Weißen Welt!«

Je intensiver man diese Manifeste allein unter den Gesichtspunkten ihrer Auseinandersetzung mit dem Kommunismus der Bolschewiki unter die Lupe nimmt, um so deutlicher wird, daß Malewitsch die suprematistische Philosophie zum Hebel dafür benutzt, um die materialistische Ideologie ad absurdum zu führen. Die immer wieder auftauchenden, fast penetrant wirkenden Futtertrog-Bezeichnungen dürften nicht von ungefähr kommen. Sie ziehen sich wie eine giftige Schlange durch einen Text, der darauf abzielt, der »weißen Menschheit« den rechten, den suprematistischen Weg zu weisen. Suprematismus ist in diesem Sinne das andere, höhere geistige Prinzip, »die herrschende Idee«, »der weiße Weg der Bewegung des weißen Systems«.

Man muß diesen Mann bewundern, wie stark und unbeirrt er seine hochfliegenden Gedanken fortentwickelt – und dies in einer Zeit, in der Lenin bereits die Weichen für den sozialistischen Realismus in der Kunst gestellt hat. Die Entwicklung dahin ist zu dieser Zeit zwar noch nicht voll sichtbar, aber es gibt genügend Anzeichen für eine Reglementierung von Kunst und Kultur – ein Prozeß, der dann nach Lenins Tod von seinem Nachfolger Stalin auf allen Ebenen beschleunigt und zum Abschluß gebracht wird.

Malewitsch hat wie viele Künstler damals erkannt, daß diese Entwicklung für die Kunst tödlich sein würde. Und er hat, klipp und klar wie sonst keiner, Stellung dazu bezogen. So

heißt es im Teil 2 seines Manifestes: »In der Entwicklung der menschlichen Kultur ist die Frage der Gewichtsverteilung auf wirtschaftlichem Gebiet bis auf den heutigen Tag noch ungelöst. Das ökonomische Gewicht bleibt unverändert; es werden immer nur andere Hilfsmittel erfunden, um alle materiellen Güter nach einem neuen Heilssystem zu verteilen. Das bedeutendste Mittel, zu dem die Menschheit bisher gelangt ist, ist der Sozialismus. Auf ihn werden jetzt alle Hoffnungen gesetzt, durch ihn hofft man, alle ökonomischen, materiellen, politischen Gewichte sinnvoll verteilen zu können. Es hat sich aber inzwischen herausgestellt, daß dieses Mittel ein größeres Eigengewicht hat als alle Gewichte, die es zu verteilen galt. Nach dieser Erkenntnis kamen die Sozialisten auf eine neue Lösung: bevor die wirtschaftlichen und materiellen Gewichte verteilt werden können, muß erst das Gewicht des Sozialismus ausgeglichen und verteilt werden. Daraus ergaben sich die verschiedensten Systeme sozialistischer Konstruktionen, die ihrerseits verschiedene Deutungen und Auslegungen erfuhren und zu Streitigkeiten darüber führten, welches System das beste sei, welches am schnellsten zum Ziele führen würde. Der Kampf um die sozialistischen Methoden hält unvermindert an, das Gewicht des Sozialismus steht aber nach wie vor wie eine uneinnehmbare Festung.«
Malewitsch führt weiter aus, daß es eine solche uneinnehmbare Festung auch in der Kunst gegeben habe »in Gestalt der staatlichen, gesellschaftlichen und religiösen Gegenständlichkeit, die ein Gewicht darstellte, das der Kunst gar nicht eigen war«. Er

meint, daß dieses Gewicht erst im 20. Jahrhundert »von seinem Jahrhunderte alten Fundament geräumt werden« konnte, und dafür seien die Jahre 1908 bis 1910 die entscheidenden gewesen: »Die Umwälzungen führten der Kubismus und der Futurismus herbei. Sie hatten großen Anteil an der Zerstörung der alten Fundamente. Aus den Trümmern, die noch die Merkmale ihres gegenständlichen Ursprunges bewahrten, entstand ein neues System. Das neue System erzeugt eine neue Form für das Gewicht. Im Jahre 1913 wurde auch dieses Gewichtssystem zerstört durch die Einführung des Suprematismus als gegenstandsloses System. Das suprematistische System werte ich positiv, weil es sich nicht der staatlichen Gegenständlichkeit oder dem sozialistischen System unterordnen läßt und den Inhalt dieses Systems auch nicht zu seinem Inhalt macht, während die anderen Gruppen sich ihm unterordnen in der Hoffnung, daß das neue sozialistische System das uralte ökonomische Gewicht zerstören und für sie ein neuer Inhalt auftauchen würde, den sie in den Formen ihrer Kunst würden verwirklichen können.«

Im weiteren Verlauf seiner unkonventionellen Überlegungen zu diesem heiklen Thema zieht Malewitsch Schlußfolgerungen, die für die revolutionäre Kunst, speziell für den Suprematismus von großer Tragweite sind. Bei der Frage nach dem Inhalt werde übersehen, daß dieser Inhalt selbst nicht etwas Formloses sei, im Gegenteil: »Der Inhalt des sozialistischen Staates hat eine sehr streng aufgebaute materialistische Form. So ergibt sich die Frage, welche Formen die Künstler des sozialistischen Staates für ihn schaffen könnten. Es hat sich zwar inzwischen eine neue Gruppe von ›Künstlern‹ herausgebildet, aber in der Kunst selbst werden Künstler dieser Art nie Gewicht haben.«

Und Malewitsch kommt zum Kern des Problems: »Meiner Ansicht nach ist es ein Fehler, aus Künstlern Sozialisten machen zu wollen, weil Sozialismus und Kunst ganz verschiedene Gewichte haben. Der Fehler wird klar zutage treten, wenn es den extremen Sozialisten gelingen sollte, das wirtschaftlich-materielle und das politische Gewicht des Sozialismus zu bewältigen. Dann wird nämlich mit aller Deutlichkeit der reine Futtertrog-Charakter der sozialistischen Form sichtbar werden, die nichts mit dem gegenstandslosen Zustand der Kunst zu tun hat, sondern ausschließlich von Bedarf und Notwendigkeit bestimmt wird. Die Künstler werden also zu drei Vierteln von sozialistischen Notwendigkeiten abhängig sein. Die Persönlichkeit des Künstlers wird sich der Persönlichkeit des Sozialisten unterordnen müssen. Wenn aber erst die Persönlichkeit des Sozialisten triumphiert, ›frei‹ wird, dann werden sich dieser ›Freiheit‹ alle Berufe und Kräfte im sozialistischen Staat unterordnen müssen. Die gesamte Kunst, die gesamte künstlerische Kultur wird dann nichts weiter sein als ein Mittel der Agitation oder der Verherrlichung der sozialistischen Form.«

Es ist geradezu atemberaubend zu lesen, welche Ideen Malewitsch damals, Anfang der zwanziger Jahre, bewegen – Ideen, die heute zum Gedankengut von ›grüner‹ Politik, der Friedensbewegung in aller Welt, wie auch von einer heute von al-

len vernünftigen Politikern in Ost und West beschworenen Politik der Abrüstung gehören. »Der Mensch bemüht sich«, so schreibt Malewitsch, »auf seinem ganzen Lebenswege alles so einzurichten und zu regeln, daß er das höchste Wohlergehen erreicht. Er lernt marschieren, statt einfach zu gehen, schmückt sich mit verschiedenen Rangabzeichen, singt verschiedene Nationalhymnen, erschüttert die Luft mit speziell hierfür geschaffenen Geräten, baut Fabriken und zerstört sie wieder, baut Brücken und sprengt sie wieder. Er mag bauen und erfinden, was er will, stets erfindet und baut er gleichzeitig die entsprechenden Zerstörungsgeräte. ... Es hat den Anschein, daß das Internationale im sozialistischen System den Menschen über die animalische Ebene hinausheben könnte. Dann könnten Kanonen und Bajonette in Pflüge und Sensen umgeschmiedet werden. Der Bund des Eisens mit dem Blut könnte gelöst und ein neuer Bund geschlossen werden, ein Bund des Eisens mit der Erde und ihrer Frucht. Pflug und Sense könnten den Menschen von seiner geistigen Verirrung heilen, ihn hinausführen aus seinem Irrenhaus.«
Malewitsch hat in einer weiteren Abhandlung vom März 1923 – Suprematismus I/46 – die Problematik auf die von Lenin angeregte Diskussion über die Monumentalkunst zugespitzt, die in einem Zusammenhang mit der von Lenin hochgeschätzten klassisch-antiken Kunst zu sehen ist. Der Hang zum Alten, die Liebe zur Vergangenheit, bringe den Maler in Gegensatz zur Gegenwart, meint Malewitsch. Sie führe zur Vermengung von Formen verschiedener Zeiten und somit zum Eklektizis-

mus. »Der Eklektizismus macht sich zur Zeit überall breit, in der Malerei, in der Musik, in Dichtung und Theater, kurz in jeder Tätigkeit. Überall findet man die Vermengung verschiedener Zeiten, deren Reste wie Muscheln die Gegenwart überkrusten. In unserer Zeit der sozialistischen Vervollkommnung des materiellen Lebensbereiches ist die Kunst zu einem wahren Antiquariat geworden. Wo man hinsieht, trifft man auf Obeliske, Sarkophage, Stadions, Parthenons, Diskuswerfer, Speerwerfer, Athleten. Das sind doch völlig verschiedene Zeitalter, völlig verschiedene Welten! Und dennoch feiert in der Kunst das Zeitalter des Perikles seine Auferstehung. Die in gewissen Künstlern wiederauferstandenen Toten errichten antike Bauten für unsere Generation der Chauffeure, Piloten, Maschinisten, mitten im Zeitalter des Telegrafen und des Funks.«
Malewitsch zielt auf eine Gesellschaft, die nicht fähig sei, »den Nationalismus und die Futtertrog-Gesinnung zu überwinden«. »So hemmt nun die Gesellschaft die Entwicklung neuer Lebensformen durch ihren langsamen Aneignungsprozeß, ja, sie verbietet sogar aufs strengste, die ausgetretenen Pfade der Vergangenheit zu verlassen ... Die neuen Formen werden abgelehnt, und man behauptet, die Massen verstünden sie nicht.« Malewitsch geht aufs Ganze, wenn er dies verneint: »Es sind die Führer der Massen selbst, die taub, blind und ohne jedes Verständnis sind. Darum behaupten sie, daß die anderen es auch seien. Sie sagen, man müsse den Massen geben, was sie verstünden. ›Wir kennen die Massen genau‹, sagen sie. Sicher gibt es Menschen, die die neuen Formen nicht verstehen, aber

es gibt auch Mittel, um ihr Verständnis zu wecken. Wenn ein neues Gesetz durch einen Kommentar verständlich gemacht werden kann, so müßte auch ein künstlerischer Kommentar erlassen werden. Dann werden diejenigen, die bisher nichts verstanden haben, einiges verstehen.«

Längst hat Kasimir Malewitsch die Brücken abgebrochen. Er lebt einen anderen Staat, ein anderes geistiges System. Und so kommt er zu sarkastisch-ironischen Bemerkungen über die sozialistische Wirklichkeit, über die man lächeln könnte, hätten sie nicht einen so bitterernsten Hintergrund. Beispiel: Lenins Neue Ökonomische Politik von 1921. Nachdem sie nun beschlossen worden sei, würden sich die Verbraucher freuen und sagen: Endlich sei die Utopie, die Abstraktion der neuen Wirtschaftsordnung durch den gesunden freien Handel besiegt. Endlich sehe man wieder, wer der Angestellte, wer der Chef und wer der Käufer sei.

Auch die Kunst würde nun von der gesamten revolutionären Presse freudig begrüßt, denn sie kehrte zu Ingres, zu Rembrandt, zum Realismus der alten ›Wanderer‹ zurück. »Endlich«, so höhnt Malewitsch, »kann der Betrachter wieder Augen, Beine, Arme unterscheiden und sogar die erotischen Elemente in den rhythmischen Bewegungen barfüßiger Mädchen nachempfinden. Alle erkennen ihre Großväter und Urgroßväter freudig wieder, die, zu neuem Leben erwacht, den Grabstätten der Architektur, den Friedhöfen Nowgorods und den griechisch-römischen Mausoleen entsteigen und nun – natürlich zum Wohle der Revolution – ihre alten, antiken

Ordnungen wiederherstellen in der Erwartung, daß die Revolution sich zur Aphrodite und der Sozialismus zur Astarte wandeln möchten.«

Den »Auftakt zu einer neuen Politik in der bildenden Kunst« bindet Malewitsch an die Forderung der kommunistischen Machthaber, die darauf hinauslaufe, »von der vierdimensionalen Wahrnehmung der Erscheinungen abzulassen und zu der für die Massen verständlicheren Form der dreidimensionalen Darstellung zurückzukommen«, und dies mit der Begründung, daß die Massen die Zahlen nicht begreifen, nichts von algebraischen Zeichen verstehen und nichts berechnen könnten – das sei für sie schon zu gegenstandslos geworden. Und er interpretiert immer noch die Ansicht der Machthaber, die verfügten, daß nur das geschaffen werde dürfe, was die Massen verstehen, z.B. ›Sowjetische Stilleben‹. Ferner: »Die Maler dürften nicht weiter als bis zehn zählen, keine Formel darf die Zahl der Finger, allenfalls auch noch die der Zehen, übersteigen. Alles Unverständliche bringt offensichtlich Schaden und Verdummung, ist Abstraktion und Unfug.« Und dann fügt Malewitsch einen Satz hinzu, der mit Blick auf seine letzten Porträts, insbesondere auf sein Selbstporträt und das seiner Frau, beide aus dem Jahr 1933, von Interesse ist: »Fangt wieder mit der Renaissance an!« Die Porträts zeigen ihn und seine Frau im Gewand von Renaissancemenschen...

Malewitsch befürchtete damals, wie sich herausstellte zu Recht, daß die sozialistische Politik mit ihrem realistischen Kunstverständnis auch auf die Kunstakademien Einfluß nehmen würde.

Er verurteilt die Reaktionäre und Zensoren. Und die von Lenin und seinesgleichen ins Spiel gebrachte Wiedergeburt antiker Formen findet er skandalös. »Wenn dies Inhalt und Ziel des Sozialismus sein sollte«, so schreibt er, »so wird der Kommunismus im ästhetischen Bereich bald das antike Dreieck als symbolische Form akzeptieren und auch in seinen gewaltigen Ingenieurbauten zum Ausdruck bringen. Dann wäre das antike Dreieck der ewige Ort, das unzerstörbare Nest, in dem sich jeder Inhalt auszudrücken vermag – der heidnische, der christliche wie der kommunistische. Alle christlichen Dome könnten dann Namen kommunistischer Führer erhalten. Anstelle des Kreuzes treten dann kreuzförmig zusammengelegte Hämmer und Sicheln. Die christlichen, einst heidnischen, großen Namen haben lediglich eine neue Entwicklungsstufe der technischen Seite der christlichen Weltauffassung erreicht. Heute tragen die Kommunisten christliche Namen und formen alles nach alter Art.«
Etwas mehr als drei Monate nach dem Tod von Lenin faßt Kasimir Malewitsch seine Argumente gegen die antike Verkleidung der Gegenwart noch einmal zusammen – im ›Suprematistischen Manifest UNOWIS‹ vom 2. Mai 1924. Er fordert die Reinigung des Lebens vom »Gerümpel der Vergangenheit, vom parasitären Eklektizismus«. Er nennt die Eklektiker »Mißgeburten, die auch alle anderen als Mißgeburten sehen« wollten – »die junge Proletarierin muß ihren Fuß in den eleganten Schuh einer Weltdame zwängen, um damit das Regime zu preisen; sie muß sich in antike Gewänder hüllen, um so schön

zu sein wie eine antike Göttin. Die antiken Formen, behauptet man, seien wichtig, und nur Dummköpfe könnten ihren Wert für das Proletariat nicht erkennen.«
Und deswegen verkündet er: »Wir Suprematisten nehmen es auf uns, für Dummköpfe gehalten zu werden, und bestreiten die Notwendigkeit antiker Formen für unsere Zeit. Wir lehnen es ganz entschieden ab, uns in antike Formen pressen zu lassen ... Wir wollen neue Beziehungen zum heutigen Inhalt schaffen, Beziehungen, die sich nicht auf der Ebene der Antike bewegen, sondern auf der Ebene der Gegenwart, des Heute! Wir betrachten die Front ästhetisierender malerischer Darstellungen als erledigt. Der Suprematismus verlegt den Schwerpunkt seines Wirkens an die Front der Architektur und ruft alle revolutionären Architekten auf, sich ihm anzuschließen!«
Damit hatte Kasimir Malewitsch seine Kritik am Kommunismus im wesentlichen formuliert und gleichzeitig auch den Übergang von der suprematistischen Malerei zu konkreten suprematistischen Raumkonzeptionen dekretiert, die im Wesen der neuen Lehre ohnehin grundgelegt waren. Wieder einmal offenbart sich die geistige Rigorosität Malewitschs, der in dieser Phase der Neuen Ökonomischen Politik, in der die Kommunisten voll damit beschäftigt waren, ihre Macht zu festigen, einen für damalige Verhältnisse wohl schockierenden Gegenentwurf zur materialistischen Ideologie formuliert.
Vor allem in der Zeit als Lehrer an der Kunstschule in Witebsk, die ja besonders fruchtbar im Zusammenhang mit der von ihm inspirierten Gruppe oder Schule ›UNOWIS‹ war, hat Malewitsch

die seine suprematistischen Vorstellungen krönenden Ideen zur Schaffung räumlicher, planetenartiger Architekturen entwikkelt. Daß sie dann von seinen Meisterschülern Nikolai Suetin und Ilja Tschaschnik in neue architektonische Dimensionen fortgeführt wurden, spricht von der Kraft dieser Idee, die sicherlich Einfluß auf die moderne Architektur insgesamt gehabt hat. Malewitschs ›Architektona‹ sind plastisch-räumliche Körper, die aus geometrischen Elementen aufgebaut sind, und zwar sowohl in vertikaler als auch in horizontaler Form. Es sind vielfältig konstruierte, dynamische Skulpturen, die als horizontale Gebilde an die Raumstationen erinnern, wie sie oft in Science-fiction-Filmen zu sehen sind, und die als vertikale Gebilde Wolkenkratzern amerikanischen Zuschnitts ähnlich erscheinen. Lew Nussberg, dem die Malewitsch-Forschung manche wertvolle Hinweise verdankt, hat im Katalog ›Osteuropäische Avantgarde‹ (Bochum, 1988) auf ›Architektona‹-Formen verwiesen, die »äußerlich einer ›suprematistischen Symbiose‹ von gotischen Kathedralen mit Architekturelementen des alten Ägypten ähneln – oben aber zierte jedes Baumodell eine absurde Figur: bald ein Pharao – bald ein Lenin!«.
Malewitsch und seine Gehilfen Suetin und Tschaschnik waren um 1927 damit beschäftigt, Pläne für Satellitenstädte in der Nähe von Moskau zu entwerfen. Doch hatten die kommunistischen Machthaber für diese Art von suprematistischem Städtebau keine Antenne. Denn Malewitsch ging es, wie damals längst bekannt war, um das Prinzip der integrativen Zusammenarbeit von Spezialisten, letztlich also um die Verwirkli-

chung von suprematistischer Architektur. »Ich meine«, so äußerte er sich 1930 in einem Aufsatz für ›Avantgarde, Almanach der proletarischen Künstler der Neuen Generation‹ rückblikkend auf seine Arbeit, »daß an der Architekturfront bald nicht nur die Frage nach Zweckmäßigkeit in aller Schärfe gestellt werden wird, sondern auch die nach einer neuen Kunst und Ästhetik, die sich aus diesem Utilitarismus entwickeln wird. Dieser Standpunkt läßt uns deutliche und klare Bauformen verlangen ... Man darf auf keinen Fall einen konstruktivistischen Kern mit Architekturdekoration überziehen, man darf eine Krähe nicht zu einem Papagei umkosmetisieren ... In unserer Zeit, die eine enorme Bautätigkeit entfaltet, sind nicht nur Zweckbauten zu errichten; die Architekten müssen die künstlerische Kultur unserer Epoche zum sichtbaren Ausdruck bringen...«

Malewitsch hatte bei der Entwicklung seiner ›Architektona‹ immer die Synthese im Sinn. Aber für Malerei und Plastik gab es, so beklagte er, keine Laboratorien, in denen diese Synthese erprobt werden konnte. »Die Plastik«, so hat er erfahren, »hat vor der Energie der neuen Kunst völlig versagt. Um sich zu retten, ruht ihre Seele bei biblischen Formen oder auf der Stufe von Kaufhauspuppen aus. Die Plastik beginnt, hierin ganz der Monumentalmalerei folgend, ihre Wurzeln in der Vergangenheit zu suchen. Als Elixier führt man ihr Kaufladenpüppchen, Diskuswerfer und Venusstatuen zu, die als Glühbirnenträger fungieren. Das ist die Sackgasse, der graue Star im Auge des Plastikers, der ihn nichts Neues mehr erkennen läßt.« Male-

witsch hat daraus die Konsequenz gezogen: »Und so müssen auch die Plastiker ihrerseits an die Wurzeln der neuesten Kunst heranfinden, denn die Neue Architektur entsteht nicht aus der Klassik oder dem ukrainischen Nationalstil, sondern einzig und allein als Ergebnis einer Übereinstimmung der drei Meister, nämlich des Architekten, des Malers und des Plastikers: nur so können synthetische Formen der Kunst unserer sozialistischen Zeit geschaffen werden.«
Man sieht: Malewitsch hat dem sozialistischen Regime nichts geschenkt, weder als er für Lenin und seinen Kommissar für das Bildungswesen, Lunatscharski, in leitenden Positionen tätig war noch in jener deprimierenden Zeit, als er bereits abgemeldet war und Zeuge wie auch Opfer einer Entwicklung wurde, die zur folgenschweren Unterwerfung der russischen Künstler unter das Diktat des sozialistischen Realismus geführt hat.

# 4

# Lenin und die Kunst

## Kulturpolitik im Zeichen der Revolution

Wladimir Iljitsch Lenin war kein Freund der Künste. Das hat er auch zugegeben. Dennoch äußerte er sich vielfach über die Kunst und ihre Funktionen für die neue sozialistische Gesellschaft. Die Kunst- und Kulturpolitik überließ er zwar seinem Volkskommissar für das Bildungswesen, Anatoli Lunatscharski, aber er mischte sich kräftig ein – mit dem von ihm erwünschten Ergebnis, daß er auch in Fragen von Kunst und Kultur seinen großen Einfluß geltend machen konnte. Diesen Anspruch unterstrich er damit, daß er seine Frau Nadeshda Konstantinowna Krupskaja ins Volksbildungs-Sekretariat entsandte, wo sie neben Lunatscharski konzeptionell wie auch organisatorisch-praktisch an der Verwirklichung einer proletarischen Kulturpolitik mitwirkte. Lenin verfügte so über eine wichtige Informationsquelle, die er nutzte, wann immer es ihm opportun erschien.

Lenins Vorstellungen zur Ästhetik waren sehr eng begrenzt. Er war ein kalter Pragmatiker, der die Kunst letztlich nur unter dem Gesichtspunkt ihrer Nützlichkeit für Zwecke der Massenagitation sah. Folgerichtig galt der Film für ihn als wichtigstes künstlerisches Medium.

In einem von Clara Zetkin in ihren ›Erinnerungen an Lenin‹ überlieferten Gespräch hat Wladimir Iljitsch Zeugnis von seinem Kunst- und Kulturverständnis abgelegt. Darin heißt es: »Das Erwachen, die Betätigung von Kräften, die in Sowjetrußland eine neue Kunst und Kultur schaffen wollen, ist gut, ganz gut. Das stürmische Tempo dieser Entwicklung ist begreiflich und nützlich. Wir müssen und wollen nachholen, was in

Jahrhunderten versäumt worden ist. Die chaotische Gärung, das fieberhafte Suchen nach neuen Lösungen und Losungen, das ›Hosianna‹ für bestimmte Kunst- und Geistesrichtungen heute, das ›Kreuziget sie‹ morgen: all das ist unvermeidlich. Die Revolution entfesselt alle zurückgehaltenen Kräfte und treibt sie aus der Tiefe an die Oberfläche. Um ein Beispiel herauszugreifen: Denken Sie an den Druck, der auf der Entwicklung unserer Malerei, Bildhauerkunst und Architektur durch die Moden und Launen am Zarenhofe ausgeübt wurde, ebenso durch den Geschmack, die Liebhabereien der Herren Aristokraten und Bourgeois. In einer Gesellschaft des Privateigentums produziert der Künstler Waren für den Markt, er braucht Käufer. Unsere Revolution hat den Druck dieses sehr prosaischen Standes der Dinge von den Künstlern genommen. Sie hat den Sowjetstaat zu ihrem Schützer und Auftraggeber gemacht. Jeder Künstler und jeder, der sich dafür hält, nimmt als sein gutes Recht in Anspruch, frei nach seinem Ideal zu schaffen, mag das nun etwas taugen oder nicht. Da haben Sie die Gärung, das Experimentieren, das Chaotische.«
Doch dann läßt Lenin in diesem von Clara Zetkin rekonstruierten Monolog schnell die Katze aus dem Sack: »Aber natürlich, wir sind Kommunisten. Wir dürfen nicht die Hände in den Schoß legen und das Chaos gären lassen, wie es will. Wir müssen auch diese Entwicklung bewußt, klar zu leiten und ihre Ergebnisse zu formen, zu bestimmen suchen. Daran fehlt es noch, fehlt es sehr. ... Wir sind viel zuviel ›Bilderstürmer‹. Man soll Schönes erhalten, zum Muster nehmen, daran an-

knüpfen, auch wenn es ›alt‹ ist. Warum sich von wirklich Schönem abkehren und es als Ausgangspunkt weiterer Entwicklung ein für allemal verwerfen, nur weil es ›alt‹ ist. Warum das Neue als Gott anbeten, dem man gehorchen soll, nur weil es ›das Neue‹ ist? Das ist Unsinn, nichts als Unsinn. Übrigens ist auch viel konventionelle Kunstheuchelei dabei im Spiele und der Respekt vor der Kunstmode im Westen. Selbstverständlich unbewußt. Wir sind gute Revolutionäre, aber wir fühlen uns verpflichtet zu beweisen, daß wir auf ›der Höhe zeitgenössischer Kultur‹ stehen. Ich habe den Mut, mich als ›Barbar‹ zu zeigen. Ich kann die Werke des Expressionismus, Futurismus, Kubismus und anderer Ismen nicht als höchste Offenbarungen des künstlerischen Genies preisen. Ich verstehe sie nicht. Ich habe keine Freude an ihnen.«
Dafür liebte Lenin offensichtlich die Musik – aber auch hier hatte sich der Verstandesmensch die entsprechenden Gefühlssperren eingebaut. Der Volksbildungskommissar Lunatscharski hat in seiner Moskauer Wohnung gelegentlich Hauskonzerte veranstaltet, bei denen auch der berühmte Bassist Fjodor Schaljapin sang und das Stradivarius-Quartett auftrat. Lunatscharski hatte Lenin oft zu diesen Abenden eingeladen, aber jedesmal eine Abfuhr erhalten, immer mit der Begründung, daß es zuviel Arbeit gebe. »Einmal«, so hat Lunatscharski berichtet, »erklärte er mir direkt: ›Natürlich wäre es sehr schön, Musik zu hören, aber stellen Sie sich vor, sie verwirrt mich, ich werde von ihr irgendwie sehr tief berührt.‹« Und Maxim Gorki hat in seinen Erinnerungen an Lenin festgehalten, daß dieser sich

doch mitunter hinreißen ließ, derartige Hauskonzerte zu besuchen. So hörte er einmal in einem Privatsalon eine Darbietung von Beethoven-Sonaten und machte danach – laut Gorki – folgende Bemerkung: »Ich kenne nichts Schöneres als die ›Appassionata‹ und könnte sie jeden Tag hören. Eine wunderbare, nicht mehr menschliche Musik! Ich denke immer mit Stolz, vielleicht naivem Stolz: ›Seht mal an, solche Wunderwerke können die Menschen schaffen!‹ Dann kniff er die Augen zu, lächelte und setzte mit einem Anflug von Traurigkeit hinzu: ›Aber allzu oft kann ich Musik nicht hören. Sie wirkt auf die Nerven, man möchte nette törichte Dinge sagen und den Menschen, die in dieser schmutzigen Hölle leben und trotzdem solche Schönheit schaffen können, den Kopf streicheln. Aber heutzutage darf man niemand den Kopf streicheln, die Hand wird einem sonst abgebissen. Schlagen muß man auf die Köpfe, unbarmherzig schlagen, obwohl wir der Idee nach gegen jede Gewalt am Menschen sind. Hm, hm – ein höllisch schweres Amt.‹«

Unbarmherzig schlagen – Lenin hat hier und überall deutlich gemacht, um was es ihm in Wahrheit ging. Alle diejenigen, die mit ihrer ›linken‹ Kunst dem Aufbau des Arbeiter- und Bauernstaates im Wege standen, mußten unbarmherzig geschlagen werden – gerade die Suprematisten, die ja eine andere, eine geistige Gesellschaft bauen wollten. »Wichtig ist nicht unsere Meinung über Kunst«, so zitiert die deutsche Kommunistin Clara Zetkin ihr Idol, »wichtig ist auch nicht, was die Kunst einigen Hundert, ja einigen Tausend von einer Bevölkerung

gibt, die nach so vielen Millionen wie die unsrige zählt. Die Kunst gehört dem Volke. Sie muß ihre tiefsten Wurzeln in den breiten schaffenden Massen haben. Sie muß von diesen verstanden und geliebt werden. Sie muß sie in ihrem Fühlen, Denken und Wollen verbinden und emporheben. Sie muß Künstler in ihnen erwecken und entwickeln. Dürfen wir einer Minderheit süßen, ja raffinierten Biskuit reichen, während es den Massen der Arbeiter und Bauern an Schwarzbrot fehlt? Ich meine das, was ja naheliegt, nicht nur im buchstäblichen Sinne des Wortes, sondern auch figürlich. Haben wir immer die Arbeiter und Bauern vor Augen. Lernen wir ihretwegen wirtschaften und rechnen, auch auf dem Gebiete der Kunst und Kultur.«
Lunatscharski hat bestätigt, daß Lenin bereits 1918 ihm gegenüber erklärt habe, »daß man die Kunst als Agitationsmittel entwickeln« müsse. Seine Vorschläge dazu: »Erstens müsse man nach seiner Meinung die Gebäude, Zäune usw., alle die Stellen, an denen gewöhnlich Anschläge angebracht werden, mit großen revolutionären Losungen schmücken. Der zweite Vorschlag bezog sich auf die Aufstellung von Denkmälern für die großen Revolutionäre in breitestem Maßstab, und zwar von provisorischen Denkmälern aus Gips ... Wladimir Iljitsch nannte dies ›Monumentalpropaganda‹.« Lenin zielte mit diesem Vorschlag auf die Verherrlichung von Männern wie Marx, Engels, Lassalle, Garibaldi, auch Tolstoi, der sein Lieblingsdichter war.

Freilich funktionierte diese Denkmals-Kampagne nicht zu Lenins Zufriedenheit, der ja mit Wirkung vom 14. April 1918 ein

›Dekret über die Entfernung der zu Ehren der Zaren und ihrer Diener errichteten Denkmäler und über die Ausarbeitung von Entwürfen zu Denkmälern der Russischen Sozialistischen Revolution‹ angeregt hatte. Lunatscharski war dann der Prügelknabe für eine Sache, der gegenüber die künstlerische Avantgarde hinhaltenden Widerstand leistete. Offen wurde darüber gesprochen, daß man einem Heroenkult keinen Vorschub leisten wollte.

Kasimir Malewitsch höhnte in einem Zeitungsartikel über die »mit Pomade beschmierten Büsten« und regte an, »Monumente zu schaffen, die einem architektonischen Plan und System« folgten, womit er zweifellos auf seine suprematistischen Gestaltungen hinwies. Auch Wladimir Tatlin, der in dieser Phase als Chef der Abteilung Bildende Kunst innerhalb des Bildungskommissariats verantwortlich für die Durchführung der Leninschen Monumentalpropaganda war, zeigte wenig Interesse daran – er war auch selbst genügend beschäftigt mit der Konstruktion seines ›Turms der III. Internationale‹, der die Monumentalkunst kommunistischer Prägung in den Schatten stellte und seinen Schöpfer hochberühmt machen sollte.

Lenins Kulturverständnis äußerte sich auf besonders deutliche Weise in seinem Verhältnis zum ›Proletkult‹. Diese Bewegung entstand noch vor der Oktoberrevolution als eine unabhängige Arbeiterorganisation, die ihre Autonomie auch nach der Revolution behaupten wollte. Sie wurde so zum Sammelbecken von unterschiedlichsten Kräften aus allen Bereichen der Kunst. Aus den Reihen des ›Proletkults‹ kam die dadaistische Forderung,

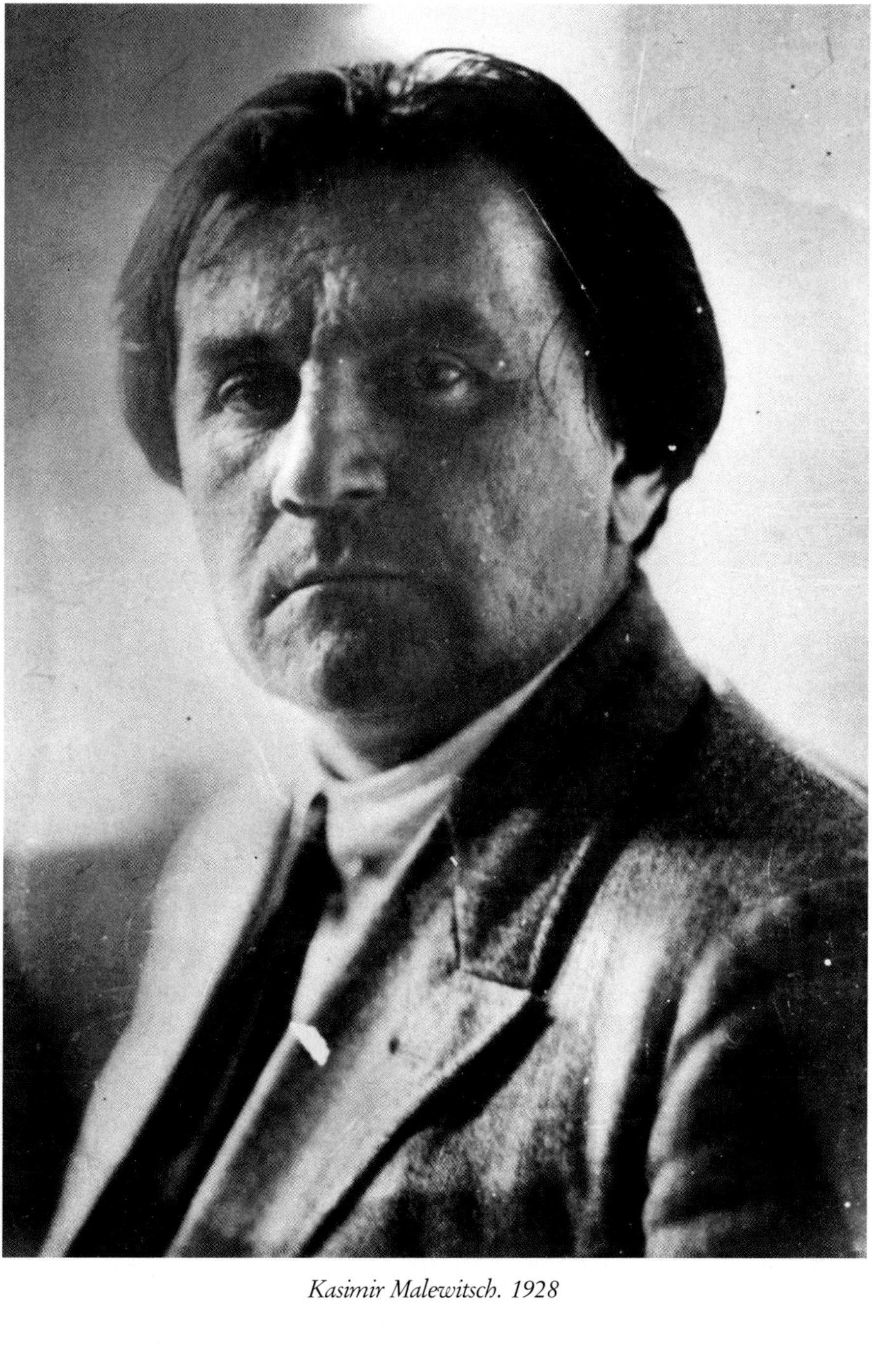

*Kasimir Malewitsch. 1928*

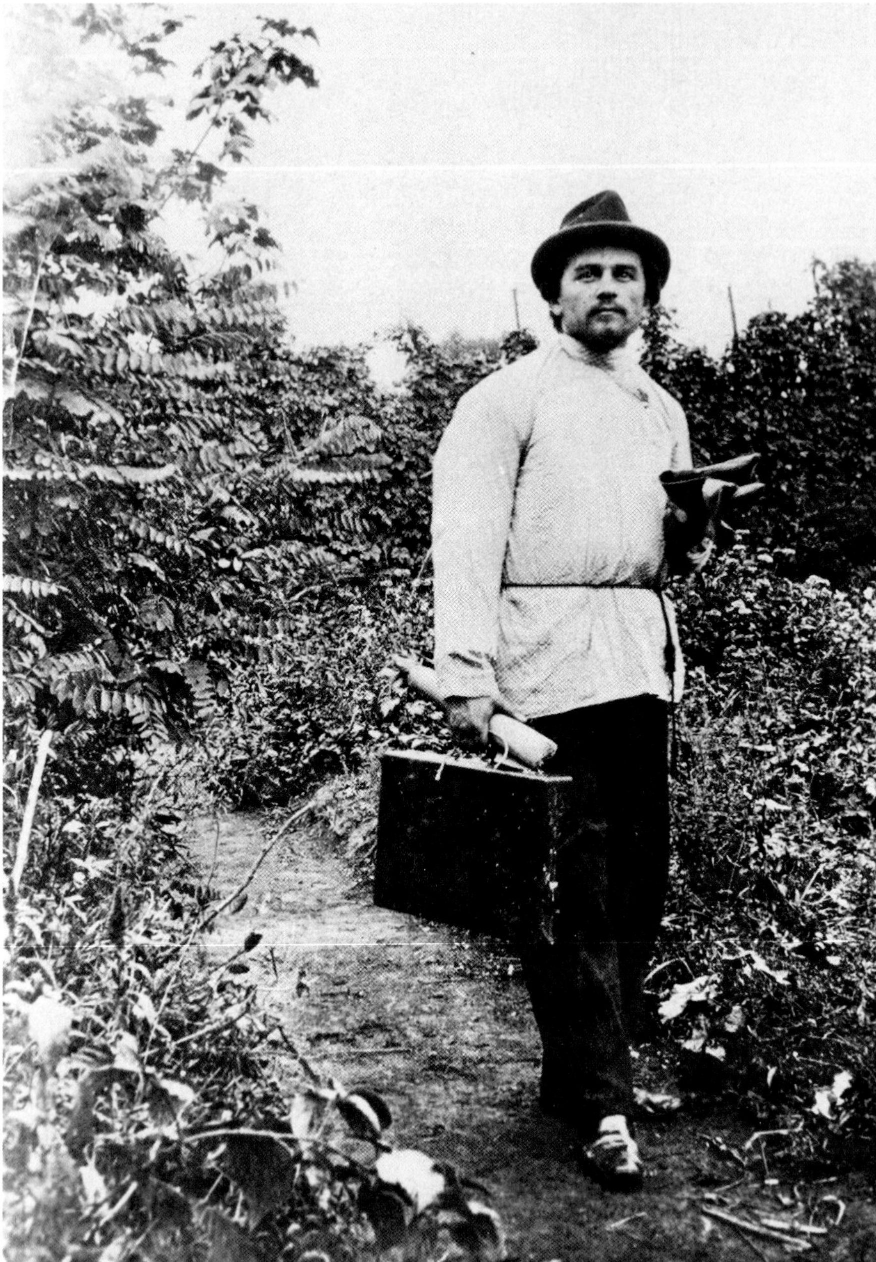

*Kasimir Malewitsch in Kursk. Um 1900*

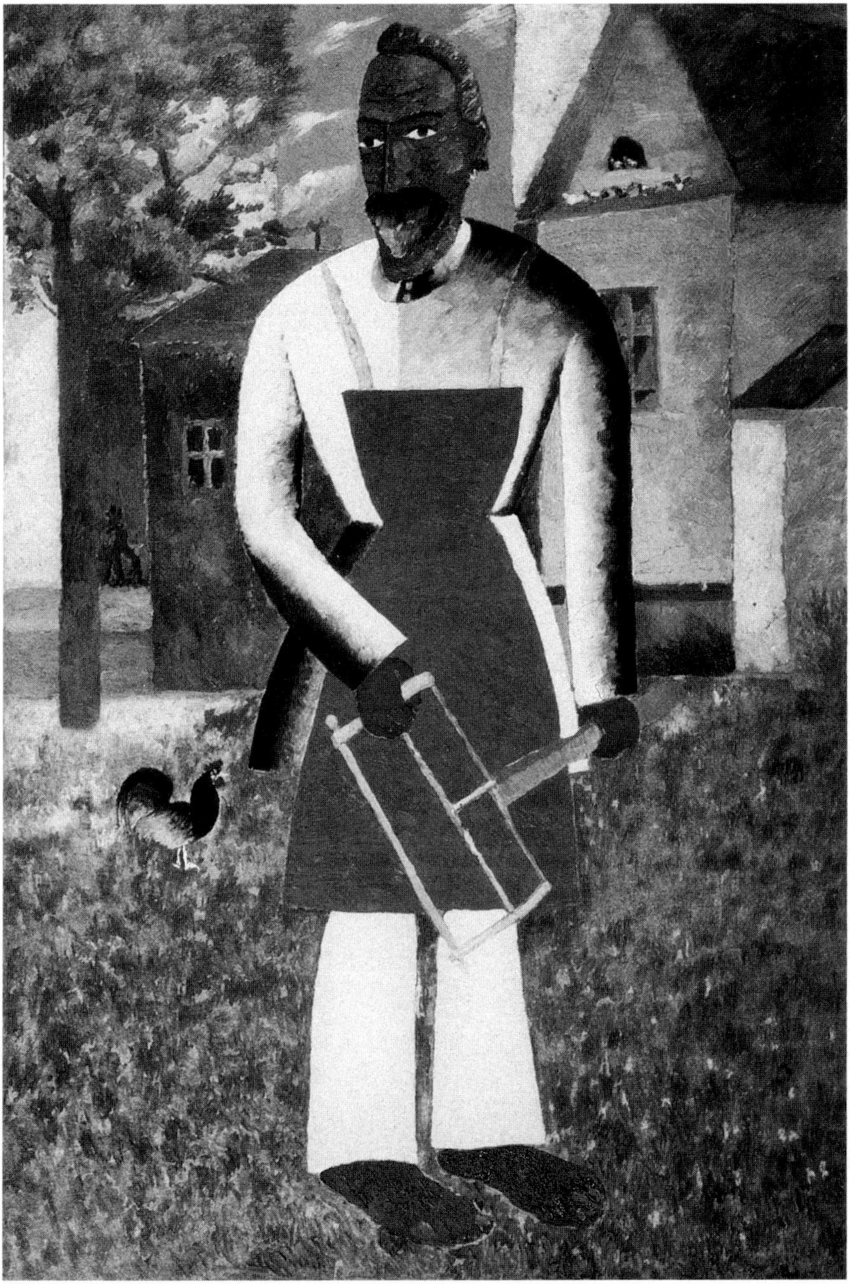

*Auf der Datscha. 1909/10. Staatl. Russisches Museum, Leningrad*

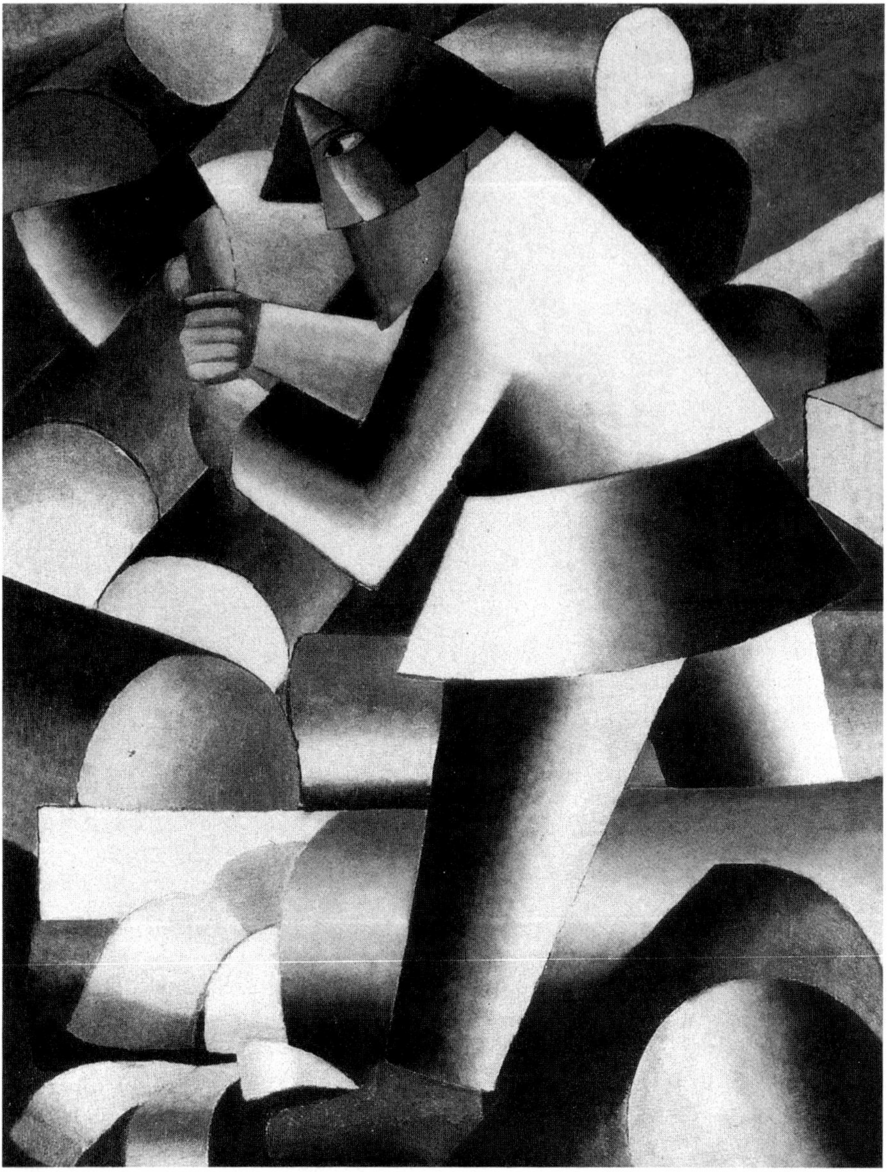

*Der Holzfäller. 1912/13. Stedelijk Museum, Amsterdam*
*(erworben von Hugo Häring 1958)*

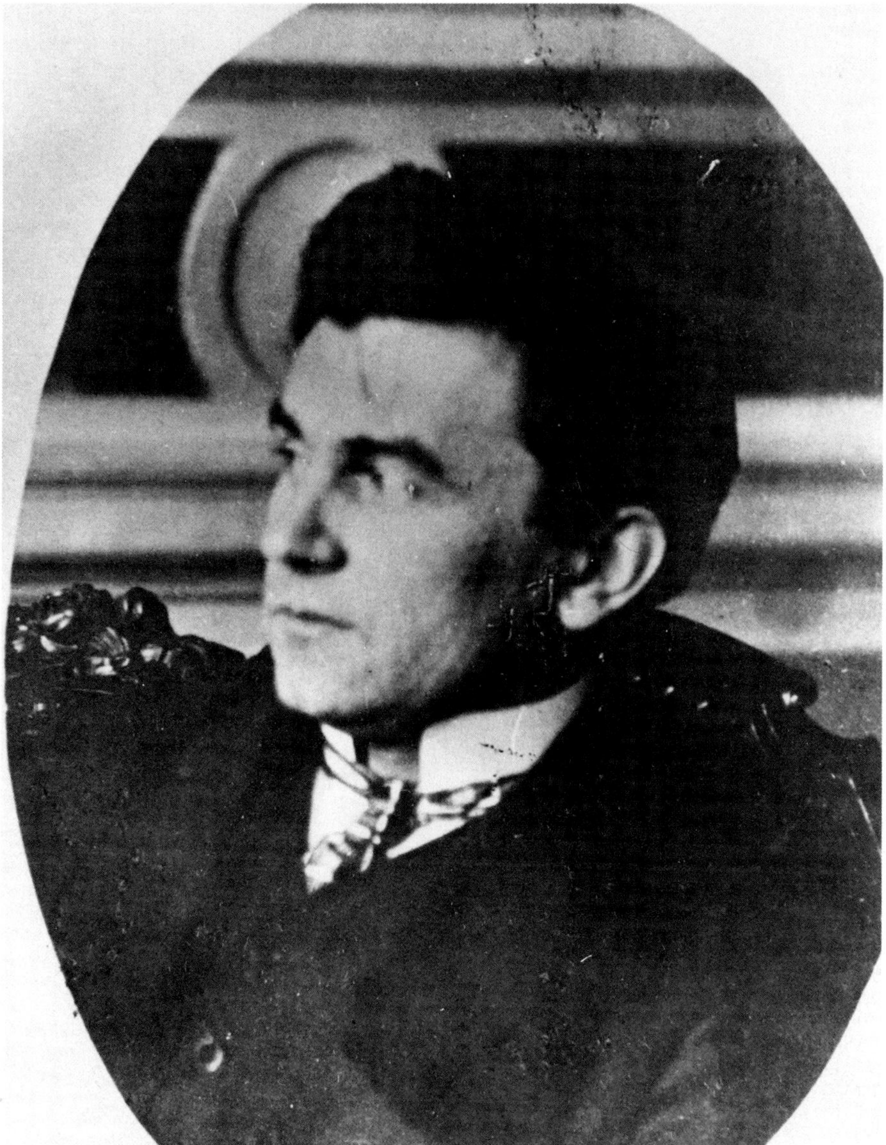

*Kasimir Malewitsch. 1914*

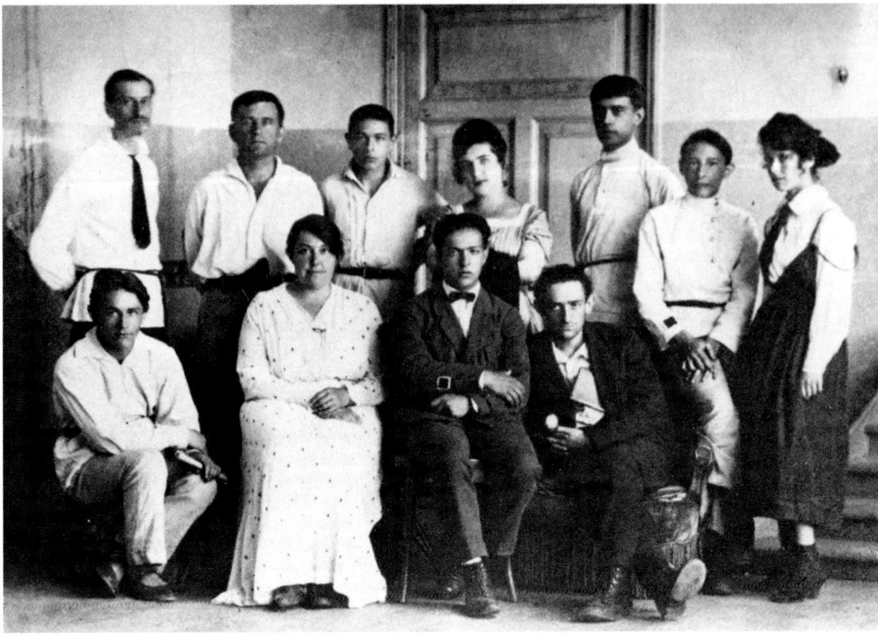

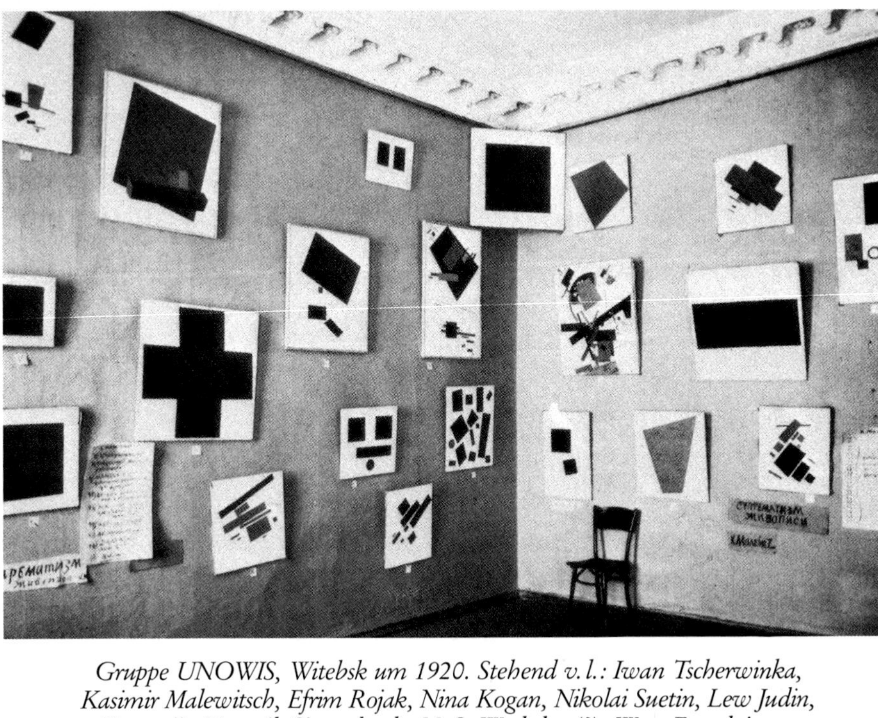


*Gruppe UNOWIS, Witebsk um 1920. Stehend v. l.: Iwan Tscherwinka, Kasimir Malewitsch, Efrim Rojak, Nina Kogan, Nikolai Suetin, Lew Judin, Ewgenija Magaril. Sitzend v. l.: M. S. Wechsler (?), Wera Ermolajewa, Ilja Tschaschnik, Lasar Chidekel*

*›Letzte Futuristische Ausstellung 0.10‹ Petrograd, 17. 12. 1915–19. 1. 1916*

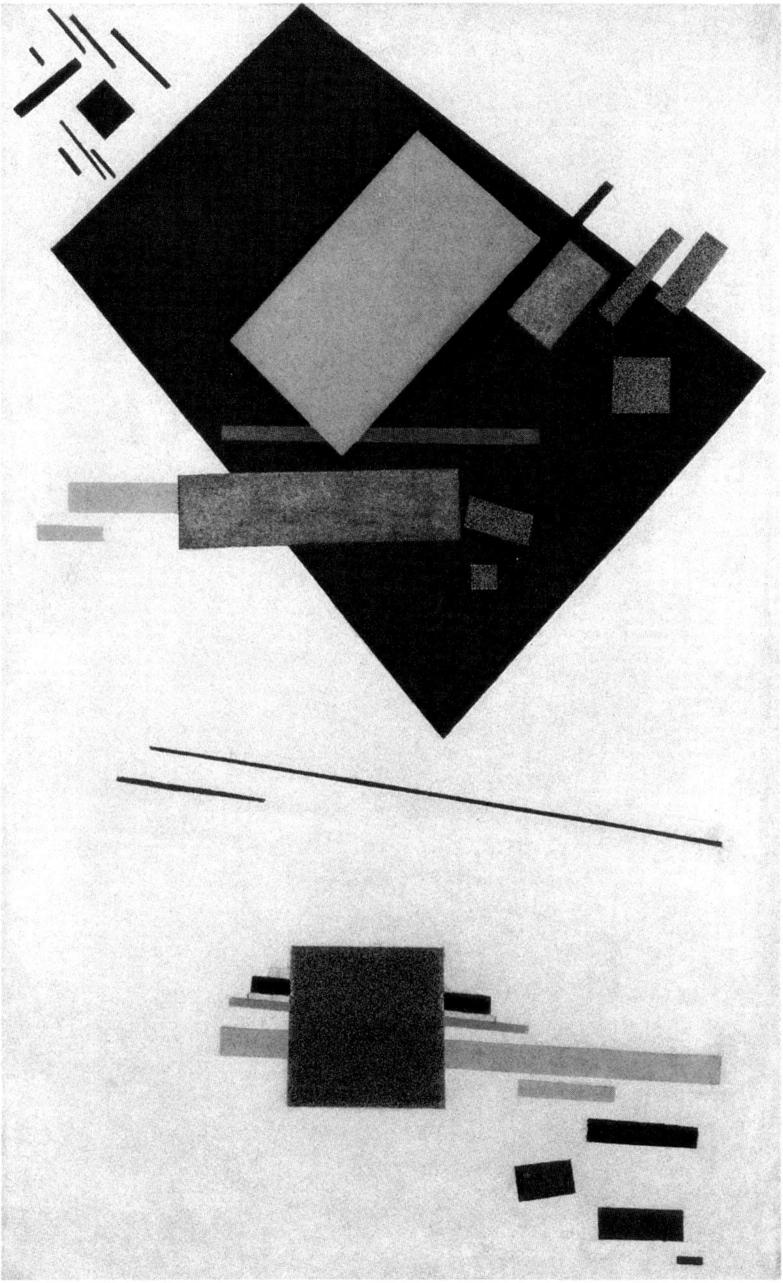

*Suprematismus. 1921–1927. Stedelijk Museum, Amsterdam*
*(erworben von Hugo Häring 1958)*

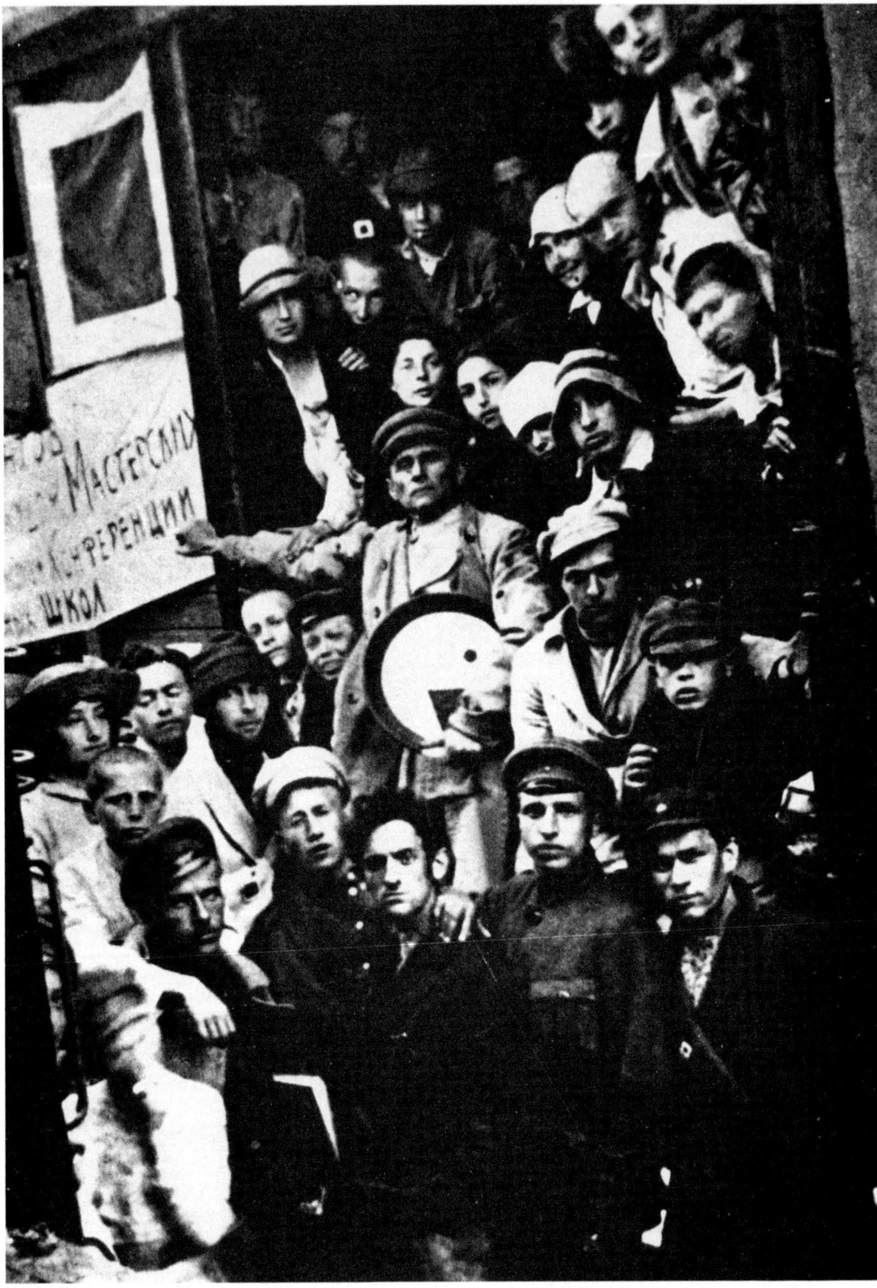


*Mitglieder der Gruppe UNOWIS vor der Abfahrt zur Ausstellung nach Moskau. Witebsk 1920. In der Mitte Kasimir Malewitsch, der in der linken Hand einen Teller mit suprematistischem Dekor hält. Der Güterwagen wurde von Nikolai Suetin geschmückt*

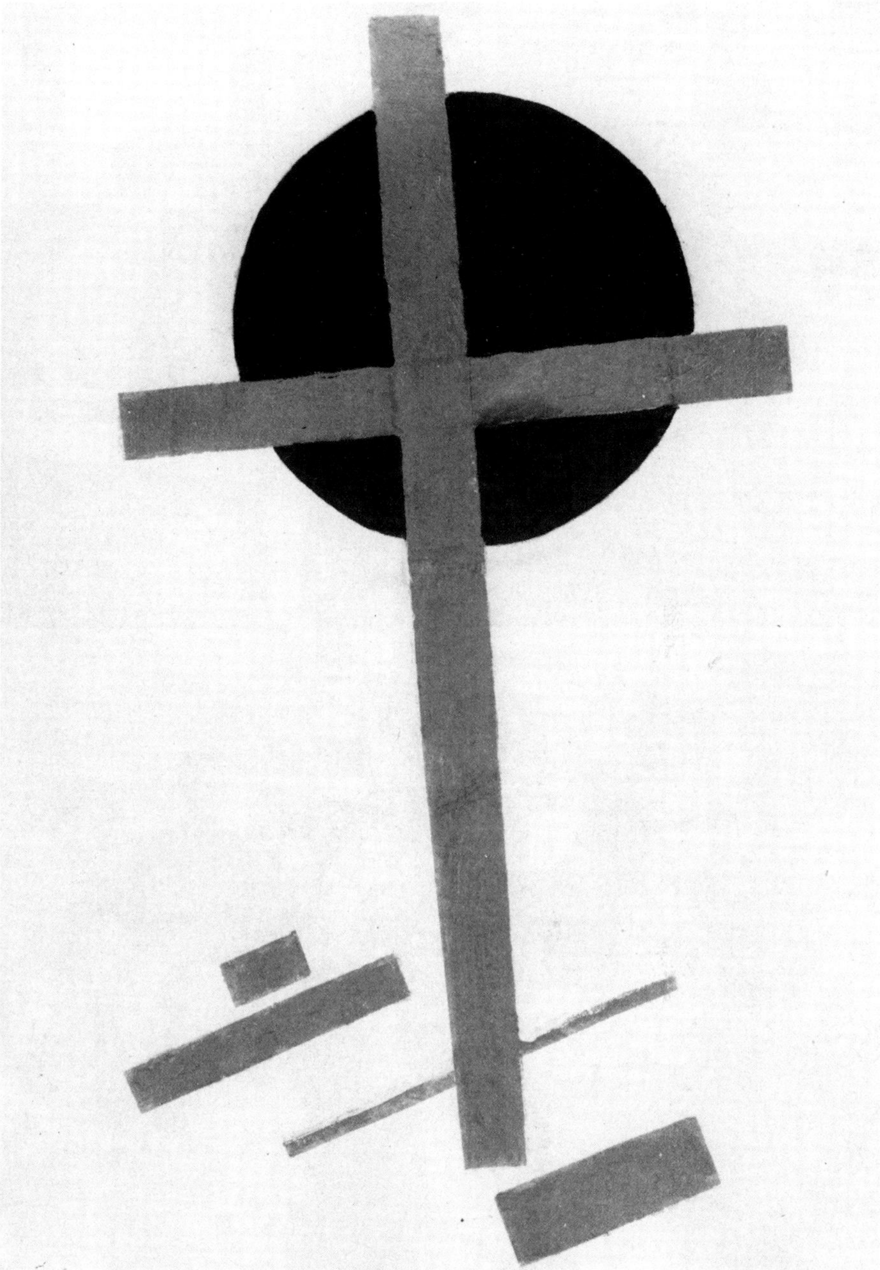

*Suprematismus. 1915. Stedelijk Museum, Amsterdam (erworben von Hugo Häring 1958)*

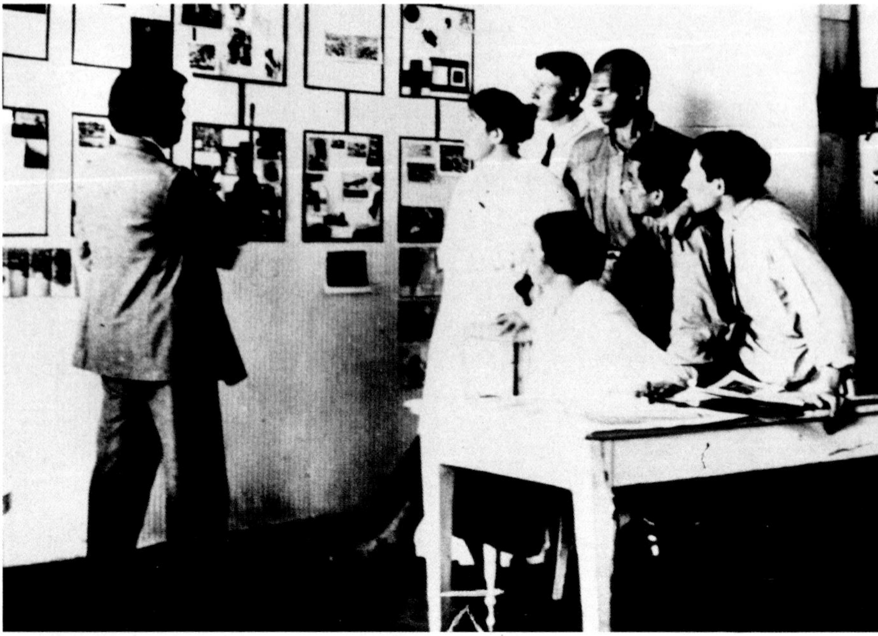

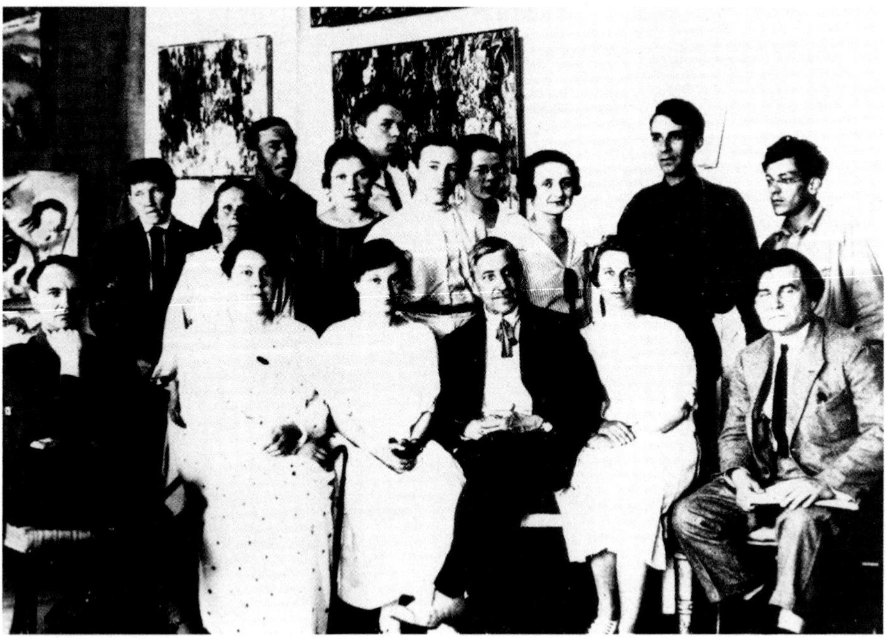

*Malewitsch mit seinen Assistenten am Institut für künstlerische Kultur in Leningrad (GINChUK)*

*GINChUK, Leningrad um 1925.*
*Sitzend v. l.: Nikolai Punin, Wera Ermolajewa, Xenia Ender, Michail Matjuschin, Maria Ender, Kasimir Malewitsch*

*Schwarzes Quadrat. Späte zwanziger Jahre.*
*Staatl. Russisches Museum, Leningrad*

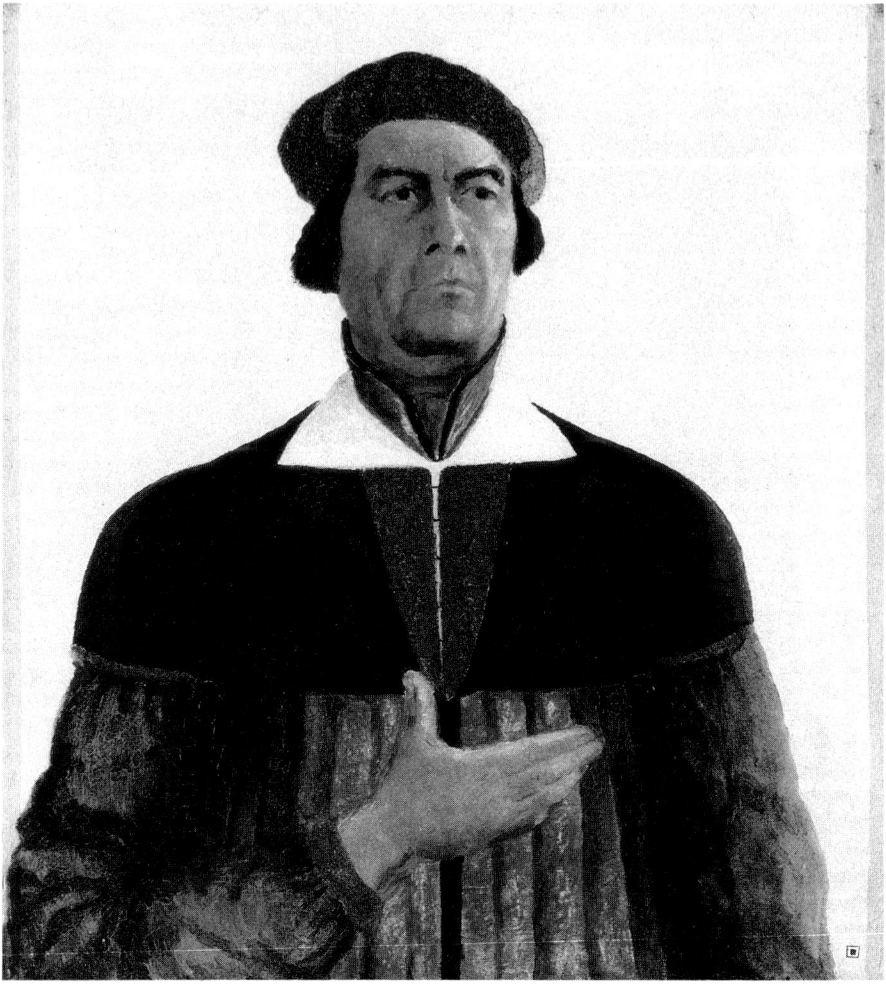

*Selbstporträt (als Renaissancemensch). 1933. Rechts unten signiert mit Schwarzem Quadrat. Staatl. Russisches Museum, Leningrad*

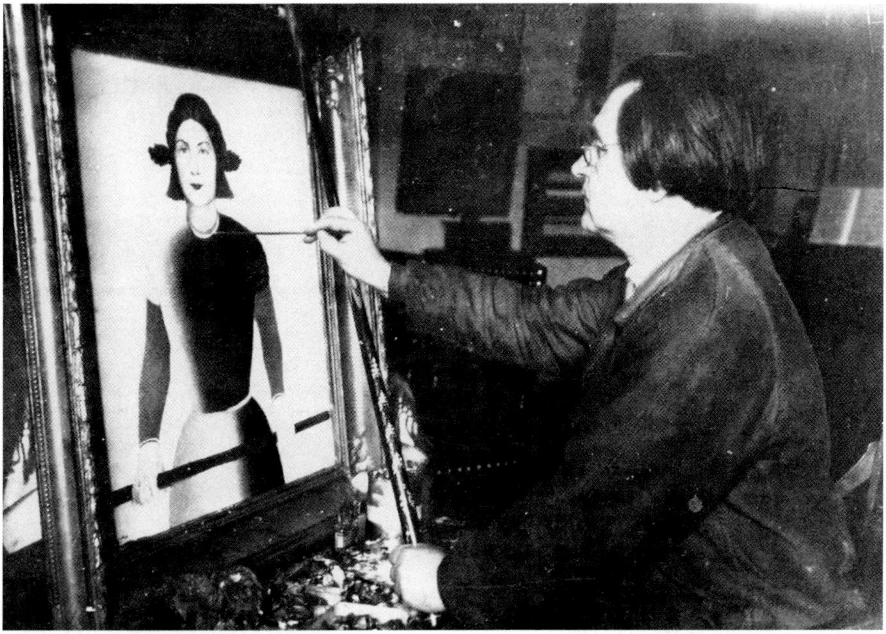

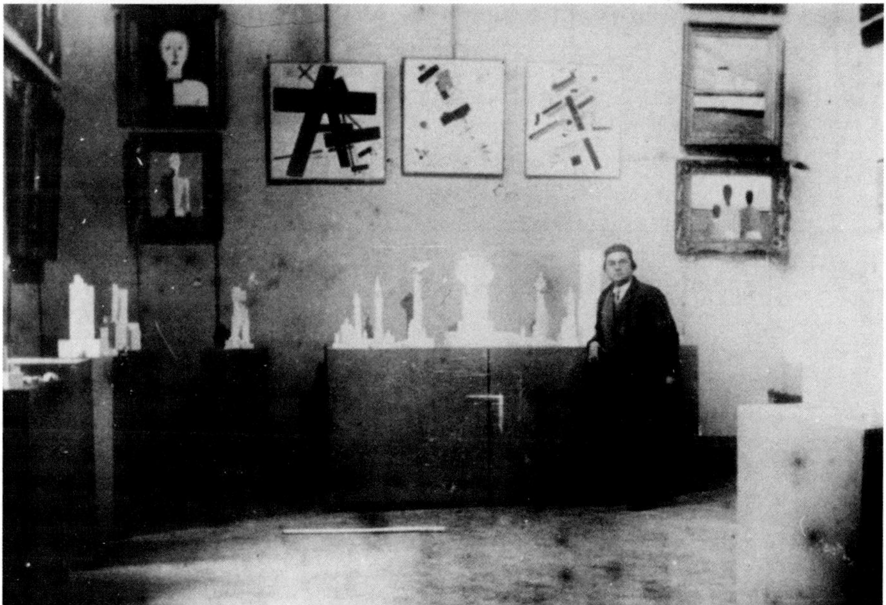

*Kasimir Malewitsch in seinem Atelier. 1932/33. Auf der Staffelei: Mädchen mit rotem Stab. 1933. Staatl. Tretjakow-Galerie, Moskau*

*Kasimir Malewitsch in seinem Forschungslabor am Staatl. Russischen Museum in Leningrad um 1932*

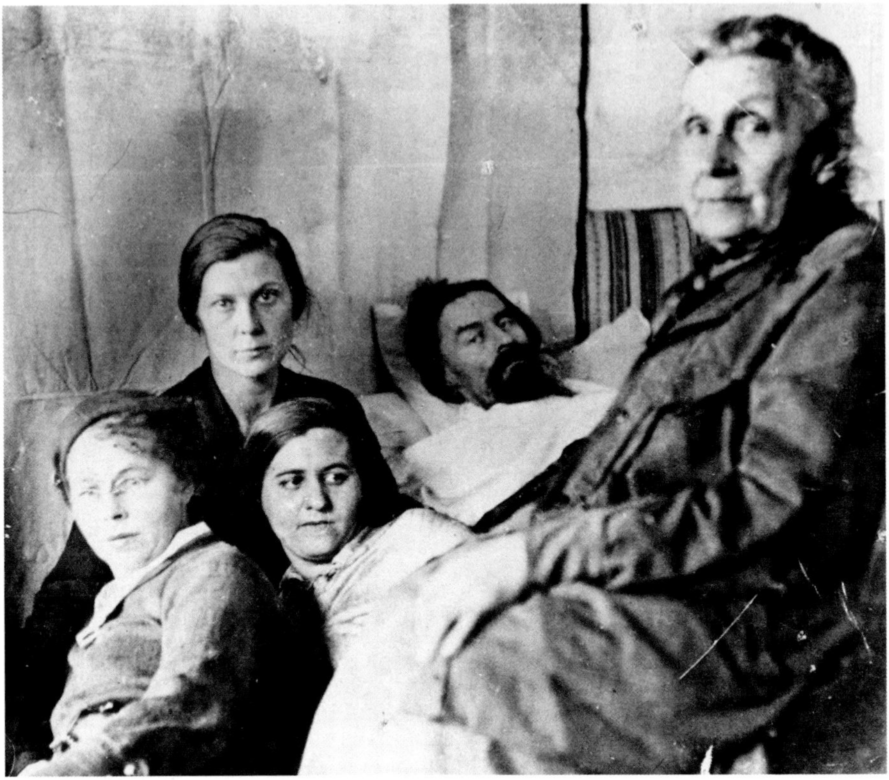

*Der kranke Malewitsch mit Anna Leporskaja, seiner Frau, der Tochter Una (?) und seiner Mutter. 1935*

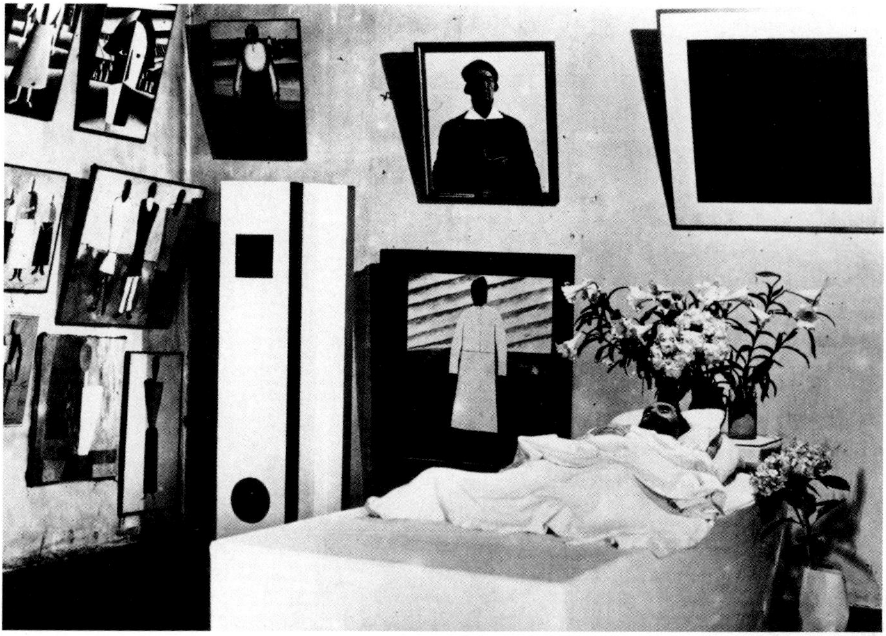

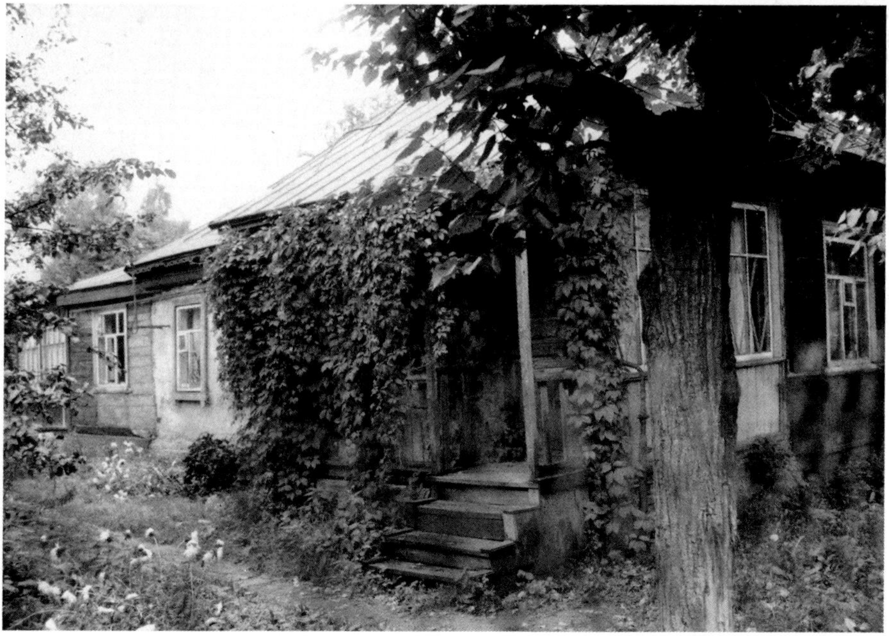

*Malewitsch auf dem Totenbett. 1935*

*Malewitschs Datscha in Nemtschinowka bei Moskau*

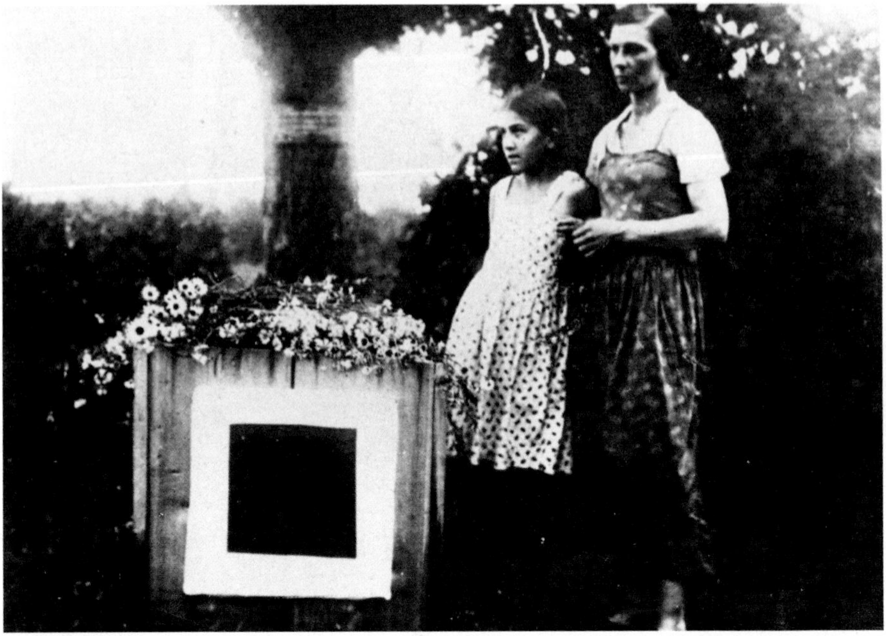

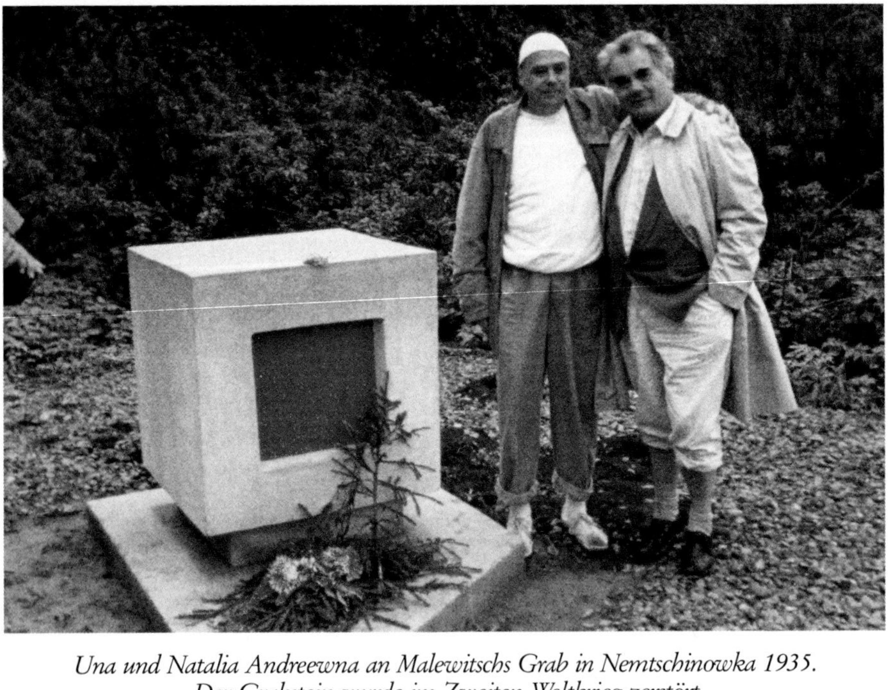

*Una und Natalia Andreewna an Malewitschs Grab in Nemtschinowka 1935.
Der Grabstein wurde im Zweiten Weltkrieg zerstört*

*Günther Uecker und Heiner Stachelhaus am rekonstruierten Grabmal von
Malewitsch während ihrer Rußlandreise 1988*

Rembrandt zu verbrennen, die Museen zu zerstören, die Blüten der Kunst zu zertreten – was den auf die Erhaltung des klassisch-antiken Kulturguts bedachten Traditionalisten Lenin zur Weißglut brachte. Auf dem ›I. Gesamtrussischen Kongreß für außerschulische Bildung‹ im Mai 1919 sprach er von dem »Überfluß an Leuten aus der bürgerlichen Intelligenz, die die nach neuen Gesichtspunkten geschaffenen Bildungseinrichtungen der Bauern und Arbeiter durchweg als das günstigste Feld für ihre privaten Schrullen auf philosophischem oder kulturellem Gebiet betrachten, wobei auf Schritt und Tritt die albernsten Verdrehungen für etwas ganz Neues ausgegeben, überspanntes und unsinniges Zeug als rein proletarische Kunst und proletarische Kultur aufgetischt wurde«.

Lenin hatte damit die Signale auf Unterwerfung der von Alexander Bogdanow gegründeten Proletkult-Bewegung unter die Hoheit der Partei gesetzt. Klar wurde, daß ihr damit die angestrebte Autonomie im Gefüge des kommunistischen Apparats strikt verwehrt war. »Die proletarische Kunst fällt nicht vom Himmel«, hatte Lenin auf dem III. Kongreß des Kommunistischen Jugendverbandes am 2. Oktober 1920 den Teilnehmern zugerufen, »sie ist keine Erfindung von Leuten, die sich Spezialisten für proletarische Kultur nennen. Das alles ist kompletter Unsinn. Die proletarische Kultur muß die gesetzmäßige Weiterentwicklung jener Wissensschätze sein, die sich die Menschheit unter dem Joch der kapitalistischen Gesellschaft, der Gutsherrengesellschaft und der Beamtengesellschaft erarbeitet hat.«

Lenin schaffte es dann, auf dem gleichzeitig tagenden ›I. Allrussischen Kongreß des Proletkult‹ eine Resolution durchzusetzen, die auf folgendem von ihm selbst ausgearbeiteten Entwurf basiert: »1. In der Sowjetrepublik der Arbeiter und Bauern muß die gesamte Organisation des Bildungswesens, sowohl im Bereich der politischen Bildung im allgemeinen als auch im Bereich der Kunst im besonderen, vom Geist des Klassenkampfes durchdrungen sein, den das Proletariat für die erfolgreiche Verwirklichung der Ziele seiner Diktatur führt, d. h. für den Sturz der Bourgeoisie, für die Beseitigung der Klassen, für die Beseitigung jeglicher Ausbeutung des Menschen durch den Menschen.

2. Aus diesem Grunde muß das Proletariat sowohl in Gestalt seiner Avantgarde, der Kommunistischen Partei, als auch in Gestalt der ganzen Masse der verschiedenartigen proletarischen Organisationen überhaupt sehr aktiv und wesentlich an der gesamten Volksbildung mitwirken.

3. Die gesamte Erfahrung der neueren Geschichte und insbesondere der über ein halbes Jahrhundert währende revolutionäre Kampf des Proletariats aller Länder der Welt seit dem Erscheinen des ›Kommunistischen Manifests‹ haben unzweifelhaft bewiesen, daß nur die Weltanschauung des Marxismus ein getreuer Ausdruck der Interessen, der Auffassung und der Kultur des revolutionären Proletariats ist.

4. Der Marxismus hat sich eine weltgeschichtliche Bedeutung als Ideologie des revolutionären Proletariats dadurch erkämpft, daß er die wertvollsten Errungenschaften des bürgerlichen Zeitalters keineswegs verwarf, sondern sich umgekehrt alles,

was in der mehr als 2000jährigen Entwicklung des menschlichen Denkens und der menschlichen Kultur wertvoll war, aneignete und umarbeitete. Nur die weitere Arbeit auf dieser Grundlage und in dieser Richtung, inspiriert durch die praktische Erfahrung der Diktatur des Proletariats, als des letzten Kampfes gegen jegliche Ausbeutung, kann als Entwicklung einer wirklich proletarischen Kultur anerkannt werden.
5. Der Allrussische Kongreß des Proletkult, der diesen prinzipiellen Standpunkt unwandelbar vertritt, weist alle Versuche, eine eigene, besondere Kultur auszuklügeln, sich in eigenen, abgesonderten Organisationen abzukapseln, die Arbeitsbereiche des Volkskommissariats für Bildungswesen und des Proletkult gegeneinander abzugrenzen oder eine ›Autonomie‹ des Proletkult innerhalb der Institutionen des Volkskommissariats für Bildungswesen herzustellen usw., als theoretisch falsch und praktisch schädlich aufs Entschiedenste zurück. Der Kongreß macht es im Gegenteil allen Organisationen des Proletkult zur unbedingten Pflicht, sich vollkommen als Hilfsorgane eines Netzes von Institutionen des Volkskommissariats für Bildungswesen zu betrachten und ihre Aufgaben, die einen Teil der Aufgaben der Diktatur des Proletariats darstellen, unter der allgemeinen Führung der Sowjetmacht (speziell des Volkskommissariats für Bildungswesen) und der Kommunistischen Partei Rußlands zu verwirklichen.«
Es kann nicht von der Hand gewiesen werden, daß diese dann einstimmig von den Teilnehmern des Proletkult-Kongresses angenommene Resolution Lenins ein energischer Schritt hin

zur späteren Gleichschaltung von Kunst und Kultur in der Sowjetunion bedeutete. Lenin hat damit der intellektuellen Unruhe und den künstlerischen Experimenten einen Riegel vorgeschoben – jeder, der nicht die Augen verschloß, konnte das sehen. Nein, dieser Mann war von Natur aus allergisch gegen Menschen, die eine eigene Meinung vertraten, die Neues erprobten, die der materialistischen Konzeption eine geistige Konzeption der Welt gegenübersetzten. Bereits im Februar 1908 hatte er aus seinem Genfer Exil in einem Brief an den auf der Insel Capri weilenden Maxim Gorki seinen Haß auf alle Intellektuellen zum Ausdruck gebracht, deren Bedeutung in der Partei sinke: »... Von überall wird berichtet, daß die Intelligenz die Partei fluchtartig verläßt. Soll es sich fortscheren, dieses Gesindel. Die Partei säubert sich vom kleinbürgerlichen Unrat ...«

Lenin verfolgte in Fragen von Kunst und Kultur schon immer eine glasklare Linie. Seine Ablehnung von allen neuen Ismen, wie sie sich für ihn im Futurismus und Suprematismus bündelten, war prinzipieller Natur. Denn ihm war bewußt, daß auch nur die Tolerierung, geschweige Anerkennung der avantgardistischen Kunst, für die der ›Proletkult‹ das unübersichtliche Auffangbecken war, die Massen verunsichern und in ihnen Vorstellungen erzeugen mußte, die auf eine individualistische, freiheitliche Gestaltung des Lebens hinausliefen. Deswegen setzte er auf dem Proletkult-Kongreß sein ganzes Gewicht ein, um diese für ihn und die Partei schlimme Entwicklung zu verhindern – was ihm ja auch gelungen ist.

Lenins Volkskommissar für das Bildungswesen, Lunatscharski, der die weichere Welle vertrat und statt der Zerschlagung der Proletkult-Organisation – wie Lenin es im Endeffekt bezweckte – eine Art Integration dieser Institution in das kulturelle Geflecht des von ihm geleiteten Kommissariats (Ministeriums) im Sinn hatte, zeigte sich auch hier als ein wahrer Anpassungsartist. Noch unter dem Eindruck der Maßnahmen Lenins gegen den Proletkult schrieb er im Oktober 1920 in einem Aufsatz über ›Revolution und Kunst‹: »... Selbstverständlich beabsichtigt der Staat nicht, den Künstlern gewaltsam revolutionäre Ideen und Geschmacksempfindungen aufzuzwingen. Aus einem solchen gewaltsamen Aufzwingen können nur Verfälschungen revolutionärer Kunst hervorgehen, denn die wichtigste Eigenschaft echter Kunst ist die Aufrichtigkeit des Künstlers.

Aber außer gewaltsamen Formen gibt es auch andere Arten, auf die Künstler einzuwirken: Überzeugen, Anspornen, eine entsprechende Erziehung der neuen Künstler. All diese Maßnahmen müssen tatsächlich für die Arbeit – sozusagen zur revolutionären Entflammung der Kunst – herangezogen werden ... Natürlich stehen die alten Künstler diesem Inhalt nicht nur hilflos, sondern auch mit völligem Unverständnis gegenüber. Ihnen scheint es sogar, als sei dies irgendein barbarischer Strom primitiver Leidenschaften und engstirniger Gedanken, aber dies kommt ihnen nur infolge ihrer eigenen Schwachsichtigkeit so vor. Vielen von ihnen, und zwar eben den besonders talentierten, kann man dies verständlich machen, kann sie sogar – sozusagen – entzaubern, ihnen die Augen öffnen. Aber insbesondere muß man auf die Jugend zählen, die viel aufnahmefähiger ist und – sozusagen – schon mitten in den Wellen des feurigen Stroms der Revolution ihre Erziehung bekommen kann. Ich erwarte also auf diese Weise sehr viel vom Einfluß der Revolution auf die Kunst, schlechterdings die Errettung der Kunst aus der schlimmsten Art von Dekadenz, aus reinem Formalismus zu ihrer wahren Bestimmung, großen Gedanken und großen Emotionen machtvoll und mitreißend Ausdruck zu verleihen.«

Lunatscharski war sogar noch steigerungsfähig in seinem kulturrevolutionären Drang, sprach davon, daß nicht Propaganda gefragt sei, sondern Agitation, die sich von der Propaganda dadurch unterscheide, »daß sie die Gefühle der Zuhörer und Leser in Wallung bringt und ihren Willen unmittelbar beeinflußt«. Die Agitation bringe den ganzen Inhalt der revolutionären Verkündung zum Glühen und lasse ihn in allen Farben glänzen. »Ja, der Verkündung«, so schwärmte Lunatscharski, denn »wir alle sind natürlich Verkünder. Propaganda und Agitation sind nichts anderes als die dauernde Verkündung des neuen Glaubens, der aus tiefem Wissen aufspringt.«

In weiteren Aufsätzen aus dem Jahr 1921 hat Lunatscharski diesen Aspekt der künstlerischen Agitation immer wieder aufgegriffen. Dabei hat er als die wesentlichen Aufgaben seines Kommissariats herausgestellt: »1. Agitationspropaganda mit Hilfe der Kunst; 2. jede Hilfeleistung bei der Entwicklung einer selbständigen, klassenmäßig proletarischen und damit verbunden auch einer bäuerlichen Kunst und schließlich 3. Popularisierung großer Kunstwerke der Vergangenheit, obwohl eben sie nicht den Charakter einer direkten Propaganda und Agitation haben.« In einem anderen Aufsatz von 1922 heißt es: »... Die Revolution konnte nicht nur einen Einfluß auf die Kunst haben, sondern sie hatte die Kunst auch nötig. Die Kunst ist ein machtvolles Werkzeug der Agitation.«

Welche Visionen den mächtigen Bildungsbürger und kommunistischen Kommissar Anatoli Lunatscharski beflügelten, hat er in diesem Aufsatz kundgetan. »... Ja, natürlich«, so heißt es da, »mit der Einführung der Neuen Ökonomischen Politik wendet sich der Künstler wieder dem privaten Markt zu. Aber wird das von Dauer sein? Wenn unsere Rechnungen stimmen, und sie sind richtig, wird sich dann nicht letzten Endes der Staat als Kapitalist mit seiner Schwerindustrie und den gewaltigen Trusts auf dem Gebiet der anderen Industriezweige, mit seinem Steuerrückhalt, mit seiner Macht über die Ausgabe von Wertpapieren und, was besonders wichtig ist, mit seinem riesigen Ideengehalt, wird sich also nicht der Staat als viel stärker als irgendwelche privaten Kapitalisten, größere und kleinere, erweisen, und wird er nicht als großartiger Mäzen, der dazu noch kulturverbunden und edel ist, all das anziehen, was in der Kunst lebendig ist ...?«

Lenin schätzte Lunatscharski, war beeindruckt von dessen Bildung und Beredsamkeit. Aber wenn es um die Sache der Revolution und der revolutionären Kunst ging, wie er – Lenin – sie sich vorstellte und durchzusetzen vornahm, dann mußte

auch der zur Nachgiebigkeit neigende Volkskommissar Lunatscharski Federn lassen. Bezeichnend dafür ist die Notiz, die Lenin ihm auf einer Sitzung Anfang Januar 1921 zusteckte: »Sollte man sich nicht schämen, für eine Auflage in Höhe von 5000 Exemplaren von Majakowskis Gedicht ›150 Millionen‹ zu stimmen? Unsinn, dumm, saudumm und prätentiös. Meiner Meinung nach sollte man von derartigen Dingen nur 1 von 10 und nicht mehr als 1500 Exemplare für Bibliotheken und Sonderlinge drucken. Und Lunatscharski sollte wegen des Futurismus verprügelt werden.« Darauf der zerknirschte Lunatscharski mit Zettel an Lenin: »Mir gefällt das Ding nicht gerade sehr, aber 1.war so ein Dichter wie Brjussow davon begeistert und forderte den Druck von 20000; 2. hatte das Ding beim Vortrag durch den Autor einen offensichtlichen Erfolg, und zwar auch bei Arbeitern.«
Lenin wandte sich daraufhin per Zettel an einen anderen Sitzungsteilnehmer, M. N. Pokrowski, und bat ihn, ihm »im Kampf gegen den Futurismus und ähnliches zu helfen«. Lenin weiter: »Lunatscharski brachte im Kollegium (o weh!) den Druck von Majakowskis ›150 Millionen‹ durch. Läßt sich das noch rückgängig machen? Das muß rückgängig gemacht werden. Einigen wir uns darauf, daß diese Futuristen nicht mehr als zweimal im Jahr in nicht mehr als 1500 Exemplaren gedruckt werden ... Lassen sich denn keine hoffnungsvollen ANTI-Futuristen finden?«
In dem Sammelband ›Über Kultur und Kunst‹ (Berlin 1960), der ausgewählte Aufsätze und Reden von Lenin enthält, weist

der Herausgeber B. S. Mejlach in seinem Vorwort auf die Beziehung Lenins zu Majakowski hin und erwähnt einen Vortrag, den Lenin am 6. März 1922 ›Über die internationale und innere Lage der Sowjetrepublik‹ gehalten hat. Darin sei er auch auf das Gedicht Majakowskis ›Die auf Sitzungen Versessenen‹ eingegangen, das er tags zuvor in der ›Iswestija‹ gelesen habe. Lenins Kommentar: »Ich gehöre nicht zu den Verehrern seines dichterischen Talents, obwohl ich meine Inkompetenz auf diesem Gebiet durchaus zugebe. Aber schon lange habe ich vom politischen und administrativen Standpunkt aus kein solches Vergnügen empfunden. In seinem Gedicht verspottet er gründlich die Sitzungen und macht sich über Kommunisten lustig, die immerzu Sitzungen und abermals Sitzungen abhalten. Ich weiß nicht, wie es darin um die Poesie bestellt ist, was aber die Politik angeht, so übernehme ich die Garantie, daß das vollständig richtig ist.«

Für Lenin war Majakowski der Prototyp des Futuristen – und dieser ganze elende Futurismus war ihm suspekt. Gorki hat erlebt, daß sich Lenin gegenüber Majakowski »mißtrauisch und sogar gereizt« verhielt. Sein Gedicht ›150 Millionen‹ war ihm zu »gekünstelt«, zu »hochgeschraubt«, zu kompliziert in der Sprache. Deswegen setzte er sich einer Massenverbreitung, wie Lunatscharski sie im Sinn hatte, so vehement entgegen. Lenin ging es tatsächlich immer um die Erziehung der Massen, die im damaligen Rußland noch weitgehend Analphabeten waren.

Wie realistisch er auch in diesen Fragen von Kultur, Kunst, Bildung dachte, bezeugt seine Tagebucheintragung vom 2. Januar 1923: »Während wir über proletarische Kultur und über ihr Verhältnis zur bürgerlichen Kultur geschwatzt haben, bringen uns die Tatsachen Ziffern, die zeigen, daß es bei uns sogar um die bürgerliche Kultur sehr schlecht bestellt ist. Es hat sich, wie auch zu erwarten war, herausgestellt, daß wir noch sehr weit hinter der allgemeinen Elementarschulbildung zurückgeblieben sind und daß sogar unser Fortschritt im Vergleich zu den zaristischen Zeiten (1897) ein allzu langsamer ist. Das ist eine furchtbar ernste Warnung und ein Vorwurf an die Adresse derjenigen, die in den lichten Höhen der ›proletarischen Kultur‹ schwebten und jetzt noch schweben. Das zeigt, wieviel dringende, grobe Arbeit wir noch zu leisten haben, um das Niveau eines gewöhnlichen zivilisierten westeuropäischen Staates zu erreichen. Das zeigt ferner, welche Unmenge von Arbeit uns jetzt noch bevorsteht, damit wir auf der Basis unserer proletarischen Errungenschaften tatsächlich ein halbwegs kulturelles Niveau erreichen.«

Die Widersprüche in der Formulierung der kommunistischen Ziele zur Durchsetzung der Kulturrevolution gingen also niemals auf das Konto von Lenin selbst, sondern auf das seines Kulturministers Lunatscharski, den Lenin, mit leicht ironischem Unterton, ›Schirmherr der Künste‹ nannte. Lunatscharski lockte gerade die ›linken‹ Künstler, jedenfalls in der ersten Zeit nach der Oktoberrevolution, mit Zusagen, etwa der Nichteinmischung des Staates in ihre Belange, ohne sie einhalten zu können, weil dem der Wille Lenins entgegenstand. Lunatscharski war das Sprachrohr seines Meisters, so liberal er sich

auch gegenüber den Künstlern, insbesondere gegenüber den Futuristen und Suprematisten, verhielt.
Hans Peter Thurn ist in seiner ›Kritik der marxistischen Kunsttheorie‹ (Stuttgart 1976) gerade auf diesen Aspekt eingegangen. Lunatscharski habe geholfen, »die Kunst der Politik zugänglich zu machen, indem er Lenins Forderungen unter den Künstlern Gehör« verschafft habe. Theoretisch und praktisch habe er unermüdlich daran gearbeitet, das Leninsche »System des Tadels, der Begünstigungen und Sonderrationen auch im Bereich von Kultur und Kunst zu installieren« und so »immer mehr Künstler in seinen Bann« zu ziehen.
»Daß es sich dabei, wie Leo Trotzki verächtlich brandmarkte, häufig um Mitläufer handelte, denen es mehr um ihr persönliches Wohlleben in der Zeit der Hungersnöte als um die geforderte aufrichtige politische und künstlerische Arbeit zu tun war, störte nicht, solange sich die wachsenden Zahlen in propagandistische Erfolge der neuen Kulturpolitik ummünzen ließen. Die offenkundige und später auch erreichte Absicht dieser von Lenin inspirierten Politik war es, der auf Selbstbestimmung bedachten revolutionären Kunst, die sich seit der bürgerlichen Revolution von 1905 zu einer unerwarteten und international bewunderten Blüte entfaltet hatte, ihren Elan zu rauben und an seine Stelle den politischen Gleichschritt mit der Partei zu setzen, die nur den Endzweck kannte, ihre Alleinherrschaft durchzusetzen und sie sich schließlich durch alles und jeden bestätigen zu lassen: so auch durch die Künstler.«
Welche Verwirrungen Lenins spezifische Kulturpolitik bei ih-

rem Vollstrecker Lunatscharski bewirkt hat, zeigt eine von ihm verfaßte Abhandlung über ›Fragen der Politik im Bereich der Kunst‹ vom 29. April 1923, die fast schon perverse Züge hat. Oft sei die kommunistische Agitationskunst die Kunst von Kommunisten, die nicht der Partei anzugehören brauchten, aber die sich den kommunistischen Blickwinkel über die Dinge zu eigen gemacht hätten, meint der Volkskommissar. »Ist nur eine solche Agitationskunst für uns wichtig«, so fragt er rhetorisch, um gleich die Antwort zu geben: »Nein. Für uns ist auch die Kunst wichtig, die vielleicht nicht mit unserer Weltanschauung zusammenfällt, sich aber mit ihr an einer bestimmten Stelle berührt.«

Und dann, so sagt er, »geben wir es zu – Gogol war kein Kommunist«. Aber daraus folge nicht, daß ›Der Revisor‹ den Kommunisten fremd wäre. Lunatscharski kommt zu einem noch abenteuerlicheren Beispiel: »Nehmen wir irgendein Bild eines großen Malers der Renaissance-Zeit, in welchem sich eine bestimmte ›Agitation‹ befindet, in das jedoch auch ein bestimmtes religiöses Element einbezogen ist (die Darstellung der Muttergottes zum Beispiel). Dies ist natürlich kein proletarisches Bild, man kann sogar sagen, es ist ein feindliches, schädliches Bild. Jedoch muß zu seinen positiven Seiten die Lobpreisung der weiblichen Schönheit gerechnet werden. Und in dieser Hinsicht hat eine solche Madonna, besonders wenn man nachweist, wie sie aus einer alten Ikone entstanden ist, sehr große Bedeutung. Und wir können geradezu sagen, daß derartige Kunst uns im höchsten Grade nützt, wie uns zum Beispiel

Apoll nützlich ist, den wir als ein bestimmtes Ideal für menschliche Organisation einstufen, obwohl auch er ›religiös‹ ist.«
Etwas differenzierter hat Leo Trotzki die Kulturrevolution Leninscher Prägung gesehen und bewertet. Wie er in einem Aufsatz über ›Parteipolitik und Kunst‹ vom Sommer 1923 schreibt, bestreitet er, »daß die Kunst der Revolution nur von Arbeitern geschaffen werden« könne. Gerade weil es eine Arbeiterrevolution sei, stelle sie zu wenig Arbeiter für die Kunst frei. Die marxistische Methode biete die Möglichkeit, »die Entwicklungsbedingungen für die neue Kunst zu beurteilen, alle ihre Quellen zu beobachten und die fortschrittlichste unter ihnen durch kritische Durchleuchtung der Wege zu unterstützen – mehr aber nicht«. Die Kunst, so meint Trotzki, müsse ihre Wege auf eigenen Füßen zurücklegen. Wörtlich: »Die Methoden des Marxismus sind nicht die Methoden der Kunst. Die Partei lenkt das Proletariat, nicht den historischen Prozeß ... Auf dem Gebiet der Kunst ist die Partei nicht berufen zu kommandieren. Sie kann und soll schützen, fördern und lediglich indirekt lenken. Sie kann und soll den verschiedenen Künstlergruppen, die sich aufrichtig um eine Annäherung an die Revolution bemühen, den bedingten Kredit ihres Vertrauens gewähren, um ihre künstlerische Gestaltung zu fördern ...«
Würde eine solche Politik nicht vielleicht bedeuten, »daß die Kunst für die Partei zu einer ungesicherten Flanke« werden könnte? Seine Antwort zeigt, daß er, jedenfalls zu dieser Zeit, schlußendlich doch voll auf Seiten Lenins steht: »Das zu be-

haupten, wäre stark übertrieben. Deutlich erkennbaren, giftigen, zersetzenden Tendenzen erteilt die Partei eine Abfuhr, wobei sie sich von politischen Kriterien leiten läßt.« Und: »Wenn die Revolution berechtigt ist, Brücken und Kunstwerke, wenn notwendig, zu zerstören, dann wird sie um so weniger davor zurückschrecken, ihre Hand auf jede beliebige Kunstrichtung zu legen, die trotz aller ihrer formalen Errungenschaften droht, in das revolutionäre Milieu Zersetzung hineinzutragen oder ein feindseliges Gegeneinander der inneren Kräfte der Revolution hervorzurufen: des Proletariats, der Bauernschaft, der Intelligenz. Unser Kriterium ist ein ausgesprochen politisches, gebieterisches und intolerantes.«

Dieses ausschließlich politisch bezogene Kulturverständnis teilte Trotzki mit dem Genossen Lenin. Hier liegt die Wurzel des Konflikts mit den Futuristen und mit dem Suprematismus Malewitschs – der Konflikt zwischen der materialistischen Ideologie und dem künstlerischen Idealismus, natürlich kann man auch sagen: zwischen der gesellschaftlichen und der geistigen Utopie. Lenin war der ›große Nüchterne‹, der den Problemen von Kunst nur insoweit Beachtung schenkte, als sie ihm für seine politischen Absichten nützlich erschien. Deswegen finden sich in seinem schriftstellerischen und philosophischen Gesamtwerk auch nur wenige Äußerungen über Kunst und Kultur. Einem Artikel zum 80. Geburtstag von Leo Tolstoi im Jahre 1908 gab er den Titel ›Lew Tolstoi als Spiegel der russischen Revolution‹ – das zeigt schlagkräftig die Richtung seines Denkens, wenn er sich mit Kunst befaßte, die für ihn nur einen

Sinn hatte, wenn sie eindeutig proletarisch orientiert war und der Revolution diente.

Im Spektrum der Revolution, in dieser Zeit der gewaltigen Umwälzungen, störten Lenin die ›linken‹ Künstler mit ihren ›Faxen‹ und ›Purzelbäumen‹ sehr. Er sah andere Prioritäten – die Beseitigung des Analphabetentums, die Überwindung der Hungersnot und die Elektrifizierung Rußlands, die der VIII. Sowjetkongreß im Dezember 1920 sanktionierte und die unter dem Namen ›GOELRO‹ (russische Abkürzung für ›Staatliche Kommission für die Elektrifizierung Rußlands‹) zu einem Herzstück der revolutionären Politik Lenins wurde. Lenin sah diesen Plan in einem direkten Zusammenhang mit einem umfangreichen Wirtschaftsplan für ganz Rußland, und er hatte, als er den Kongreß-Delegierten im ungeheizten Bolschoi-Theater den GOELRO-Plan erläuterte, auch gleich den griffigen Slogan parat: »Kommunismus – das ist Sowjetmacht plus Elektrifizierung des ganzen Landes.«

Aus allem, was Wladimir Iljitsch Lenin dachte und tat, ergibt sich, wie sollte es auch anders sein, das Bild einer schillernden, komplexen und sehr komplizierten Persönlichkeit. Gorki schilderte ihn als kahlköpfigen, stämmigen, kräftigen Menschen mit einer ›sokratischen Stirn‹ – er habe »das ›R‹ nicht richtig aussprechen« können, er habe es geschnarrt. Es heißt, daß Lenin in den Jahren der Revolution seit 1917 nervös und völlig überarbeitet gewesen sei. Er sei reizbar, manchmal unbeherrscht, streitsüchtig und rechthaberisch gewesen. Aus vielen seiner Äußerungen sind diese Eigenschaften herauszulesen. Sie mögen in einem tiefen Zusammenhang stehen mit der gewaltigen Lebensleistung, die die Verwirklichung der marxistischen Ideologie zum Ziele hatte – also die Etablierung der Macht der Sowjets. Die drei Schlaganfälle, die Lenin zwischen 1922 und 1923 erlitt und die schließlich zu seiner völligen Lähmung und zu seinem Tod am 21. Januar 1924 führten, können sicherlich auch Folgen dieser außerordentlichen geistigen, psychischen und physischen Anstrengungen gewesen sein.

# 5

# Malewitsch über Lenin: ein außergewöhnliches Traktat

## Kubus und Mausoleum

Vier Tage nach dem Tod von Wladimir Iljitsch Lenin auf einem Landgut in Gorki, 34 km von Moskau entfernt, hat Kasimir Malewitsch am 25. Januar 1924, zwei Tage vor dem Staatsbegräbnis, ein Traktat abgeschlossen, das wohl zu den merkwürdigsten und außergewöhnlichsten Künstlertexten dieses Jahrhunderts gehört. Der Mann, der einst im Banne der Oktoberrevolution von 1917 stand, leitende Positionen im Staatsapparat und an den renommiertesten Kunsthochschulen des Landes einnahm, aber schon bald zum heftigsten Kritiker der materialistischen Futtertrog-Ideologie wurde, und der schließlich, noch zu Lebzeiten Lenins, mehr und mehr an Einfluß verlor – dieser Mann schreibt nun eine 30seitige Abhandlung, in dem er Christus und Lenin, christlich-religiöse und leninistisch-materialistische Glaubenswahrheiten und Verkündigungen parallel setzt.
Dieser Lenin-Text von Malewitsch ist nicht einfach zu durchschauen. Er spielt zwischen Pamphlet und einer skeptischen Verherrlichung, zwischen Erhabenheit und Banalität. Er ist lästerlich und demütig, lächerlich und ernst. Da spricht ein hellsichtiger Narr und ein tief Verletzter. Malewitsch ahnt, daß die Legende Lenin schon zu diesem Zeitpunkt ihren Anfang nimmt und daß die Verherrlichung in Gang gesetzt worden ist. Bestürzend und faszinierend zugleich ist es, nachzuvollziehen, wie Malewitsch diesen Prozeß der Vergöttlichung Lenins gedanklich verarbeitet.
Malewitsch hat den Text in zwei Teile mit insgesamt 50 Kapiteln gegliedert. Die von ihm handschriftlich korrigierte und

ergänzte Fassung befindet sich im Besitz des Amsterdamer Stedelijk Museums und stammt aus dem Nachlaß der Familie von Riesen, eine zweite, gleichlautende, aber unbearbeitete Fassung soll sich in einem Leningrader Privatarchiv befinden. Erstmals ist die gesamte Abhandlung in der Amsterdamer Fassung 1976 in englischer Sprache erschienen, und zwar als Anhang in dem von dem bekannten Malewitsch-Experten Troels Andersen edierten Kopenhagener Band über die ›Ungegenständliche Welt‹, einer Zusammenfassung der bis dahin unveröffentlichten, zwischen 1922 und 1925 entstandenen Schriften von Kasimir Malewitsch.

Der Slawist Felix Philipp Ingold hat (in ›Werk/Archithese‹, November 1979) auf einen handschriftlichen Vermerk im Amsterdamer Typoskript Malewitschs hingewiesen, demzufolge die Originalfassung durch Textzusätze ergänzt worden ist, und zwar, wie Malewitsch schreibt, »im Frühjahr, als das Buch ›Über Ihn‹ von Preobraschenski herauskam«. Dabei bezieht Malewitsch sich auf den dort stehenden Satz: »Sein Geist wird über der Welt schweben.«

Jewgeni Preobraschenski wird in der Literatur als russischer Revolutionär, führender Wirtschaftstheoretiker und Anhänger Lenins dargestellt, der ihn 1917 ins Zentralkomitee berief. Zehn Jahre später wurde er, ein Gegner Stalins, aus der Partei ausgeschlossen und 1937, 51jährig, von Stalins Schergen umgebracht. Seine Schrift ›Über Ihn‹ war zwölf Druckseiten stark und erschien zweimal in russischer und einmal in deutscher Sprache.

Malewitsch hat sein Traktat über Lenin gleich nach Fertigstellung El Lissitzky geschickt, der sich sofort daranmachte, es ins Deutsche zu übersetzen. Freilich muß dies mit großen Schwierigkeiten für ihn verbunden gewesen sein, denn Malewitschs Satzbau, seine Rechtschreibung, sein Stil ganz allgemein – das ist eine harte Nuß für jeden Übersetzer. Lissitzky hat darüber auch in Briefen an seine spätere Frau Sophie Küppers geklagt.

Immerhin gelang es ihm, dreizehn kurze Absätze aus dem ersten und zwei ebenso kurze Abschnitte aus dem zweiten Teil ins Deutsche zu übertragen. Dieser Komplex wurde erstmals in Paul Westheims ›Kunstblatt‹ (Nr. 10 vom Juli 1924) veröffentlicht. Man kann also sagen, daß Malewitschs Traktat über Lenin einer breiten Öffentlichkeit bislang weitgehend unbekannt geblieben ist. Deswegen veröffentlichen wir hier die im ›Kunstblatt‹ erschienene Fassung von El Lissitzky im vollen Wortlaut:

»1. In dem Menschen ist das materialistische Denken oder Bewußtsein noch so schwach, daß er im Todesaugenblick aus seiner materialistischen Weltbeziehung auf den Wegen der Religion und Kunst entgleist; hier will er sich vor dem materiellen Tode retten. Auf diese Weise geht er in die Gestalt über, d. h. in den Zustand der Illusion, die physisch-materiell unzerstörbar ist, unzerlegbar, außerhalb der Elemente, frei von der Wissenschaft.

2. In der Welt ist jetzt ein neues Ereignis geschehen, das sich im Tode Lenins ausdrückt. Es ist bezeichnend, daß es nach dem

Tode Christi das zweite Mal ist, wo eine Weltbeziehung durch eine andere abgelöst wird. Bei dieser Ablösung wird eine materielle Wirklichkeit durch eine Gestalt abgelöst.

3. Lenin hat kein Wort über das Rituelle, Zeremonielle gesprochen, das doch soviel Platz im Leben einnimmt. Er hat zu seinen Jüngern von der Tat geredet. Er hat seine Jünger weniger zu sprechen und mehr zu tun gelehrt. Er hat sie gelehrt, auf das sie Umringende acht zu haben, das sie zu verschlingen bereit ist, und ihre Aufmerksamkeit am wenigsten zu schenken den glänzenden Kränzen der Gestalten, vor denen er sie als vor Trugbildern gewarnt hat. Er hat gelehrt, Materialist zu sein, weder der Kunst noch der Religion zu trauen, hat auf Wissenschaft und Kino hingewiesen als zwei Systeme, die die Wirklichkeit außerhalb des künstlerischen Einfalls fixieren.

4. Ich habe niemanden getroffen, der mir bestätigt hätte, daß eines der von den Künstlern geschaffenen Bilder Lenins der Wirklichkeit entspricht. Viel wirklicher ist sein Bild im Kino. Somit existiert das Bild Lenins nicht in der Kunst, er ist nur in dem Kommenden, d. h. im Ideellen. Das Bild Christi ist auch erst nachher entstanden, aber ob es wohl ein Bild ist? Ja. Alle erkennen es und sagen ja. Christus ist der Wirklichkeit ähnlich. Der betende Christus, der leidende und der predigende, alle sind lebendig. Die Künstler haben letzten Endes eine Wirklichkeit geschaffen, die nicht existiert hat. Später wird auch von Lenin ein Bild entstehen, an das die Kommunisten glauben werden, und seine künstlerische Gestalt werden sie für die wirkliche Tatsache halten. Seine materielle Hülle aber ist der

Kunst nicht erreichbar. So gehen seine Lehre und sein künstlerisches Bild auseinander. In der Gestalt geht er von dem materialistischen Sein ins Heilige über, stellt sich über den materialistischen Plan der Tat. Eine Gestalt außerhalb der Materie. Zu ihr werden sich die Augen erheben, anstatt auf das geradeaus vor ihren Augen stehende materialistische Sein und ihre Taten zu schauen. Die Gestalt wird eine Quelle der Kraft, der Geisteskraft, um materielle Festungen zu bauen. In den auf diese Art gebauten Festungen wird die Gestalt als geformte Tatsache weiterleben. Die materielle Festung wird der Tempel werden, das einzige innere Sein. Lenin wird einen neuen Geist senden, ER ist über der Materie, ER hat sich in der Gestalt gewandelt, und so ist hier das Wort Lenin schon nicht mehr zu gebrauchen, sondern nur: ER, IHN. Das Wort Lenin ist irdisch, und man kann es mit einem einfachen Materialisten verwechseln. Wenn aber Lenin ER ist, dann steht er über dem Brudergrab, denn ER ist nicht er. ER ist seine neue geistige Fahne, die immer SEINEN Weg zeigt. Darum ist die Krypta wie ein Kubus gebaut, als Symbol der Ewigkeit, denn ER ist auch die Ewigkeit. Aber das ist nur zeitweilig. Die Logik wird auf ihren eisernen Geleisen weiterführen und zeigen, daß alle im Grabe Liegenden, für den Materialismus Gefallenen nur zeitweilig außerhalb der Ewigkeit verbleiben, sie werden mit IHM zusammen in den Kubus des Reiches und der Ewigkeit kommen und werden sich mit IHM im Reiche seiner neuen Lehre niederlassen.

5. Seine Leiche hat man aus Gorki gebracht, analog dem Golgatha, und seine Jünger haben sie bei dem Laut der Fabrik-

sirenen in die Krypta gelegt. Die Materie hat ertönt. Die Materie des Neuen Testaments hat ertönt. Die Kirchenglocken sind verstummt – das Alte Testament. Man braucht sie wirklich nicht mehr, es ist eine neue Zeremonie entstanden, eine neue Trauerorgel der Fabriken und Hüttenwerke. Die Religionszeremonie hat die Fabrik übernommen.

6. Nach Lenins Tod, der für uns gestorben, müssen die Materialisten IHM folgen und fallen für IHN, um sich IHM einzuverleiben. Den Ritus muß die Fabrik gestalten. Die Sirenen müssen den Leninisten ins Grab und ins Leben begleiten. Die Leiche des Gestorbenen oder Gefallenen muß in die Fabrik getragen werden, wo sein Platz sein soll, um den Ritus zu erfüllen und SEINE Gebote zu predigen. Es entsteht die Frage über die Form, wie die Einheit mit IHM herzustellen sei. Diese Einheit kann man durch das Eingehen in den Kubus – Ewigkeit – ausdrücken. So entstehen die Formen eines neuen religiösen Ritus, die ins Leben übergehen werden und die Tatsachen des materiellen Lebens verdrängen, dessen Wesen außerhalb des Ritus ist.

7. Mit furchtbarer Kraft hat der Religionsgeist den Materialismus in die Ecke gedrängt, aus der es keinen anderen Ausweg als die Umbildung der Gestalt gibt. So ist Lenins Leben zum Abschluß gebracht. Versucht jetzt den Fehler zu korrigieren, versucht, IHN in die materielle Welt zurückzuführen. Der Triumph des religiösen Geistes ist gekommen. Lenin war religiös. Er hat sein ganzes Leben lang gegen die Ecke gekämpft, hat sich selbst aus ihr befreit und wollte alle anderen befreien.

Und alle, die noch eben ›es lebe Lenin‹ geschrieen haben, schreien heute ›Hosianna‹ und werden ihn morgen in die Ecke gejagt haben.

8. Nach seinem Tode hat keiner der Jünger geglaubt, daß er tot sei. Dem Volk wurde verkündet, daß er lebt und ewig unter uns sein wird. So haben auch die Jünger Christi dem Volk verkündigt, daß Christus lebt. ›Baut keine Tempel‹, hat Christus gesagt, ›denn Gottes Tempel ist in uns.‹

Lenins Jünger können dasselbe wiederholen. Lenins Tempel ist in uns. Lenin hat nicht gesagt, daß man in seinem Namen Tempel bauen soll oder andere Gebäude mit seinem Namen nennen. Dasselbe ist mit den geweihten Plätzen, aber man hat es doch getan. So ist das geschaffen worden, was der Meister nicht gewollt hat. Es gibt jetzt keinen Ausgang, ohne diesen geweihten Platz zu zerstören. Es verbindet sich die neue Religion des Leninismus mit dem Kommunismus, die Gestalt mit der Wirklichkeit, der Geist mit der Materie.

9. Wenn man die Überreste Lenins in einem Krematorium zu verbrennen denkt, so ist damit auch keine Rettung gegeben. Zum Materialismus ist nicht zurückzukehren. Das Verbrennen wird die Analogie mit dem auferstandenen Christus noch ergänzen, der in das Feuer der Hölle niedergefahren war, um die Gerechten zu befreien, und der ein zweites Mal wiederkehren wird, um diejenigen, die SEINER Lehre nicht gefolgt sind, zu richten.

10. In seinem zweiten Kommen sehe ich ihn in der Gestalt Lenins, der gekommen ist, zu bestrafen und die Gerechten zu

befreien. Christus hat gesagt: ›Gebe deinem Nächsten ein Kleid, wenn du zwei hast, und habe ihn lieb wie dich selbst.‹ Aber der, der die vielen Kleider hat, hat seinem Nächsten, dem Proletariat keins gegeben. Da wurde Lenin gesandt, hat sie bestraft, ihre Tempel und Banken zerstört und alles dem Proletariat gegeben.

11. Lenin ist zur Gestalt geworden, Lenin ist ER, und die Gestalt kann man nicht verbrennen. Das große ER ist unverbrennbar, es hat kein Material für die Flamme. Die Flamme kann nur einen Sterblichen verbrennen, aber Lenin ist unsterblich. Alle anderen sind unter dem gemeinsamen Hügel begraben, und wir wissen, daß es das Grab der für uns Gefallenen ist. Das sind die rein Ungegenständlichen, für die die Pinsel des Künstlers keine Gestalt schaffen können.

12. Die Künstler der darstellenden Künste protestieren gegen das Ungegenständliche, so wie die Kapitalisten gegen den Kommunismus protestieren. Es verschwindet ihre letzte Schutzwehr, ihr letzter Halt, der Grund ihres Daseins. Auch die Kommunisten protestieren. Für sie verschwindet im Ungegenständlichen das letzte Mittel, das Leben und die Menschen abzubilden. Einen Entrüstungssturm hat die neue Kunst in der vor- und nachrevolutionären Gesellschaft hervorgerufen, weil sie das Gesicht, die neuen Lebensepisoden nicht widergespiegelt hat, wie die gegenständlichen Künstler es taten, sondern es im Gegenteil zerstörte und deformierte. Man hat dem Bewußtsein der Gesellschaft den Hauptstützpunkt ihres Verstandes weggenommen: Als der Gegenstand oder richtiger das Bild des

Gegenstandes anfing zu verschwinden, da blieb nichts mehr zu begreifen. Als es dazu kam, den bewußten Menschen Denkmäler aufzustellen, hat die neue Kunst anstatt ihre Gesichter darzustellen, sie ›auseinander gestellt‹, hat sie ins Ungegenständliche verwandelt. Dies ist die direkte Funktion der Kunst. Vielleicht eine materialistische Funktion, denn die Materie hat keine Bildgestalt. Wie sieht sie aus: Hat sie Augen, Nase, hat sie keine Beine oder viele Beine?

Etliche Künstler werden Lenin auf seinem Totenlager malen. Aber alle diese Darstellungen werden nicht richtig sein, denn Lenin ist unsterblich, d.h. lebendig. Einer seiner Jünger hat gesagt: ›Lenin ist tot für die Toten, aber lebendig für die Lebendigen.‹

13. Vielleicht wird die darstellende Kunst wieder ihre Verwendung finden. Sie wird neue Raphaels hervorbringen, die Leninkapellen ausmalen werden. Die Entwicklung solch eines neuen Weges wird den Materialismus zu einer neuen Religion führen, deren Kirche mit den Darstellungen der neuen Geschichte schmücken: Wundertaten und Leiden der von der Hand der Kapitalisten Gefallenen. Andere werden aus dem Dunkel der Religion zum neuen Licht des Materialismus geführt. Zu ihrem Bedauern zu einem vielleicht grelleren Lichte, aber wieder religiösen.

*Zweiter Teil*

Man kann behaupten, daß Lenin die Natur als Gegenständliches zu begreifen gelehrt und darum gegen die Gestalten gekämpft hat. Aber man hat ihn nicht verstanden – man schafft dennoch Gestalten. Es ist, als ob man seine Lehre nicht in der Materie, sondern in der Gestalt, die sich in der Materie spiegelt, erblickt. Die Materie ist einem Spiegel ähnlich geworden, der widerspiegelt, aber selbst immer Spiegel bleibt und sich nicht in die Lehre verwandelt, die sich in ihm abspiegelt. Lenin – ist ein Spiegel.
Lenin hat sich in der Materie widergespiegelt als eine gegenständliche materielle Idee. Seine Jünger haben die Tatsache bezeugt, daß Lenin als Materie nicht existiert, hier ist Lenin als Gestalt. ER – IHN. Einer von SEINEN Jüngern hat gesagt: ›Jeder, der wenigstens einmal in seinem Leben den lebendigen Iljitsch gesehen hat, wird bis ans Ende seines Lebens diese Gestalt in seinem Herzen tragen.‹ Und einer der Dichter hat gesungen: ›Es waren und sind keine Bilder da, die Lenin ähnlich wären, es scheint, daß die Jahrhunderte noch nachzeichnen werden dieses nicht fertiggezeichnete Bild.‹ Wer wird jetzt sein Bild fertig zeichnen? Ein Maler – ein Dichter? Und was für ein Herz wird Modell sitzen?«

Soweit der Lenin-Text Malewitschs. Felix Philipp Ingold vermutet, daß »außer Preobraschenskis Leitsatz und einigen neutestamentlichen Reminiszenzen« Malewitsch »auch entsprechende Formulierungen aus dem Aufruf ›An die Partei! An alle Werktätigen!‹ des Zentralkomitees der Kommunistischen Partei Rußlands vom 22. Januar 1924 in seinen Text eingebracht« hat. Dort heißt es: »Aber sein physischer Tod ist nicht der Tod seiner Sache. Lenin lebt in der Seele eines jeden Parteimitgliedes fort. Jedes Mitglied unserer Partei ist ein Teilchen von Lenin. Unsere ganze kommunistische Gemeinschaft ist eine kollektive Verkörperung von Lenin. Lenin lebt im Herzen eines jeden ehrlichen Arbeiters. Lenin lebt im Herzen eines jeden armen Bauern. Lenin lebt in den Herzen von vielen Millionen Kolonialsklaven.«

Malewitschs Erschrecken vor einer massenhaften gegenständlichen Vereinnahmung Lenins durch die bildenden Künstler ist auch im Kreise der progressiven LEF-Gruppe um den Dichter Majakowski zu spüren gewesen. Im Lenin-Heft von LEF, 1924, lautet die Schlagzeile über dem Leitartikel ›Schachert nicht mit Lenin!‹. Bezug nehmend auf einen Anzeigen-Text, in dem »gipserne, bronzene, patinierte, marmorne und granitene Lenin-Büsten in natürlicher und doppelter Größe« angeboten wurden, schreibt der LEF-Leitartikler, vermutlich Majakowski selbst: »Macht Lenin nicht zur Schablone. Druckt seine Bilder nicht auf Plakate, Wachstuch, Teller, Bierkrüge, Zigarettenetuis.« Und: »Lernt bei Lenin, aber kanonisiert ihn nicht. Treibt keinen Kult mit dem Namen eines Menschen, der sein ganzes Leben gegen alle Kulte gekämpft hat.«

Aber der Lenin-Kult war nicht aufzuhalten. Bezeichnend dafür ist, daß es offensichtlich einen heftigen Streit um Lenins

Totenmaske gab. Der Protestbrief eines Moskauer Bildhauer-Kollektivs, der 1925 veröffentlicht wurde, gibt darüber Aufschluß. Ausgehend davon, daß, so heißt es in diesem Brief, »im gegenwärtigen Moment aus allen Ecken und Enden der UdSSR Nachfragen von örtlichen Dienststellen nach dem Porträt des Führers des Kommunismus, des Genossen Lenin«, kommen, beklagen die 20 Unterzeichner, daß es eine künstlerische Darstellung von Lenin nicht gebe – und »sie wird es nicht geben, solange ein Abdruck aus dem einzigen Material, ohne das die Schaffung einer authentischen Porträtdarstellung Wladimir Iljitschs nicht möglich ist, untersagt sein wird – dieses Material ist die Maske«. Man erfährt aus diesem Protestschreiben – und das ist schon sehr komisch –, daß Lenins Maske damals usurpiert worden sei, jemand habe sich das Monopol auf sie angeeignet. Die Rede ist gar von den »räuberischen Instinkten einzelner Meister«, die den Moskauer Bildhauern verwehren, was sie sich zur Aufgabe gemacht haben, nämlich »auf jeden Fall ein Lenin authentisch verkörperndes Porträt zu schaffen«, wie es die ganze UdSSR wünsche. Lenin habe niemals und für niemanden Modell gestanden, folglich gebe es keine anderen Vorlagen als eben die Maske.

Nun, damals, unmittelbar nach dem Tode Lenins, bestand ein gravierenderes Problem – die Errichtung eines Denkmals und eines Mausoleums. Lenins Frau Nadeshda Krupskaja hatte in einer Stellungnahme unmittelbar nach dem Tode ihres Mannes die Regierungsmitglieder beschworen, keine Denkmäler, keine Paläste mit seinem Namen zu schaffen und keine pompösen

Zeremonien zu seiner Erinnerung zu organisieren. Vergeblich – die Partei hatte bereits entschieden, dem Helden ein grandioses Denkmal zu errichten, übrigens auch gegen die Ansicht von Trotzki, der mit Nadeshda Krupskaja solidarisch war.

Die Denkmalsfrage blieb jedoch offen. Vermutlich hat es nur zwei wirklich interessante Entwürfe dafür gegeben, die allerdings der Monumentalpropaganda, wie sie Lenin immer vorgeschwebt hat, hohnsprachen – es handelte sich um die Vorschläge von Wladimir Tatlin und Kasimir Malewitsch, den beiden feindlichen Brüdern der neuen Kunst. Tatlin hatte sein berühmtes ›Denkmal der III. Internationale‹ offensichtlich Lenin gewidmet, freilich erst nach dessen Tod. Nach Meinung Tatlins, so faßte der russische Kunsthistoriker J. A. Tugendhold ein Gespräch mit dem Künstler zusammen, müsse in das Denkmal all das eingehen, »was den verstorbenen Führer als Neuerer und Revolutionär auf allen Gebieten des Wissens und des menschlichen Denkens überhaupt charakterisiert«. Es müsse »riesige Kapazitäten« besitzen »und eine große Anzahl dynamischer und nützlicher Elemente in sich einschließen«. Tatlin sprach von 200 bis 300 Telefonen für das Publikum, von riesigen Auditorien, von einem Informationsbüro, »von dem aus die Welt mit den Ereignissen in der Sowjetrepublik bekanntgemacht wird«.

Malewitschs Entwurf für ein Lenin-Denkmal war vielleicht noch radikaler als der von Tatlin. Für den Wettbewerb, 1924 in Leningrad ausgeschrieben, konzipierte er eine Skulptur aus einer

Anhäufung landwirtschaftlicher und industrieller Werkzeuge und Maschinenteile – praktisch Symbol für den industriellen Aufschwung, den das Land unter Führung Lenins erlebt hat. Darüber sollte sich ein Kubus erheben – Lenin gleichsam als geistiges Prinzip, in dem, entsprechend den sechs gleichen Seiten des Kubus, das kommunistische Prinzip der Gleichheit aller Menschen zum Ausdruck gebracht werden sollte.

Es ist interessant, daß die Idee des Kubus auch jenem Bauwerk zugrunde liegt, das den Lenin-Kult bis auf den heutigen Tag auf unübertreffliche Weise prägt – das Mausoleum auf dem Roten Platz in Moskau. A. W. Stschussew, der Erbauer dieses gewaltigen Monuments aus Labrador, Porphyr und Granit, hat berichtet, daß er am Tag nach Lenins Tod zur Mittagsstunde in den Säulensaal des Moskauer Gewerkschaftshauses gerufen wurde, in dem Lenin aufgebahrt gewesen sei. Man habe ihn dann ins Künstlerzimmer geleitet, in dem die Regierung und das Beisetzungskomitee tagten, und dort habe man ihn mit der sofortigen Projektierung eines provisorischen Mausoleums auf dem Roten Platz beauftragt.

Die erste Variante war nach drei Tagen fertiggestellt – eine Holzkonstruktion, die nach einigen Monaten in eine architektonisch anspruchsvolle Monumentalform – ebenfalls aus Holz – umgewandelt wurde. Dieser Zustand dauerte fünf Jahre, dann hat man den Entwurf Stschussews in Stein ausgeführt – seitdem Tempel und Passage für Millionen von Menschen und Tribüne der Herrschenden bei den rituellen Aufmärschen der Streitkräfte des Arbeiter- und Bauernstaats.

Die Grundfigur beim pyramidalen Aufbau des Mausoleums ist der Kubus. Stschussew soll dazu folgendes gesagt haben: »Wladimir Iljitsch ist ewig. Sein Name ist für immer, für alle Zeiten in die Geschichte Rußlands, in die Geschichte der Menschheit eingegangen. Wie sollen wir also sein Gedächtnis ehren? Wodurch sein Grabmal auszeichnen? Für uns, in der Baukunst, ist der Kubus ewig. Alles geht vom Kubus aus, die ganze Vielfalt architektonischen Schaffens. Laßt uns also auch das Mausoleum, das wir nun zur Erinnerung an Wladimir Iljitsch errichten werden, als Ableitungsform des Kubus gestalten . . .« Auch wenn kein direkter Einfluß Malewitschs auf diese architektonische Idee Stschussews für das Lenin-Mausoleum nachweisbar ist, so waren diese Gedanken damals greifbar und verstehbar geworden gerade durch den Suprematismus und das ›Schwarze Quadrat‹ Malewitschs. Die architektonischen Experimente seiner Witebsker, später Leningrader UNOWIS-Schule waren in den fortschrittlichen Architektenkreisen zweifellos bekannt. Wie auch immer die Kreuz- und Querverbindungen hier verliefen und der Informationsaustausch geregelt wurde – feststeht, daß Kasimir Malewitsch mit seiner gegenstandslosen Darstellung Lenins in Form eines Kubus dem toten Heros eine suprematistische Aura höchsten Grades schaffen wollte. Der Kubus als Denkmal wie als Mausoleum für Lenin hat Bedeutung im Sinne eines ›Symbols für die Ewigkeit‹. Malewitsch spricht von einem »geometrischen Paradies« und davon, daß »jeder leninistische Arbeiter einen Kubus in seinem Hause« haben müsse.

Es gehört zu den tragischen Dimensionen seines Verhältnisses zu Lenin, daß er mit dem Verständnis signalisierenden Traktat über Lenin und mit dem Kubus für ihn seinen schwierigen, bald im Sumpf der stalinistischen Kunstpolitik endenden Weg tapfer weiterging.

# 6

# Die künstlerischen Utopien

## Experiment UNOWIS: Hohe Schule des Suprematismus

Das Feuer der künstlerischen Revolution war praktisch längst erloschen, als Stalin die Macht übernahm und für Lenin die monströse Kultstätte auf dem Roten Platz in Moskau erbauen ließ. Viele Künstler hatten ihre Heimat für immer verlassen. Ein Zentrum für die russischen Emigranten in jenen zwanziger Jahren war Berlin, aber viele versuchten auch, in Paris oder New York Fuß zu fassen. Der anfangs so vielversprechende großartige und beispiellose künstlerische Aufbruch war an den politischen Konstellationen gescheitert – es sollte sechs Jahrzehnte dauern, bis Malewitsch und seinesgleichen im eigenen Lande rehabilitiert und ihre Werke dort öffentlich ausgestellt werden durften.

An dieser Geschichte des Aufbruchs ist bemerkenswert, daß die Machthaber zunächst selbst die Weichen in diese Richtung gestellt hatten. Verantwortlich dafür war Anatoli Lunatscharski, der innerhalb des von ihm geleiteten Volkskommissariats für kulturelle Bildung (Volkserziehung, Volksaufklärung) – abgekürzt NARKOMPROS – 1918 die Abteilung für Schöne Künste (IZO) eingerichtet hatte, zu deren Mitgliedern auch Wassily Kandinsky und Kasimir Malewitsch zählten. Auf Initiative von IZO wurden überall im Lande Museen gegründet – 36 waren es zwischen 1918 und 1921, dem Jahr der Auflösung des Kollegiums.

Die ganze Kunstausbildung geriet damals in Bewegung – und die treibende Kraft dabei war Malewitsch, der seine Lehrtätigkeit 1918 an den Ersten Freien Staatlichen Kunstwerkstätten (SVOMAS) in Moskau aufnahm, die 1920 in Höhere Staatliche Künstlerisch-Technische Werkstätten (WCHUTEMAS) umbenannt wurden. Malewitsch war hier Leiter des Ateliers für Malerei und – zusammen mit Nadeshda Udalzowa – des Ateliers für Textilgestaltung. Von 1919 bis 1922 entfaltete Malewitsch eine ungemein fruchtbare Tätigkeit an der Volkskunstschule in Witebsk, die dann auch als Witebsker Kunst- und Industrie-Institut bezeichnet wurde. Es folgte seine Berufung als Direktor an das Museum für Künstlerische Kultur in Leningrad, das 1924 auf seinen Vorschlag hin den Status eines Staatlichen Instituts für Künstlerische Kultur (GINCHUK) erhielt. Ende 1926 wurde es aufgelöst.

Bereits in einem Brief aus dem Jahre 1923 an die Petrograder Verwaltung wissenschaftlicher Einrichtungen hat Malewitsch die Umorganisation des Museums in ein Forschungsinstitut damit begründet, daß er keinerlei Unterstützung erfahren habe. Das Museum sei dem Hunger preisgegeben worden, »ihm wurden Licht, Feuer und Kredite entzogen«. Und wieder einmal legt Malewitsch mutig die Finger auf die Wunde: »Alle Gegner begründen ihre Teilnahmslosigkeit, indem sie Kunst auf persönlichen Geschmack aufbauen, das heißt: ›Gefällt‹, ›Gefällt nicht‹.«

In einem Sitzungsprotokoll der Museumskommission vom 3. September 1923 ist von vier Abteilungen die Rede: 1. Formal-theoretische Abteilung, die rein kunstwissenschaftliche und kunstgeschichtliche Analysen erarbeiten soll. 2. Abteilung für organische Kultur – sie soll unbewußte Eigentümlichkeiten von Sehen, Tasten und Hören erforschen, und zwar sowohl in ihren Wechselbeziehungen als auch über erweiterte Wahrnehmungsfähigkeit von Seh-, Tast- und Gehör-(Laut-)Impulsen. Als gesondertes Problem werden die Forschungen über die Erregbarkeit des Sehzentrums in den hinteren Gehirnlappen behandelt (»Die Welt ist auch nach dem Rücken hin offen«). 3. Die experimentelle Abteilung – sie soll Aspekte der Unterschiedlichkeit der Bauformen von Organismen einschließlich des Menschen erforschen, auch in der Abhängigkeit von klimatischen Besonderheiten. 4. Abteilung der allgemeinen Ideologie – sie soll, die Erfahrungen aller Abteilungen nutzend, eine »synthetische Theorie« ausarbeiten, »welche die einzelnen Bemühungen der neuesten Kunst integrieren und gleichzeitig durch Definition grundlegender ästhetischer Begriffe und Methoden den Weg zu einer neuen, genauen und objektiven Kunstpraktik bahnen soll«.

Auch in Moskau wurde 1920 vom Künstlergremium innerhalb des Volksbildungskommissariats ein Institut für Künstlerische Kultur gegründet – laut der russischen Schreibweise kurz INCHUK genannt (also anders als das Petrograder GINCHUK, das Kürzel ist für Staatliches Institut für Künstlerische Kultur). Die erste INCHUK-Abteilung war die für Monumentalkunst – und ihr gehörten Mitarbeiter mit glänzenden Namen an: Kandinsky, Rodtschenko, Popowa, Stepanowa. Und Tatlin, Lissitzky und Malewitsch hielten dort Vorlesungen. Es gab enge Kooperationen zwischen allen fortschrittlichen Instituten in Moskau, Petrograd, Witebsk und den verschiedenen Zweigstellen etwa in Kiew und Smolensk.

Haupt von INCHUK war unbestritten Wassily Kandinsky. Er hatte ein Konzept ausgearbeitet, in dem die psychische Wahrnehmungs- und Ausdrucksfähigkeit bei der Entstehung des Kunstwerks die entscheidende Rolle spielt. Damit hatte er sich die ›Konstrukteure‹ unter den INCHUK-Kollegen, die rationalistisch, geometrisch und mehr wissenschaftlich orientiert waren, zu Gegnern gemacht. So kam es zur Spaltung, die in erster Linie von Rodtschenko betrieben wurde. Dieser bildete innerhalb der Abteilung eine Arbeitsgruppe für objektive Analyse, womit der Gegensatz zum synthetischen Weltbild Kandinskys deutlich gemacht wurde.
Kandinsky verließ INCHUK im Januar 1921, beteiligte sich allerdings auf Wunsch von Lunatscharski an der Gründung der Russischen Akademie Künstlerischer Wissenschaften, legte dem Gründungsgremium im Juni 1921 den von ihm ausgearbeiteten, seinem INCHUK-Konzept ähnlichen Plan für die physio-psychologische Abteilung vor, der er vorstehen sollte. Obwohl dieser Plan zunächst akzeptiert wurde, kam es zum Bruch, nachdem Kandinsky, der Vizepräsident, wie Nina Kandinsky berichtet hat, »bei der Auswahl des Akademiepräsidenten wegen fehlender Mitgliedschaft in der Kommunistischen Partei übergangen« worden war. Dies war für ihn der letzte Anstoß, Rußland endgültig zu verlassen. Zum Glück lag eine Einladung zu einem Besuch des Bauhauses in Weimar vor, an dem er im März 1922 seine Lehrtätigkeit als Formmeister der Werkstatt für Wandmalerei aufnehmen konnte.
Die Position Kandinskys innerhalb der russischen Avantgarde

ist – wie die Malewitschs auch – umstritten. Elf Jahre älter als dieser, hat Kandinsky schon durch seine Herkunft als Sohn eines wohlhabenden Teehändlers und durch seine juristische Ausbildung, die er mit einer Doktorarbeit über die Legalität von Arbeiterlöhnen abschließt, eine besondere Stellung eingenommen. Er ist ein weltoffener Geist, hat in München Malerei studiert, ist Mitinitiator des ›Blauen Reiter‹, hat 1911 sein Buch ›Über das Geistige in der Kunst‹ veröffentlicht und ist 1914 nach Moskau zurückgekehrt – ein bereits bekannter, ja berühmter Maler im Westen wie auch in seinem Heimatland, in dem er in den Jahren seiner Abwesenheit an den wichtigsten Ausstellungen der neuen Kunst teilgenommen hat.
Die Gelehrten streiten sich noch, wer wen beeinflußt hat – Kandinsky Malewitsch oder Malewitsch Kandinsky. Der Streit kann hier nicht entschieden werden. Fest steht jedoch, daß beide Künstler Respekt voreinander hatten. Ob freilich eine 1914 in der russischen Ausgabe von ›Über das Geistige in der Kunst‹ veröffentlichte Tafel mit Primärfarben im Zusammenhang mit geometrischen Körpern wie Quadrat, Kreis, Dreieck, Rechteck ausreicht, als Vorläufer für Malewitschs Suprematismus ins Spiel gebracht zu werden, ist mehr als fraglich, zumal Malewitsch ja das ›Schwarze Quadrat‹ bereits 1913 erdacht und die ungeheure Explosionskraft, die es in sich birgt, geahnt hat. Wenn auch Parallelen hinsichtlich der Dynamik des Formenvokabulars bei beiden Künstlern erkannt werden können, so muß man doch sagen, daß Malewitsch mit seiner suprematistischen Malerei und Philosophie zumindest in Rußland, wenn

nicht gar in der westlichen Welt den größeren Einfluß ausgeübt hat. Natürlich beruhte der enorme Einfluß, den Malewitsch in Rußland hatte, zum Teil auch darauf, daß er alle Möglichkeiten, die sich ihm boten, die Lehre des Suprematismus zu verbreiten, rigoros ausnutzte. Seine Sternstunde dazu schlug mit seiner Berufung an die Kunstschule in Witebsk. Hier konnte er junge, begeisterungsfähige Menschen um sich scharen, mit denen er UNOWIS verwirklichte – die Keimzelle des Suprematismus, für kurze, aufregende Zeit die Zentrale des suprematistischen Kosmos.

»Als der Hunger einsetzte, fuhr Malewitsch mit den Schülern nach Witebsk, wo damals auch Chagall war, ein gebürtiger Witebsker. Auf ihre Hilfe bei der Lebensmittelbeschaffung vertrauend, beschloß ich, auch hinzufahren. Weißrußland aß noch Brot und Schmalz. Man gab mir eine Dienstreise, und ich fuhr und nahm alles zum Tauschen mit, was ich hatte. Malewitsch und Chagall entwickelten in Witebsk eine weitreichende Tätigkeit, sowohl hinsichtlich der Ausstattung der Stadt als auch in Diskussionen über Kunst. Nach Witebsk gelangte ich nach den Oktoberfeiern, aber die Stadt prunkte noch mit Malewitschs Dekorationen – Kreisen, Quadraten, Punkten und Linien von verschiedenen Farben – sowie mit Chagalls schwebenden Menschen. Mir war, als sei ich in eine verzauberte Stadt geraten.« Dies hat die Malerin S. D. Dymschitz-Tostoja, die mit Malewitsch im Künstlergremium (IZO) des Volksbildungskommissariats tätig gewesen ist, in ihren handschriftlichen Memoiren überliefert.

Aber so ganz unproblematisch scheint der Einzug Malewitschs und seiner Schüler in Witebsk doch nicht gewesen zu sein – wie wir gleich sehen werden. Der russische Kunstwissenschaftler und Zeitzeuge Abram Efros hat Chagalls Bedeutung für Witebsk so in Erinnerung: »Seine Schüler vergötterten ihn damals und bemalten alle von der Revolution unbeschädigt gebliebenen Zäune und Schilder mit Chagall-Kühen und Chagall-Schweinchen, mit den Beinen nach unten und mit den Beinen nach oben.«

Eugen F. Kowtun, gegenwärtig Kurator am Staatlichen Russischen Museum in Leningrad, weiß, daß die Kunstschule Chagalls in den großen, hellen Räumen eines ehemaligen Stadthauses eines Witebsker Bankiers untergebracht war. »An Feiertagen flatterte über dem Dach eine Fahne, auf der ein Mensch auf einem grünen Pferd dargestellt war und die die Aufschrift trug: ›Chagall für Witebsk‹« (zitiert nach dem Katalog ›Künstlerinnen der russischen Avantgarde‹, Gmurzynska, Köln 1979). »Aber die Lage änderte sich bald«, so Kowtun. »Anstelle des ›Individualisten‹ Chagall, der einen zu ›rechten‹ und ›bourgeoisen‹ Eindruck machte, ernannte die Abteilung 120 des Kommissariats für Volksbildung W. M. Ermolajewa zur Leiterin der Witebsker Schule.« Die 26jährige Malerin handelte sofort – sie berief Malewitsch an die nun in Witebsker Kunst- und Industrie-Institut umbenannte Schule und hatte keine Bedenken, als Assistentin des Meisters in der von ihm geführten Werkstatt zu arbeiten.

Und was war mit Chagall? Da hat Abram Efros seine speziellen

Beobachtungen und Erfahrungen gemacht: »Im Jahre 1920 kehrte Chagall von Witebsk nach Moskau zurück. In Witebsk hatte er auf seine Art Revolution gemacht. Er war dort ein Teil der neuen Macht, war der Sowjetkommissar für Kunst. Doch dann war er es satt und legte das Joch des hohen Amtes ab. So wenigstens pflegte er zu erzählen. In Wahrheit hat ihn jedoch nach zweijähriger Herrschaft der Suprematist Malewitsch entthront. Malewitsch machte ihm seine Schüler abspenstig und besetzte das Kunstinstitut. Er beschuldigte Chagall der Mittelmäßigkeit, daß er alles in allem ein Neo-Realist sei, sich immer nur mit der Darstellung irgendwelcher Gegenstände und Figuren abgäbe, während die wahrhaft revolutionäre Kunst ungegenständlich sei.«

Weiter: »Die Schüler glaubten an die Revolution. Kunstmodernismus war ihnen deshalb unerträglich. Chagall versuchte, sich mit Worten zu wehren, aber seine Rede war verwickelt und fast unartikuliert. Malewitsch antwortete mit schweren, kraftvollen und erdrückenden Sätzen. Der Suprematismus wurde zur künstlerischen Grundlage der Revolution erklärt. Chagall mußte nach Moskau abreisen – fast hätte ich gesagt fliehen. Er wußte nicht, was er beginnen sollte und schlug sich die Zeit deshalb mit Geschichten aus seiner Kommissar-Zeit in Witebsk und von den Intrigen der Suprematisten tot ... Malewitsch sei ein ehrloser Intrigant, während er, Chagall, der ja in Witebsk geboren sei, ausgezeichnet gewußt habe, was für eine Kunst Witebsk und die Russische Revolution brauchten« (zitiert nach Katalog ›Russische Avantgarde 1910–1930‹, Galerie Bargera, Köln 1978).

Wie schlecht sich auch die Beziehungen zwischen den beiden Witebsker Kontrahenten entwickelt haben mögen, so konnte es keine Frage sein, daß Malewitsch an der Kunstschule Chagalls mit der Faszination seiner Lehre und seiner Persönlichkeit schnell den bestimmenden Einfluß ausüben mußte. Ilja Tschaschnik, neben Nikolai Suetin der begabteste Meisterschüler Malewitschs, hat dies in seiner Autobiographie (1927) bestätigt. Als 16jähriger war er 1918 in die Moskauer Freien Kunstwerkstätten eingetreten. Aber beeindruckt von den Arbeiten Chagalls kehrte er im Sommer 1919 nach Witebsk, wo er aufgewachsen war, zurück. Er habe sich zunächst begeistert Chagall angeschlossen, doch dann sei er zu Malewitsch übergewechselt. Tschaschnik, der 1929 in Leningrad an den Folgen einer Blinddarmoperation starb, stand anfangs sicherlich ganz im Banne seines Meisters, aber es gelang ihm dann doch, sich von diesem zu emanzipieren und, aufbauend auf den Witebsker Lehrjahren von UNOWIS, sein eigenes suprematistisches System zu entwickeln – Suprematismus als konkrete räumliche Erfahrung, als ›neues Planetensystem‹.
UNOWIS war für Malewitsch das Instrument, mit dem er seine suprematischen Ideen zu festigen und auszubreiten hoffte. Dabei standen ihm seine Jünger zur Seite – Künstler wie etwa El Lissitzky, Nikolai Suetin, Ilja Tschaschnik, Lasar Chidekel, Lew Judin, Nina Kogan. Eindringlicher, als es die Interpreten können, hat Tschaschnik das UNOWIS-Wunder, das er selbst erlebte, in einer Rede auf dem UNOWIS-Treffen 1922 in Petrograd geschildert. Daraus einige Abschnitte:

»UNOWIS, was Bestätiger, Befestiger, Begründer der Neuen Kunst bedeutet, hieß anfangs POSNOWIS (Anhänger der Neuen Kunst) und hatte zuerst die Form einer nicht fest organisierten Gruppe von Jugendlichen, deren Hauptziel das organisierte und systematische Studium der theoretischen und praktischen Fragen der Neuen Kunst und ihrer Systeme in bezug auf die Malerei war ...
Vor einem Teil dieser Jugend stand nun die klare und konkrete Frage: Sollte man weiter die Laufbahn von Totengräbern wählen, Leichen und Gräber hüten, sollte man Anwalt, Zauberkünstler, Erzähler, Botaniker, Pornomaler, Lumpensammler, Chronist, ewiger Lastträger der Grabesweisheiten der Ahnen und Urväter bleiben?
Oder zu Schöpfern des Lebens werden, Trägern und Darstellern der Neuen Kunst, zu Herolden der Kunst als einer sich selbst erschaffenden Welt? ...
Es kam der Moment, da die in das Wesen der Neuen Kunst eingedrungene Jugend dieses kolossale Ereignis – die neuen Systeme – ins Leben einzuführen begann. Es kam der Moment, wo die Jugend, die durch die Idee der Neuen Kunst vereint war, sich organisierte ...
Warum aber organisierte sich UNOWIS und keine andere Gruppe? ... Deshalb, weil UNOWIS jene revolutionäre Gruppe ist, die als einzige wissenschaftlich ausschöpfend an die Fragen der Neuen Kunst heranzutreten vermocht hat ...
Da wir die außerordentliche Wichtigkeit der Untersuchung der Systeme des Kubismus, Futurismus und des Suprematismus

auf allen jenen Hochschulen, wo man sich mit Fragen der Kunst beschäftigt, kennen, sollten sie zugleich um so mehr auch Studienfach in der Akademie der Künste werden ...
Man kann sich aber keine andere künstlerische Lehranstalt vorstellen, in der diese Systeme in einem solchen Maße nicht nur nicht eingeführt, sondern im Gegenteil überhaupt noch nicht bekannt sind, eine Lehranstalt, die es noch fertigbringt, sich von den Säften des Aases der abgelebten Kunstformen zu ernähren.
Die Jugend wird so völlig ahnungslos bleiben, gleichsam Analphabeten auf dem Gebiet der Kunst.
Statt dessen wird das weitergeführt, was vor unendlich langer Zeit von Wilden begonnen wurde. Doch die Kunstform der Jetztzeit, die heutige Entwicklung, bleibt im Lehrbetrieb unerwähnt, unerschlossen bleibt so die proletarische Kultur selbst ...
Zwar hat der Staat vor einigen Jahren auch die künstlerischen Lehranstalten nach dem Programm der Arbeiter der Neuen Kunst reorganisiert. Doch gelang es ihm nicht, die Reform der künstlerischen Bildung zu Ende zu führen. Er schuf ein Chaos, wenn auch im Verhältnis zur vorangegangenen Form der Bildung immer noch ein revolutionäres.
UNOWIS nahm sich der endgültigen Vollendung des Begonnenen an. Und wir verlangen heute die Bereitstellung größerer Möglichkeiten zur Organisation von Fakultäten zum Studium der Malsysteme, auch in der Akademie der Künste ...
Revolution hat es in der Malerei gegeben, einen Oktober aber

nicht. Wir aber bewirken und tragen diesen Oktober und rufen Euch, sich uns anzuschließen. Es leben die großen Erneuerer der ökonomisch-politischen Revolution! Es leben die großen Erneuerer der Revolution der Malerei!«

Tschaschnik hat hier offene Kritik am kommunistischen System geübt – das war angesichts der nach Einführung der Neuen Ökonomischen Politik 1921 für die revolutionäre Kunst des Suprematismus ganz schwierig gewordenen Lage eine mutige Analyse, man könnte sagen: ganz im Sinne seines Meisters Malewitsch, der freilich noch schärfer mit den Machthabern ins Gericht gegangen ist.
Malewitsch hat wohl diese Begeisterung der Jugend im Sinn gehabt, als er in seinem Notizbuch (1923/24) vermerkt: »In den ersten Jahren der Revolution war die Jugend von einem ungeheuren Drang zur Neuen Kunst erfaßt, der seinen Höhepunkt im Jahre 1919 erreichte. Damals schien es, als lebe der überwiegende Teil der Jugend im Unbewußten, in einer unerklärlichen Begeisterung für alle neuen Probleme. Alles Gestrige wurde abgestreift, so daß ich tatsächlich an eine endgültige Befreiung der Kunst glaubte, an die Befreiung vom Frondienst für Staat und Kirche. Ich glaubte, daß die Kunst endlich ihren Eigenwert erkannt hätte und auf ihren eigenen Weg hinausgetreten sei.«
Malewitsch hat mit UNOWIS einen Absolutheitsanspruch für die suprematistische Lehre gesetzt. Die Bewegung zielt weit über die Malerei hinaus, durchdringt alle Lebensbereiche, ist

das geistig-künstlerische Prinzip der Zeit schlechthin. Von den radikalen Anhängern wurde UNOWIS auch eine soziale und politische Bedeutung zugemessen – eine Auffassung, die Malewitsch mit einigen schlagkräftigen UNOWIS-Thesen – vordergründig jedenfalls – gestützt hat. »Die neue Kunst«, so bemerkte er in einem Essay, »ist nicht mehr unter der Flagge des ästhetischen Geschmacks organisiert, sondern sie wird zu einer Parteiorganisation. UNOWIS ist jetzt eine Partei, die die Ökonomie zu ihrer Grundlage gemacht hat. Dadurch wird die Kunst eng mit dem Kommunismus der ökonomischen Versorgtheit der Menschheit verbunden.«

Dies Bekenntnis war noch weit entfernt von der Erkenntnis der Futtertrog-Ideologie, mit der Malewitsch, wie wir gesehen haben, dann Anfang der zwanziger Jahre in seinen ›Suprematistischen Manifesten‹ abrechnete. Jetzt, unmittelbar nach der Oktoberrevolution von 1917, war noch alles im Fluß, und Malewitsch, der Schwärmer, schwamm oben auf der Welle kräftig mit. »In den Tiefen des Raumbewußtseins erheben sich unablässig Stürme, die dem neuen Schädel des Jahrhunderts den Weg bereiten«, dichtete er in einer bereits auf die UNOWIS-Philosophie verweisenden Deklaration vom 16. Juni 1918. »Unser Sturm hat den Schädel der alten Welt gespalten und zermalmt ihn zu Staub, indem er die alten Bahnen umgestaltet. Die Kultur der alten Jahrhunderte unseres Bewußtseins saust in den Abgrund. Das Bewußtsein selber wirft die ausgetrocknete Schale der gestrigen Tage ab. Aus den unergründlichen Tiefen der Finsternis schlägt der blendende Funke der neuen Kultur.

Der Sturm der Revolution fegt mit Donnergrollen über die Wogen der Staaten, stößt die letzten Stützpfeiler der alten Logik, den Sinn der Moral, die Staatsräson um ... Wir sind auf den Glutherden und an den Ufern des Vulkankraters des revolutionären Atems ...«

Als Malewitsch Anfang 1920 in Witebsk seine Lehrtätigkeit aufnahm, hatte es bereits einige Blessuren gegeben, verursacht durch den Staatsapparat, der den ›linken‹ Künstlern zu mißtrauen begann, verursacht aber auch durch die immer schärfer gewordenen Kontroversen zwischen den konstruktivistischen, produktivistischen Avantgardekünstlern, die sich um Tatlin geschart hatten, und den Anhängern der suprematistischen Lehre, deren Oberhaupt Malewitsch war. Der Elan war also schon merklich gebrochen, aber Malewitsch sah mit UNOWIS noch einmal die unerhörte Chance, seine weitreichenden Vorstellungen über eine grundlegende Erneuerung von Kunst und Leben durchzusetzen.

Das war natürlich nicht einfach – in einem ganz pragmatischen Sinn auch deshalb, weil die UNOWIS-Schule unter Geldmangel litt und sich die Hoffnungen Malewitschs auf eine wenigstens minimale finanzielle Unterstützung durch das Moskauer INCHUK, dessen korrespondierendes Mitglied er war, nicht erfüllten. Von den Witebsker Behörden war kein Entgegenkommen zu erwarten, da UNOWIS in den Augen der Bürokraten wie auch nach Einschätzung von weiten Teilen der Öffentlichkeit aus lauter Spinnern bestand. Ein UNOWIS-Flugblatt des Witebsker Kunstkomitees vom 20. November 1920 mag zu dieser Stimmung beigetragen haben. Dort heißt es: »Der Sturz der alten Welt möge auf Euren Handflächen eingezeichnet sein! Tragt das schwarze Quadrat zum Zeichen der Weltökonomie! Zeichnet in Euren Ateliers das rote Quadrat zum Zeichen der Weltrevolution der Künste! Säubert die Plätze des Weltraumes von allem Chaotischen, das in ihm herrscht!«

UNOWIS verstand sich als ein Kollektiv von Meistern und Gesellen, das auf der Basis eines einheitlichen Auditoriums seinen Lehrbetrieb organisierte. Das heißt: die einzelnen Werkstätten für Malerei, Plastik, Architektur, dekoratives Gestalten arbeiten eng zusammen, stimmen ihr Programm miteinander ab. »Die Verzettelung von abgekapselten Persönlichkeiten auf die Werkstätten«, so wird erklärt, »ist unzeitgemäß und konterrevolutionär gegenüber der allgemeinen Bewegung des Lebens. Das sind auch die Herren und Eigentümer ihres privaten Programms und Systems, die im Namen der Gesamtheit von dem neuen Wirtschaftssystem besiegt wurden. Die neue ökonomische Bewegung der Kunst muß diesen neuen Weg nehmen und die Persönlichkeit zu einem einzigen Aktionsprogramm in Hochschule und Leben aufrufen ...«

Die Programmatik von UNOWIS reichte vom irdischen, praktisch-nützlichen Tun bis zur kosmischen Entrückung. Die romantisch-schwärmerische Attitüde dieser Schule war unverkennbar – und insofern war sie eine typische Malewitsch-Institution. Der von ihm, Lissitzky, Ermolajewa und Kogan unterzeichnete Arbeitsplan des Rates berücksichtigte zunächst die praktische Seite, zum Beispiel Organisierung der Ausführung von Entwürfen für neue Formen von Zweckbauten und Verbraucherbedarf und ihre Realisierung im Leben, Entwürfe für monumentale Dekorationen zur Ausschmückung der Stadt an den Volksfeiertagen, Entwicklung von Möbeln und allen praktischen Gebrauchsgegenständen, ferner Vorlesungen in den Kultur- und Bildungszirkeln der Arbeiterorganisationen, Herausgabe neuer Literatur zu den Problemen der neuen Kunst, Gründung einer Kunstbibliothek, Gründung von Museen für neue Malerei und neue angewandte Kunst, Organisierung von unterstützenden künstlerischen Hilfswerken in den Arbeitergewerkschaften.

UNOWIS wollte direkt ins Leben eingreifen und nicht nur »die Gestalter der Kunst zur Tat, zur Abstimmung und zur Bewegung« rufen, »sondern auch unsere Genossen, die Schmiede, Schlosser, Mediziner, Steinmetzen, Betonierer, Gießer, Zimmerleute, Maschinenbauer, Flieger, Steinklopfer, Hauer, Textilarbeiter, Schneider, Modistinnen und alle, die die praktisch nützliche Dingwelt hervorbringen, um unter der einheitlichen Fahne der UNOWISSE alle miteinander der Erde das Kleid der neuen Form und des Sinngehalts anzulegen«, wie das Kunstkomitee im November 1920 verkündete.

Die Ideenverwandtschaft von UNOWIS mit dem deutschen Bauhaus ist unverkennbar – dies betrifft die Wichtigkeit von Didaktik, die Verknüpfung von Praxis und Theorie sowie auch das Bestreben, die einzelnen Werkstätten in ihrer Arbeit miteinander zu verbinden. Wie am Bauhaus, so war auch in der UNOWIS-Schule das Meister-Gesellen-Verhältnis sehr eng. In einem Punkt allerdings unterschieden sich beide Institute fundamental – das ist die Bedeutung, die Malewitsch der künstlerischen Utopie zugemessen hat. Sie ist ohne die suprematistische Lehre nicht denkbar – und hier genau ist die Bedeutung von UNOWIS festzumachen. Wir haben es mit einer Künstlerschule zu tun, in Wahrheit mit der Schule eines einzigen Künstlers, der mit UNOWIS seine suprematistische Seins- und Heilslehre in der neuen Gesellschaft verankern wollte. Daß er an dieser grandiosen Aufgabe scheiterte, mag seine Resignation ausgelöst haben. Der UNOWIS-Traum dauerte nur zwei Jahre – dann sah sich Malewitsch bereits wieder auf dem Boden der Tatsachen.

Aber in Witebsk hat er diesen Traum geträumt – er hat ihn geträumt auf jenes Ziel einer kosmischen Dimension hin, die zu erreichen erst durch den Übergang des Suprematismus zur Architektur für ihn möglich war. »Die Ideen der kosmischen Stadt«, so schreibt S. O. Chan-Magomedow in ›Pioniere der sowjetischen Architektur‹ (Dresden 1983), »bewegten die Mitglieder der UNOWIS. Sie hegten die Hoffnung, daß die wissenschaftlich-technischen Errungenschaften es künftig ermöglichen werden, frei in der Luft zu schweben und sich ohne Motor fortzubewegen. Damit wäre die Möglichkeit gegeben, über der Erde Städte als frei schwebende Satelliten zu verteilen. Solche Ideen fanden ihren Niederschlag in den ersten Architekturentwürfen, die Malewitsch und seine Schüler Anfang der zwanziger Jahre schufen. Sie entwarfen irgendwelche über der Erde schwebende Gebäudekomplexe. Aber die Idee der Aero-

stadt nahm nicht nur Formen fliegender Städte an, sondern beeinflußte die symbolischen räumlichen Kompositionen in den Architekturentwürfen der UNOWIS-Mitglieder. Das waren Gebäude und ganze Komplexe, die im Grundriß an die Umrisse der Flugzeuge jener Zeit erinnerten. Derartigen Symbolismus findet man sowohl in Entwürfen Malewitschs (›Planit des Fliegers‹, 1924) als auch in denen seiner Schüler Chidekel (›Aeroclub‹, 1922) und Tschaschnik.«
Aber Malewitsch nährte noch eine andere Utopie – nämlich die UNOWIS-Schule zu einer »allumfassenden Pädagogik der Gegenwart« zu entwickeln und jedermann, »der die neuen Formen in der Kunst aktiv verficht« – Künstler und Nichtkünstler – daran teilnehmen zu lassen. Tatsächlich hatte Malewitsch im Sinn, Methoden zu erarbeiten, die es gestatten, daß auch die Massen die neue Kunst verstehen. Larissa A. Shadowa meint zu Recht, daß man an Malewitschs Lehr- und Unterrichtsmethoden nicht mit den traditionell eingebürgerten Vorstellungen und Maßstäben herangehen dürfte. Ihm sei es darum gegangen, bei jedem Schüler das schöpferische Ich freizulegen und die individuelle ›Reinheit der Malkultur‹ zu gewähren. »Das Lehren«, so meint Shadowa, »verglich Malewitsch mit einem Prozeß, in dem das Individuum von Erkrankungen geheilt, von verschiedenartigen, seinen Fähigkeiten entsprechend fremden Einwirkungen und Einflüssen befreit werde.« Und sie zitiert Malewitsch: »Durch die Untersuchung der Arbeiten eines Malers, der Malerei studieren möchte, kann man die richtige Diagnose stellen, die Methode oder Diät für

jedes Subjekt genau festlegt ..., was ihn erregt und was er nicht meistern kann und was ihn hindert.«
Wenn man die Fotografien sieht, die Malewitsch im Kreise seiner Schülerinnen und Schüler zeigen, kann man ahnen, wie stark die Faszination gewesen sein muß, die dieser Mann ausstrahlte. Man sieht ihn nie lachen oder gar lächeln. Zeitzeugen schildern ihn als stets sehr konzentriert, sehr intensiv im Gespräch, sehr energisch in seinem ganzen Handeln. »Wie stark ist dieser K. S.«, notiert sein Schüler Lew Judin in sein Tagebuch. »Wenn die unsrigen zu jammern beginnen und sich über die Teuerung beklagen, sieht es tatsächlich so aus, als ginge die Welt unter. K. S. kommt hinzu, und sofort gerät man in eine andere Stimmung. Er verbreitet eine andere Atmosphäre um sich. Er ist wirklich ein Führer.«
Was für ein Führer! Die Schüler huldigten ihm auf besondere Art – mit einem Abzeichen, das sie auf ihre Kleider genäht hatten: das ›Schwarze Quadrat auf weißem Grund‹ – die Ikone des Suprematismus.

# 7

# Kritik am Suprematismus

# Die Gegenspieler Tatlin und Malewitsch

# Die Rolle der ›rechten‹ Künstlerassoziation ACHRR

Kasimir Malewitschs Rolle als Künstler und Künder seiner suprematistischen Lehre war im brodelnden revolutionären Kulturbetrieb, der sich in jener Zeit vor allem auf die Zentren Moskau, Petrograd und in der UNOWIS-Phase kurz auch auf Witebsk konzentrierte, naturgemäß umstritten. Insbesondere nachdem Malewitsch mit seinen treuesten Anhängern 1922 nach Petrograd zurückgekehrt war, wo er bereits 1919 an den Freien Staatlichen Kunstwerkstätten (SVOMAS) unterrichtet hatte, konnte er spüren, daß der Druck sowohl der Konstruktivisten und Produktivisten als auch der realistischen Künstler langsam stärker wurde. Das geschah nicht ohne entsprechenden Einfluß seitens des Volkskommissariats für das Bildungswesen, dessen Leiter, Anatoli Lunatscharski, zwar die neue Kunst tolerierte und gelegentlich auch gegenüber Lenin in Schutz nahm, der es aber verstand, zwischen den sich verhärtenden Fronten geschickt zu operieren.
In einem Vorwort zur russischen Ausgabe der Dramen Georg Kaisers (Moskau/Petrograd 1923) übt Lunatscharski harte Kritik am uprematismus – also dort, wo man es am allerwenigsten erwartet. Er schreibt: »... Malewitsch äfft Pläne und Karten nach, eher den Plan eines Werks oder einer Großstadt als eine Landkarte, da alle seine Kompositionen gleichsam von oben sichtbare, mit bunten Farben vermerkte Gruppen großer oder kleiner geometrischer Massen vorstellen. Auf den ersten Blick kommt einem gleich der Gedanke, dies sei der Plan einer komplizierten Gruppe von Bauwerken, und erst dann errät man, daß dies ein äffischer Plan ist ...«

Schon in einer Anfang 1916 in der Petrograder Zeitschrift ›Die Sprache‹ erschienenen und eingangs erwähnten polemischen Kritik macht sich Alexander Benois über Malewitsch und sein ›Schwarzes Quadrat‹ lustig, das er Ende Dezember in der ›Letzten Futuristischen Ausstellung 0,10‹ (null – zehn) in Petrograd gesehen hat. »Ohne Nummer, aber hoch oben in einer Ecke direkt unter der Decke«, heißt es in dieser Kritik, »hängt an der geheiligtesten Stelle ein Werk, zweifellos desselben Herrn Malewitsch, das ein schwarzes Quadrat in weißer Umrandung darstellt. Zweifellos soll das jene ›Ikone‹ sein, die die Herren Futuristen als Ersatz für die Madonnen und schamlosen Venusstatuen anbieten, soll es jene Herrschaft über die Formen der Natur sein . . .« (vgl. S. 17ff.).
Wir kennen die Antwort Malewitschs darauf – er hat den Vätern nicht gehorcht, er ist ihnen nicht ähnlich: »Ich bin eine Stufe«, so hat er Benois belehrt. Er tat dies auf Grund von Erfahrungen, die er im Zusammenhang mit seinem Bühnenbild für die futuristische Oper ›Sieg über die Sonne‹ im Jahre 1913 gemacht hat. Im Mai 1915 schrieb er in einem Brief an seinen Freund Michail Matjuschin, daß er einen Entwurf gefunden hätte, und er meine, daß dieser jetzt unbedingt veröffentlicht werden müsse: »Diese Zeichnung wird für die Malerei eine große Bedeutung haben. Was damals unbewußt geschaffen wurde, trägt jetzt ungewöhnliche Früchte.«
Diese Früchte – das schwarze, rote, weiße Quadrat, das Kreuz, der Kreis, die suprematistischen Bilder – haben damals vielen nicht geschmeckt. Noch 1931 spottete George Grosz in einem

Artikel für das ›Kunstblatt‹: »Gab es da ja sogar einen gewissen Malewitsch, der (todernst meinte er's) einmal ein Bild, das leere weiße Viereck, ausstellte. Von einem Herrn Kritiker als die ›Tat der Epoche‹, ebenso todernst, belobt.«
Larissa A. Shadowa hat geraten, einmal zu versuchen, sich die Atmosphäre der ›Letzten Futuristischen Ausstellung 0,10‹ an der Jahreswende 1915/16 in Petrograd vorzustellen. »Erschienen doch selbst kubistische Gemälde«, meint sie, »den meisten Besuchern von damals unverständlich und erschreckend. Was soll man da erst sagen von Malewitschs suprematistischer Malerei oder Tatlins räumlichen Reliefs, die die Schau beherrschten?« Die Mehrzahl der damaligen Kritiker hätte diese Gemälde vom Standpunkt der traditionellen Malerei und Kultur aus und »als Herausforderung, als Sturz allgemein anerkannter Werte« betrachtet. »Aber von welchem Standpunkt aus – den der Kubofuturisten selber ausgenommen – sollte man denn dazumal Malewitschs Bilder oder Tatlins Konterreliefs beurteilen? Vermochte man sich doch suprematistische Experimente in der Architektur, suprematistisches Porzellan oder suprematistische Grafik noch nicht einmal im Geiste vorzustellen ...«
»Die Leiche der Malkunst, der Kunst der abgemalten Natur, liegt jetzt in dem Sarg, der mit dem schwarzen Quadrat des Suprematismus versiegelt ist«, provozierte Iwan Kljun im Katalog der berühmten 10. Staatlichen Ausstellung 1919 in Moskau, auf der erstmals im großen Stile – auf energisches Betreiben von Malewitsch – ›Gegenstandslose Kunst und Suprematismus‹ zur Diskussion gestellt wurden. »Und ihr Sar-

kophag«, fuhr der Malewitsch-Verehrer Kljun fort, »ist auf dem neuen Kunstfriedhof – dem Museum der Malkultur – fürs Publikum zur Besichtigung ausgestellt.«

Offensichtlich bestand für manche Kritiker ein Problem des Suprematismus darin, daß er so rigoros mit den Klischees der Tradition brach, was ja auch für Lenin ein Sakrileg bedeutete. Der russische Kubofuturismus mochte noch eine Anbindung an die Romantik einer ›nationalen russischen Wiedergeburt‹ haben, und Malewitsch mochte mit seinem Kubofuturismus altrussische Malerei, Volkskunst und Ikone als Wegweiser aus der Geschichte benutzt haben – Lunatscharski hat ihn deswegen auch einen »Klassiker in der Tiefe« genannt. Aber mit dem gegenstandslosen Suprematismus war etwas vollkommen Neues in der Kunst geschehen – eine Sensation, für die es keine Beurteilungskriterien gab. Das hat viel Verwirrung, auch unter Fachleuten, gestiftet.

Abram Efros war zum Beispiel der Meinung, daß der Theoretiker Malewitsch dem Maler vorzuziehen sei. Man könne ihm weder formale Folgerichtigkeit noch den »Stil eines echten Predigerpathos« absprechen. Nikolai Punin bemängelte, daß der Suprematismus von Malewitsch zu rationalistisch sei und auf abstrakten theoretischen Erwägungen beruhe. Lunatscharski vertrat den Standpunkt, daß es da schlimm sei, wo Malewitsch aufhöre, Bilder zu malen, und anfange, Broschüren zu schreiben.

Aufschlußreich ist der Bericht, den der Zeitzeuge Igor Grabar über die große Rechenschaftsschau ›Fünfzehn Jahre Sowjetkunst‹ in der Zeitschrift ›Osteuropa‹ (Oktober 1933) veröffentlicht hat. Grabor war Künstler, Kunstwissenschaftler, Professor an der Moskauer Universität und von 1913 bis 1925 Direktor der Tretjakow-Galerie in Moskau. Er starb 1960 im Alter von 89 Jahren. Grabar hat, wie in dem im Katalog ›Die Axt hat geblüht . . .‹ (Kunsthalle Düsseldorf, 1987) teilweise wiederabgedruckten umfangreichen Artikel nachzulesen ist, das »unleugbare Wachstum der Sowjetkunst« auf die durch den Beschluß des Zentralkomitees der Partei vom 23. April 1932 verfügte Zerschlagung aller Künstlergruppen, Verbände und Vereine und ihre damit verbundene Gleichschaltung im ›Bund der Sowjetkünstler‹ ausdrücklich begrüßt.

Dieser Beschluß, so frohlockt Grabar, habe die »gesunde Mehrheit der Künstlerschaft vom Banne der aufgezwungenen Thematik« befreit, »indem er ihr die Rückkehr zur Landschaft, zum Interieur, zum Stilleben gestattete; gleichzeitig aber brach er die Herrschaft der ›Formalisten‹, die besonders die jungen Künstler bedrückte«. Von Kandinsky meint Grabar: ». . . ein geborener Moskauer, bis vor kurzem Professor in Dessau, malt noch mit Farben; er sucht, wenn auch nach abstrakten, immerhin noch nach malerischen Flecken und Linien.« Zu Malewitsch: ». . . auch ein Moskowiter, begnügt sich schließlich mit einem schwarzen Quadrat, gemalt auf weiße Leinwand.« Und: »Dieses Quadrat sei ›die höchste Errungenschaft der Malerei‹; so nennt er die von ihm gegründete Richtung, die zahlreiche Anhänger gefunden hat, ›Suprematismus‹. Da hier noch etwas von Malerei blieb, weil das Quadrat mit schwarzer Ölfarbe angestrichen war, mußte man noch einen weiteren Schritt tun, und Malewitsch hat ihn tatsächlich getan. Wohin sollte man sich weiterentwickeln nach dem Quadrat? Er verzichtete gänzlich auf Farben und ging von den gemalten Quadraten, Rechtecken und Dreiecken zu kleinen Würfeln über, aus denen er so etwas wie architektonische Modelle aufbaute ...«

Aber Gott sei Dank – es kam das Jahr 1921 und damit NEP, die Neue Ökonomische Politik, die den »bösen Zauber der Gegenstandslosigkeit« vertrieb und die »pseudorevolutionäre Linke« entlarvte: »Als Gegensatz zur ›Kunst für wenige‹ wird die Losung der ›Kunst für Volksmassen‹ verkündet.« Grabar verschweigt jedoch nicht, daß in einem besonderen Saal, »welcher einen Teil des Publikums zurückschreckt und den anderen in lustige Stimmung versetzt, alle Vertreter der extremen ›linken‹ Richtungen vereint« sind.

Zu diesen ›Linken‹, die der gelehrte Igor Grabar, ausgeliefert der stalinistischen Kunstpolitik, auf die Schippe nimmt, gehörte auch Wladimir Tatlin, ein hochangesehener Künstler und wie Malewitsch Leitfigur in der revolutionären Kunst. Daß sie zu Gegnern wurden, ist ein Tatbestand, aber eigentlich nicht ohne weiteres verständlich, und so gehört diese Fehde zu den Merkwürdigkeiten auf der an Ereignissen reichen Kunstszene zwischen Moskau und Petrograd. Faktisch betrachtet, prallten hier zwei grundverschiedene neue künstlerische Systeme aufeinander, und jeder der beiden Wortführer glaubte mit Recht, daß er und nicht der andere über die allein seligmachende Wahrheit verfüge – also dunkle Metaphysik kontra reine Konstruktion.

Die Streitigkeiten brachen, wie wir gesehen haben, erstmals offen auf der Ausstellung ›0,10‹ Ende 1915 in Petrograd aus, wo es gar, wie erwähnt, zu Handgreiflichkeiten zwischen Tatlin und Malewitsch kam. Die Fehde ist ja nicht nur deshalb bemerkenswert, weil sie von zwei Künstlern ausgetragen wurde, die zu den bedeutendsten dieses Jahrhunderts gehören, sondern auch weil sie sich unter den extremen politischen, geistigen und seelischen Bedingungen der Revolution ereignete. Nicht minder bemerkenswert ist, daß Lenin und die Partei zwar prinzipiell gegen die ›linken‹ Künstler waren, Futurismus, Konstruktivismus und Suprematismus verdammten, daß sie aber, wenn schon ein gewisses Stillhalten gegenüber der neuen Kunst wenigstens in den ersten Jahren nach der Revolution von 1917 aus taktischen Erwägungen opportun schien, den Konstruktivismus und Produktivismus Tatlinscher Prägung eher tolerierten als den Suprematismus von Malewitsch. Der Produktivismus war zwar auch gegenstandslos, aber er konnte notgedrungen noch als ein materiell einsetzbares Medium für die von Lenin verordnete Massenagitation gerechtfertigt werden. Daß auch Tatlin mit seiner weit in die Zukunft reichenden künstlerischen Arbeit am Ende zum Scheitern verurteilt war, vom Regime Stalins kaltgestellt wurde, in den vierziger Jahren wieder Blumen und Stilleben malte, zählt zu den grausigen Pointen dieses Dramas der neuen Kunst in Rußland. Tatlin starb 1953, 68jährig, verbittert und vereinsamt in Moskau.

Vielleicht hat die Kontroverse zwischen Tatlin und Malewitsch eine psychologische Ursache – jeder wußte die künstlerische Bedeutung des anderen richtig einzuschätzen, entsprechend der alten Erfahrung, daß ein guter Künstler besser als jeder Interpret und Analytiker instinktmäßig weiß, was gute, was weniger gute, was schlechte und was geniale Kunst ist. In diesem Falle hatten sich zwei Genies erkannt und es nicht vermocht, in diesem ungeheuer erregenden Klima der politischen und künstlerischen Revolution kooperativ zu wirken. Camilla Gray hat herausgefunden, daß »trotz der ständigen Rivalitäten zwischen beiden Künstlern Malewitsch offenbar der einzige russische Maler war, den Tatlin schätzte«. In seiner Eifersucht habe Tatlin zwar erklärt, daß er nicht in derselben Stadt mit Malewitsch leben könnte, »doch hielt er sich insgeheim über dessen Arbeiten und Ideen auf dem laufenden, wie die Aufzeichnungen und Artikel beweisen, die man nach seinem Tode auffand und in denen alle auf Malewitsch bezüglichen Stellen blau unterstrichen sind«. Man entdeckte auch Abschriften von Malewitschs Artikeln bei ihm. Und obwohl sich beide nach Möglichkeit aus dem Weg gegangen waren, erschien Tatlin zur Trauerfeier für Malewitsch Mitte Mai 1935 in Leningrad.

Der Bruch zwischen den beiden wurde zum ersten Male argumentativ deutlich gemacht in Malewitschs Text zum ›Suprematismus‹ (34 Zeichnungen), der als Broschüre Ende 1920 in der Witebsker UNOWIS-Schule herauskam. Darin grenzt er sich scharf vom Konstruktivismus Tatlinscher Prägung ab: »... Die Einstellung des Suprematismus zu den Materialien steht im Gegensatz zu der heutigentags zunehmenden Agitation zugunsten der Materialkultur – der Appell an die Ästhetik –; die Bearbeitung der Materialoberflächen ist eine Psychose der modernen Künstler. Statt das künstlerische Bild über die praktisch nützliche Vollkommenheit der ökonomischen Notwendigkeit abzuleiten, wobei man die natürliche Veränderung beläßt, und seine Bearbeitung nur an den Stellen ins Auge zu fassen, wo dazu eine technische, keine ästhetische Notwendigkeit besteht, sorgt man sich um das Aufputzen des Organismus.«

Der polemische Unterton dieser Kritik an Tatlin ist deutlich herauszuhören. Aber dieser konnte subtile Rache nehmen. Die Gelegenheit ergab sich, als beide am Petrograder Staatlichen Institut für Künstlerische Kultur (GINCHUK) lehrten – Malewitsch (nach der Witebsker Phase) seit 1923 als Direktor dieses Instituts und gleichzeitig als Leiter der Formal-theoretischen Abteilung, Tatlin als Leiter der Abteilung Materielle Kultur. Zusammen mit dem einst von Malewitsch geförderten und von diesem auch als Leiter der Experimentellen Abteilung an das GINCHUK berufenen Maler Pawel Mansurow verfaßte Tatlin eine vom 4. Dezember 1924 datierte Eingabe an die vorgesetzte Leningrader Behörde folgenden Inhalts:

»Das jetzt ablaufende Arbeitsjahr unseres Forschungsinstituts hat gezeigt, daß dieses Institut von den übrigen wissenschaftlichen und künstlerischen Instituten vollkommen isoliert ist, und es hat auch deutlich gemacht, daß die Arbeit innerhalb unserer Abteilungen unter ungünstigen Bedingungen abläuft, da der Leiter der Verwaltung, welcher der formtheoretischen Abteilung vorsteht, die Arbeit der anderen Abteilungen zur Propagierung einer einzigen Strömung (des Suprematismus) nutzt, indem er bestrebt ist, seine wissenschaftliche Methode auf administrativem Wege zur Geltung kommen zu lassen . . . Wir bitten, die Ausführungen zu berücksichtigen und im Interesse einer besseren Organisation der Angelegenheiten und einer Regelung des internen und externen Wirkens des Instituts eine objektive Person für den Posten des Direktors des Instituts für Künstlerische Kultur zu bestimmen, die sowohl wissenschaftlich-künstlerisch als auch in Parteikreisen Achtung genießt und sich in den Fragen der modernen Kunst und der allgemeinen Politik gut auskennt.«

Indes: Malewitschs Position am GINChUK war so stark, daß diese Eingabe, die von Neid und Haßgefühlen diktiert war, keinen Erfolg hatte – Malewitsch blieb Direktor. Verständlich ist, daß das Verhältnis zwischen Tatlin und Malewitsch danach noch schlechter wurde. Das Klima am Institut war vergiftet, belastet zudem durch Tatlins geradezu krankhafte Furcht vor Plagiaten. Er erlaubte niemandem, die Räume seiner Abteilung im GINChUK zu betreten – weder den Studenten und Lehrern der anderen Abteilungen noch den Angestellten und Beamten der Administration. Auch dem Direktor – Malewitsch – verbot er den Zutritt.

Die Heimlichtuerei Tatlins und seine Angst vor geistigem Diebstahl hat auch der Kritiker Nikolai Punin überliefert, der – genau wie Alexander Rodtschenko, einer der großen konstruktivistischen Gestalter im Rußland der zwanziger Jahre – Tatlin der Erde und Malewitsch der Mystik und dem Himmel zugeordnet hat.

In der Zeitung ›Kunst und Kommune‹ vom 9. Februar 1919 hat Punin, der seinerzeit als einer der wenigen kompetenten und für die Avantgarde aufgeschlossenen Kunstkritiker galt, zum Thema Tatlin–Malewitsch Stellung genommen. Ausgehend von der Tatsache, daß »der Suprematismus als prächtige Blüte in ganz Moskau« aufgegangen sei, zitiert er Tatlin, der – »einer der fähigsten und zweifellos der reinste unter unseren Künstlern« – den Suprematismus schlicht als »die Summe aus den Fehlern der Vergangenheit definiert« habe, was von seinem Standpunkt aus »durchaus richtig, konsequent und exakt« sei. »Der Suprematismus holte aus der Weltgeschichte der Kunst alles heraus, was es nur an Malerei darin gab, und organisierte sie mittels ihrer Elemente. Zur selben Zeit abstrahierte er die Malerei, der er den Stoff, die Gegenständlichkeit, die ›raison d'être‹ genommen hat; darum ist der Suprematismus nicht ›grande art‹, darum ist er in der Textilgestaltung, in Cafés, in Modezeichnungen etc. so leicht anwendbar. Der Suprematismus ist eine Erfindung, der kolossale Bedeutung für den angewandten Bereich zukommt, aber es ist noch nicht Kunst.«

Während Moskau also »ein großes suprematistisches Fest« feiere, lebe in der Stille ein anderer Meister der Moskauer Kunstszene, Wladimir Tatlin, und diesen halte er, wie er in dem Zeitungsartikel schreibt, »für die einzig schöpferische Kraft, die so frei ist, die Kunst aus den Schützengräben der alten Stellungen herauszuführen«. Tatlin habe der Welt durch die »anschauliche Angelegenheit« seiner »Reliefs höherer Art« eine neue Form gegeben. Und der Tag, an dem man die Bedeutung dieser Form endlich erkennen werde, sei »der Tag des Zusammenbruchs der alten Kunst, der ganzen alten Welt«. Punin prophezeit, daß dieser Tag kommen werde, dann, »wenn vom Suprematismus nur noch Zeichenlehrer sprechen werden, wenn man schließlich die gesamte Malerei in Museen zusammentragen, die Museen aber in geologische, ethnographische und andere Institute eingliedern wird«.

Punins kesse Behauptungen passen genau in den Kontext des revolutionären Aufbruchs. Künstler wie Kritiker übten sich ja damals gern in der Kunst der Voraussage. Pamphlete, Traktate, Manifeste, viele Zeitungs- und Zeitschriftenartikel waren von diesem Geist der Prophetie durchdrungen. Die Sprache war dem angemessen – auch Malewitsch konnte sich in dieser Hinsicht vorzüglich ausdrücken, wenn ihm danach zumute war.

El Lissitzky war da nüchterner. Obwohl stark beeinflußt von Malewitsch und ein kritischer Anhänger der suprematistischen Bewegung, ist er seinen ganz eigenen Weg gegangen. Lissitzky war gelernter Architekt, Diplom-Ingenieur, elf Jahre jünger als Malewitsch, sprach fließend Deutsch, bekannte sich zum Kommunismus, war auf Grund einer sich mehr und mehr verschlechternden Lungenerkrankung viel im Ausland, vor allem in der Schweiz, diente der Sowjetregierung als Gestalter verschiedener großer Messen. Er war Lehrer an der UNOWIS-

Schule in Witebsk und Architektur-Professor an den WCHUTEMAS in Moskau. Er erfand ›Proun‹, das ist die Abkürzung für ›Pro Unowis‹ und bedeutet ›Für die Festigung neuer Formen‹, eine Huldigung also an Malewitsch. Es sind Kompositionen von frei schwebenden mehrfarbigen geometrischen Körpern auf der Bildfläche, die er als »Umsteigestation von Malerei zur Architektur« bezeichnet hat. Er machte die neue revolutionäre Kunst, die in seiner Heimat so ungeheure Entwicklungen in Gang setzte, vor allem in Deutschland durch Vorträge und Ausstellungen bekannt. Er entwarf mit seinen Schülern eine Rednertribüne, die als ›Lenin-Tribüne‹ weltberühmt wurde, und er übersetzte verschiedene Schriften von Kasimir Malewitsch ins Deutsche.

In Lissitzkys Briefen, die seine Frau Sophie Lissitzky-Küppers veröffentlicht hat (Dresden 1967), ist gelegentlich von Malewitsch die Rede. »Malewitsch ist in Arbeit. Aber das wird nur ein kleines Büchlein – das ist so eine Philosophie Ta, ta, ta . . .« (Orselina/Locarno, 23. 2. 24). – ». . . Wie Du siehst, habe ich ziemlich viel für das Malewitsch-Buch übersetzt. Ich bitte das wieder zu korrigieren und tippen zu lassen . . . Ich übersetze das ungefähr wie Gedichte, weil sonst müßte ich viel Einwände machen. Aber selbst, wo ich mich wehre, schlägt mir solch eine herrliche Kraft entgegen, daß ich den Streit unterlasse. Ich weiß nicht, ob ich Dir das schon geschrieben habe, daß ich in Deutschland kein Pathos mehr sehe. Das expressionistische Pathos hat einen zu starken Beigeschmack von Kokain und Morphium. Ein richtiges Pathos hat ›Dada‹ im Anfang unter der nihilistischen Maske gehabt. Die Malewitschschrift ist jedenfalls pathetisch. Jetzt bleibt mir die schwierigste Aufgabe: Das Kapitel über den Suprematismus. Malewitsch hat nichts Einheitliches darüber geschrieben. Am schönsten war die erste Broschüre von 1915, die habe ich leider nicht da ... Einiges was ich habe, möchte ich, um die Sache nicht ins falsche Licht zu bringen, nicht übersetzen, so antiplastisch und mystisch sind die Definitionen« (Orselina, 21. 3. 24). El Lissitzky berichtet in diesem Brief, daß die Texte zum größten Teil Faksimiles aus dem Notizbuch Malewitschs seien, darunter ›Über die neuen Systeme in der Kunst‹, ›Gott ist nicht abgesetzt‹, ›Suprematismus‹, ›Über Dichtung‹, ›Kunst und Künstler (über Monet, Cézanne, van Gogh, Gauguin und Aphorismen)‹.

Am 23. 3. 1924 schreibt Lissitzky aus Orselina: »... Die Sache mit Malewitsch ist kompliziert, seine russische Sprache ist nicht in Ordnung, die Grammatik ist ganz verkehrt, unmögliche Wortbildungen, das ist besonders in den Manuskripten, denn ich habe die Ur-Manuskripte, die er nur für die Aufzeichnungen sich aufgeschrieben hat ...« Am 2. 4. 1924 heißt es: »... Mit Malewitsch ist noch viel zu tun, aber es wird schon werden. Der ›Neuerer in der Kunst‹ muß noch besonders gedrechselt werden ...«

Aus Minusio/Locarno berichtet Lissitzky unter dem Datum vom 12. 12. 1924 an seine Frau: »... Eben von Malewitsch einen Brief. Es geht schlecht. Die Frau liegt schon 2 Monate zu Bett ... Ein Jammer ist es um den Menschen. Schreibt: ›Wenn das Museum in Hannover wirklich bei mir kaufen will, welch eine Summe kann es bezahlen?‹ ... « Unter Hinweis darauf, daß drei seiner Bilder ausgewählt worden seien und er, Malewitsch, dafür 250 bis 300 Rubel – also 500 bis 600 Mark – verlangt habe, mußte er hören, so zitiert Lissitzky aus dem Malewitsch-Brief an ihn, »daß dies unerschwinglich für die hiesigen Käufer sei ...«

Lissitzky kam am 13. Juni 1925 aus Moskau zu einer Stippvisite nach Leningrad. Am nächsten Morgen traf er sich in seinem Hotel mit Malewitsch. »Zarte Umarmung und großes Vergnügen«, schreibt er am 20. Juni an seine Frau. »Er sieht viel besser aus als auf dem Foto, ist jetzt kräftig, nur überspannt. Materiell ist die Lage viel besser. Er wohnt in einem alten Palais, wo das Institut ist, das er leitet. Er hat in diesen Jahren eine Unmenge geschrieben. Das was er über Architektur geschrieben hat, ist vollständig meinen Anschauungen entgegengesetzt – und direkt schädlich. Das habe ich ihm gesagt, und wir haben verabredet, einmal in einer öffentlichen Debatte aufzutreten ... Malewitsch hat mich direkt ins Coupé des Zuges nach Moskau gebracht ...«

Ende 1925 verläßt Wladimir Tatlin das GINCHUK in Leningrad, um einer Berufung an die Kunsthochschule in Kiew zu folgen, an der er die Sektion Theater-, Film- und Fotokunst leitet. Ab 1927 lehrt er als Professor an den Höheren Staatlichen Künstlerisch-Technischen Werkstätten (WCHUTEMAS) in Moskau, kurz zuvor in das Höhere Staatliche Künstlerisch-Technische Institut (WCHUTEIN) umbenannt. Auch diese harmlos aussehende Umwandlung gehörte zu den von der Partei nach Lenins Tod eingeleiteten Maßnahmen zur Umstrukturierung und Neuorganisation der Kunsthochschulen, und zwar mit dem Ziel, sie unter die alleinige Kontrolle durch die Partei zu bringen.

Dieser Prozeß spielte sich auf mehreren Ebenen ab – beteiligt waren Regierung, Volksbildungskommissariat, Künstlerverbände, Professoren, Studenten, Künstler. Was aber in den Anfangsjahren, also um 1920–1922, noch wie eine offene und freie Diskussion um divergierende Ansichten über Probleme künstlerischer Ausbildung und künstlerischer Entwicklung aussah, das waren in Wirklichkeit bereits vorsichtig gelenkte Operationen, mit denen der Parteiapparat mit Hilfe von konformen Kunstfunktionären seinen Einfluß auf die Kunstausbildung, auf die Künstler, auf die Kunst schlechthin verstärken wollte.

Malewitsch hat dies alles vorausgesehen. Er konnte allerdings nicht ahnen, wie schnell und unbarmherzig diese Gleichschaltung der Kunst verwirklicht werden sollte. Dabei wurde bei Instituten und Kunstakademien die gleiche Methode angewandt, mit der man auch die ›linken‹ Künstler diffamierte, bekämpfte und ins Abseits der kommunistischen Revolution stellte, das heißt, sie wurden nach ihrer Nützlichkeit für Massenagitation und technische Verwertbarkeit beurteilt. Damit konnten sich einige Hochschulen noch bis 1930 über Wasser halten. Ab diesem Zeitpunkt wurde laut Beschluß des Obersten Volkswirtschaftsrates der Sowjets die Trennung von Kunst und Technik verfügt. Begraben war jene glorreiche Zeit, in der man an

WCHUTEMAS, INCHUK und GINCHUK – ganz zu schweigen von UNOWIS – die Integration von Kunst und Technik zur Herausbildung einer höheren Ästhetik beschworen hat.
Motor dieser traurigen Entwicklung war ACHRR, die 1922 gegründete ›Assoziation der Künstler des revolutionären Rußland‹, die die Ausschaltung der ›linken‹ revolutionären Künstler eingeleitet, vorangetrieben und vollendet hat. Und dies geschah nicht in einem künstlerischen Konkurrenzkampf, in dem die ACHRR vielleicht bessere, fortschrittlichere Künstler ins Feld geschickt hätte – nein, sie verdankt diesen zweifelhaften Erfolg der »Fähigkeit ihrer führenden Künstlerfunktionäre, mit hochgestellten Kadern der Partei und des Militärs Tuchfühlung zu halten«, wie Hubertus Gaßner und Eckhart Gillen analysiert haben (›Zwischen Revolutionskunst und Sozialistischem Realismus‹, Köln 1979). Sie haben herausgefunden, daß zu den speziellen Förderern von ACHRR »beispielsweise der Parteisekretär E. Jaroslawski (Vorsitzender der Parteikontrollkommission) gehörte«, der »als dilettierender Künstler mit Porträtzeichnungen führender Parteipolitiker an der VI. und VIII. Ausstellung der ACHRR beteiligt« war: »Zu ihren Mäzenen innerhalb der Roten Armee konnten sie u.a. neben dem Volkskommissar für Verteidigung, M. Frunse, Marschall K. Woroschilow (ebenfalls ein Amateurmaler) und den Bürgerkriegshelden S. Budenny rechnen.» Unter Umgehung des Volksbildungskommissars Lunatscharski verhandelte die ACHRR-Spitze »direkt mit den Gewerkschaften und der Roten Armee«.

In der ACHRR-Deklaration vom Mai 1922 steht bereits klipp und klar, um was es dem Verband geht: »Die Große Oktoberrevolution hat die schöpferischen Kräfte des Volkes freigesetzt und das Bewußtsein der Volksmassen und der Künstler, die das geistige Leben des Volkes verkörpern, geweckt. Es ist unsere staatsbürgerliche Pflicht vor der Menschheit, künstlerisch-dokumentarisch den erhabenen Augenblick der Geschichte in seinem revolutionären Elan festzuhalten. Wir werden den heutigen Tag darstellen: das Leben der Roten Armee, das Leben der Arbeiter, der Bauern, der Revolutionäre und der Helden der Arbeit. Wir wollen ein wirkliches Bild von den Geschehnissen geben, keine abstrakten Konstruktionen, die unsere Revolution vor dem internationalen Proletariat nur diskreditieren. Die alten Künstlergruppierungen aus der Zeit vor der Revolution haben ihren Sinn verloren; die Grenzen zwischen ihnen sowohl hinsichtlich der Ideologie wie hinsichtlich der Form sind weggewischt ... und wir müssen jetzt unserem künstlerischen Erleben in den monumentalen Formen des Stils des heroischen Realismus Ausdruck geben. Wir erkennen die historische Kontinuität in der Kunst an; auf der Grundlage der revolutionären Weltanschauung errichten wir, indem wir diesen Stil des heroischen Realismus schaffen, das Fundament des Weltgebäudes der Kunst der Zukunft, der Kunst der klassenlosen Gesellschaft.«

In der russischen Zeitschrift ›Scheinwerfer‹ (Nr. 20, 1924) hat Volksbildungskommissar Lunatscharski der ACHRR noch ein sehr schlechtes Zeugnis ausgestellt. Man müsse sagen, so schreibt er, daß die Assoziation »noch nicht die wirklichen Wege gefunden« habe, »um den ›Revolutionshymnus‹ anzustimmen, von dem ihre Vertreter oft reden«. Sie würden die Betriebs- und jegliche andere Arbeit realistisch widerspiegeln: »Aber ihre Bilder verströmen eine unbewegliche Gelassenheit. Das ist nicht revolutionär-proletarische, nicht schöpferische Arbeit, das sind einfach ausgepinselte Fotobilder der wirklichen Produktion.«

Etwas später, am 8. Februar 1925, in seiner Rede zur Eröffnung der VII. ACHRR-Schau, differenzierte er schon seine schlechte Meinung: »Die ACHRR hat sich die völlig richtige Aufgabe gestellt, für den Künstler unserer heutigen Wirklichkeit solche Wege zu finden, auf denen das Kunstschaffen einen wichtigen Teil des allgemeinen kulturellen Aufbaus übernehmen kann, dabei aber nicht nur keineswegs oberflächlicher wird, sondern vielmehr sich auch in der Qualität vorwärtsentwickelt ...«

In einem Artikel für das ›Kunstleben‹, der am 2. Februar 1924 erschien, hatte sich Kasimir Malewitsch, damals Direktor des Leningrader GINCHUK, schon äußerst drastisch und polemisch zum Problem von ACHRR geäußert – und hier mag ein Grund dafür liegen, daß der von den Spitzenfunktionären der Assoziation gehaßte, zu jener Zeit freilich noch immer von Lunatscharski gestützte, hochberühmte Suprematist Malewitsch wenige Jahre später möglicherweise auf Initiative der ACHRR kaltgestellt wurde. Doch davon später. In dem Zeitungsartikel von Malewitsch heißt es u. a.: »... Wir sind keine Feinde, da unsere Wege allzu verschieden sind. Die Künstler der ACHRR sind Lebensbeschreiber und Ereignisschilderer, die linken Künstler dagegen sind die Schöpfer dieses Lebens und Teilnehmer an den revolutionären Ereignissen. Schaffen und das Geschaffene beschreiben, ist unvereinbar miteinander.«

Malewitsch geht hart zur Sache: »Im Zeitalter des materialistischen Denkens werfen die revolutionären Künstler der ACHRR uns vor, wir hätten keine Seele, unseren Werken fehlte die Inspiration! Ja, Seele haben wir nicht! Ich verspüre Energie, aber keine Seele! ... Ein weiterer Vorwurf an unsere Adresse lautet: Unser Schaffen entspreche nicht dem gegenwärtigen Augenblick, das heißt, es sei nicht revolutionär. Stimmt das? Über den Kubismus, der die Wechselbeziehungen der künstlerischen Formen zerbricht, gelangt der Künstler zur Gegenstandslosigkeit. Die Revolution, die die jahrhundertealten Wechselbeziehungen vernichtet, stürzt ebenso die gegenständliche Welt um ... Ich wiederhole, wir sind keine Feinde der ACHRR, aber unsere Wege sind verschieden: Ihre Grundlage ist die Anschaulichkeit, unsere die Wissenschaft und das Leben selbst.«

Der damals 38jährige Kunstkritiker und Kunsthistoriker Pawel Nowitzki, der von 1926 bis 1930 Direktor der Moskauer WCHUTEMAS bzw. WCHUTEIN war, hat in einem Artikel für die Zeitschrift ›Sowjetische Kunst‹ vom Juni 1926 den Generalsekretär von ACHRR, den Maler E. Kacman, attackiert: »Wodurch unterscheiden sich die süßlich-flachen, geschmacklosen, schlaffen Porträts revolutionärer und Parteifunktionäre, gemalt

von E. Kacman, von den Salonporträts der Generalität des zaristischen Rußland? Das Herangehen an das Objekt ist ein und dasselbe . . .« Und er schließt seinen Artikel: »Mit einem Wort – eine bewußte methodische Bewegung zurück. Revolutionäre Losungen und Deklarationen und reaktionäre Praxis. Diktatur des Bürgertums in ihrem monumentalsten Ausdruck. Wenn diese Bewegung nicht in ihren Kreislauf die proletarischen Massen und die lernende proletarische Jugend einbeziehen würde, könnte man schweigen.«
Und Nowitzki bezieht Prügel, zunächst vom Leiter der Hauptverwaltung politische Aufklärung innerhalb des Volkskommissariats für Bildung, R. Pelse, in der gleichen Nummer von ›Sowjetische Kunst‹, und ein zweites Mal vom mächtigen Kacman selbst, dem die Redaktion von ›Kunstleben‹ in der Ausgabe vom 6. Juli 1926 ihre Spalten zur Verfügung stellt. Pelse geht hart ins Gericht mit Nowitzki, der seiner Ansicht nach natürlich nichts verstanden hat. Und so muß er dem Genossen klarmachen: ». . . Die ACHRR hat sich die Anerkennung aller Leute, die nicht an der Geisteskrankheit des Linksradikalismus leiden, und der gesamten sowjetischen Öffentlichkeit dafür errungen, daß sie in ihrem Kampf gegen Futurismus, Kubismus, Expressionismus, Verismus, Dadaismus, Suprematismus, gegen Tölpelei, gegen Faulheit und gegen sorglose Gleichgültigkeit und Schmiererei auftrat und für die Kunst, für schöpferische Spannung, für Qualität, für Bewußtsein und Verantwortlichkeit und für das Handwerk kämpfte . . .«
Den Stoß gegen den ›linken‹ Nowitzki leitet der beleidigte

ACHRR-›General‹ Kacman mit der rhetorischen Frage ein: »Was haben die ›linken‹ Künstler eigentlich gemacht? Nichts oder fast nichts. Was haben die ›Linken‹ für die Revolution getan, was haben sie Arbeitern und Bauern gegeben? ... Nichts vermochten die ›linken‹ Künstler zu retten, weder ihre Macht, noch die Schulen, die Museen, denn auf Grund ihres Intelligenzlertums, ihres Individualismus paßten sie nicht in die Epoche der Arbeiter-Bauern-Revolution. Jetzt mußte für die Massen gearbeitet werden ... Die Realisten sind die Künstler der Massen. Die ACHRR-Künstler sind Künstler der Arbeiter und Bauern.« Und Kacman zitiert zum Schluß seiner Abrechnung, gewissermaßen als höchste Rechtfertigung für die einzig wahre und wahrhaftige Haltung – die realistische –, den großen Wladimir Iljitsch Lenin, der also sprach: »Die Kunst gehört dem Volk. Sie soll mit ihren Wurzeln tief im Volk verankert sein. Sie soll von diesen Massen verstanden und geliebt werden. Sie soll Gefühle, Gedanken und Willen der Massen vereinen und erheben.«

Die ACHRR entwickelte sich schnell zu einem kulturpolitischen Instrument, dehnte sich in ganz Rußland aus, bildete eigene Jugendorganisationen, verfügte über einen Verlag, ein Informations- und Ausstellungsbüro. Aber 1928 war diese Selbstherrlichkeit zu Ende. Die gesellschaftliche Wirklichkeit sah anders aus, als die ACHRR-Künstler sie dem Proletariat vorgaukelten. Mit der mächtig angeheizten Industrialisierungskampagne unter Stalin kam ein neuer, schärferer Wind auf, der auch die ACHRR aus ihrer gemütvoll-realistischen Ecke

scheuchte. Die Ablösung des Bildungsbürgers Lunatscharski durch den Leiter der Abteilung für Agitation, Propaganda und Presse des Zentralkomitees, A. S. Bubnow, setzte ein deutliches Signal – die Kulturrevolution kam erst jetzt richtig in Gang.
Der Weg führte vom passiven Illustrieren zum aktiven kämpferischen Gestalten der Lebenswelt richtiger Kommunisten. Als sichtbarer Beweis für die neue Formierung von Kunst tilgte die AChRR – entsprechend der neuen Unionsverfassung, in der das Wort ›Rußland‹ (R) gestrichen war – ebenfalls das ›R‹ aus ihrer Abkürzung und nannte sich nun, 1928, bis zu ihrer Auflösung 1932 AChR, also ›Assoziation der revolutionären Künstler‹. Im Grunde genommen spielten sich in dem neuen Verband wieder Auseinandersetzungen zwischen denjenigen Künstlern ab, die einer verschärften Massenagitation das Wort redeten, und jenen, die, wie es damals hieß, »mit scheinbar formalistischen Aufgaben die kleinbürgerliche Ideologie durchsetzen und den fortschreitenden Entwicklungsgang des sozialistischen Aufbaus bremsen« wollten.
Am Ende verausgabten die einen wie die anderen ihre Kräfte in Machtkämpfen, Säuberungsaktionen und Ergebenheitsadressen an die Partei, die – wie konnte es anders sein! – recht behielt.
Der Boden für den letzten Teil der Tragödie Kasimir Malewitsch war bereitet.

# 8

## Malewitsch in Berlin 1927
## Schicksal der Bilder
## Der Nachlaß
## Überstürzte Abreise

Am 29. März 1927 traf Kasimir Malewitsch, aus Warschau kommend, mit dem Zug in Berlin ein. Es war die erste Auslandsreise in seinem Leben – und sie sollte auch die einzige bleiben. In Warschau war er Gast des ›Polnischen Künstlerklubs‹, der ihn eingeladen hatte, einen Querschnitt durch sein Schaffen zu zeigen. Die Ausstellung fand im Hotel Polonia statt – es war ein großes künstlerisches und gesellschaftliches Ereignis. Man hatte für Malewitsch den roten Teppich ausgerollt. Sein Ruhm als suprematistischer Künstler und Lehrer war ihm vorausgeeilt, man kannte sein Werk dort genau. Dafür hatten insbesondere die beiden polnischen Avantgarde-Künstler Wladislaw Strzeminiski und Katarzyna Kobro gesorgt, die in Petersburg und Moskau studiert hatten. Beide gehörten in Witebsk der UNOWIS-Gruppe an, in Smolensk gründeten sie eine Filiale dieser von Malewitsch inspirierten Schule. Malewitsch wurde also in Warschau begeistert empfangen – und da er fließend Polnisch sprach, gab es auch nicht die geringsten Kontaktschwierigkeiten.

Das war bereits vollkommen anders bei seinem anschließenden Berlin-Aufenthalt, denn dort benötigte er einen Dolmetscher. Natürlich war das Werk Malewitschs auch in Deutschland bekannt, nicht zuletzt durch die Vortragstätigkeit von El Lissitzky. In Berlin zumal, wo es ja seit Anfang der zwanziger Jahre von russischen Emigranten nur so wimmelte, hatte Malewitsch eine Gemeinde. Die Bedeutung der suprematistischen Kunst war im wesentlichen unumstritten – der Schöpfer des ›Schwarzen Quadrats‹ wurde mit offenen Armen empfangen. Fünf Jahre vorher hatte die Berliner Kunstszene zum ersten Male Gelegenheit gehabt, sich mit dem Werk Malewitschs zu beschäftigen, damals war er allerdings nur einer unter rund 150 Künstlern auf der ›1. Russischen Kunstausstellung‹, die am 15. Dezember 1922 in der Galerie van Diemen, Unter den Linden 21, eröffnet wurde und bis Ende des Jahres zu sehen war.

Malewitsch war mit fünf Bildern an dieser etwa 1000 Werke umfassenden Verkaufsschau, deren Reinertrag für die Hungernden in Rußland bestimmt war, vertreten, und zwar mit einem kubofuturistischen Gemälde (›Messerschleifer‹, 1912/13) und vier suprematistischen Arbeiten. Das Spektrum dieser unter Federführung des Volksbildungskommissariats veranstalteten Schau reichte von den Traditionalisten der ›Welt-der-Kunst‹-Bewegung bis zur neuen revolutionären Kunst mit Arbeiten von Kandinsky, Archipenko, Tatlin, Naum Gabo, Sterenberg, Altman, Exter und Lissitzky, der auch verantwortlich für die Gestaltung der Galerieräume war.

Jetzt, im Frühjahr 1927, trat Kasimir Malewitsch auf der Berliner Kunstszene leibhaftig in Erscheinung – mit rund 70 Gemälden, zwei Dutzend Zeichnungen und Architekturmodellen sowie mit den im Leningrader GINCHUK erarbeiteten Anschauungstafeln zur ›Theorie des Ergänzungselements in der Malerei‹. Schauplatz war die ›Große Berliner Kunstausstellung‹, die vom 7. Mai bis 30. September im Landesausstellungsgebäude Alt-Moabit am Lehrter Bahnhof stattfand. Dort hatte man dem berühmten Russen für seine Retrospektive einen Sonderraum zur Verfügung gestellt.

Malewitsch wohnte in Berlin bei der Familie von Gustav Jakob von Riesen in der Wilhelm-Hauff-Strauße 4/5. Die beiden Söhne Alexander und Hans waren in Moskau geboren worden, wo ihr Vater lange Jahre als Ingenieur tätig war. Vor Ausbruch der Revolution war dieser mit seiner Frau und den Kindern nach Deutschland zurückgekehrt. Die beiden Söhne sprachen perfekt Russisch. Alexander von Riesen, von Beruf Maler, starb 1964 im Alter von 72 Jahren, sein Bruder Hans, der erst Bildhauer, dann Berufsoffizier und schließlich Dolmetscher für Russisch war und zuletzt in Bremen wohnte, starb 1969 im Alter von 79 Jahren.
Die merkwürdigen Umstände von Malewitschs Ankunft in Berlin hat Hans von Riesen im Katalog ›Avantgarde 1910–1930 Osteuropa‹ (Ausstellung der Deutschen Gesellschaft für Bildende Kunst und der Akademie der Künste Berlin, 1967) beschrieben. Danach versammelten sich einige Vorstandsmitglieder des veranstaltenden Reichsbundes Bildender Künstler, darunter auch Alexander von Riesen als Dolmetscher, zum Empfang des berühmten Kollegen am Bahnhof Zoo, wo dieser – laut Telegramm des ›Polnischen Künstlerklubs‹ – ankommen sollte. Hans von Riesen: »Als der Warschauer Zug einlief, war Malewitsch nicht unter den Reisenden, die den Zug verließen. Es half auch nichts, daß der Schaffner mit dem lauten Ruf ›Professor Malewitsch!‹ am Zug entlangging. Erfolglos blieben ebenso die Nachforschungen am Schlesischen Bahnhof und an den Bahnhöfen Alexanderplatz und Friedrichstraße. Malewitsch blieb verschollen.

Erst am späten Vormittag des nächsten Tages gelang es meinem Bruder, Malewitsch in einer Pension an der Kaiserallee aufzuspüren. Damit waren die Aufregungen aber noch nicht überstanden, nur war es jetzt Malewitsch, der sich im Zustand höchster Erregung und Verstörtheit befand. Ihm war das Schlimmste zugestoßen, was einem Sowjetbürger im Ausland zustoßen konnte: er war in eine von russischen ›weißen‹ Emigranten geleitete Pension geraten. Vor Begegnungen mit ›Weißen‹ hatten alle Besucher aus der Sowjetunion, die in den zwanziger und Anfang der dreißiger Jahre in großer Zahl nach Berlin kamen, eine unvorstellbare Angst, ganz gleich, ob es sich um Chemiker handelte, die die Verflüssigung von Braunkohle studieren wollten, oder ob es Veterinäre waren, die sich für die Bekämpfung der Hühnerpest oder der Maul- und Klauenseuche interessierten, oder um Vertreter des Moskauer Stadt-Sowjets, die kamen, um die Milchversorgung einer Großstadt kennenzulernen. Sie alle hatten die gleiche große Sorge – nur nicht mit Emigranten in Berührung zu kommen, weil sie sonst bei der Rückkehr in die Heimat mit endlosen Schwierigkeiten, wenn nicht mit Schlimmerem zu rechnen hatten. In diesem Fall war es aber Malewitsch nicht allein, der sich aufregte. Nicht minder tat dies die Pensionsinhaberin, die anscheinend zu jenen fanatischen Monarchisten gehörte, für die jeder Sowjetbürger ein ›Zarenmörder‹ war.
Soweit die Vorgänge später bei einer ruhigen Unterhaltung rekonstruiert werden konnten, muß sich etwa folgendes abgespielt haben: Malewitsch, der bis zum Bahnhof Zoologischer

Garten fahren sollte, wurde bereits unruhig, als der Zug erstmals in Berlin am Schlesischen Bahnhof hielt. Um diese Ursache zu verstehen, muß man wissen, daß sowohl Moskau als auch Leningrad keine durchgehenden Bahnlinien kannten. Kam man an einem Bahnhof an, an dem das Schild ›MOSKWA‹ prangte, dann mußte man aussteigen. Wer weiterreisen wollte, mußte mit der Droschke oder mit der Straßenbahn durch die ganze Stadt zu einem anderen Bahnhof fahren. Da die Mitreisenden alle ruhig sitzenblieben, überwand Malewitsch seine Unruhe. Er überstand auch noch den Bahnhof Berlin-Alexanderplatz. Als aber der Zug zum dritten Mal in Berlin am Bahnhof Friedrichstraße hielt und die Mehrzahl der Reisenden zum Ausgang drängte, verließ auch Malewitsch in aller Eile den Zug.

Mit dem Strom der Reisenden gelangte er durch die Sperre und stand schließlich hilf- und ratlos auf dem Bürgersteig vor dem Bahnhof. In dieser Situation kam ihm ein Droschkenkutscher wie gerufen, der ihn mit einigen, vermutlich im Kriege aufgeschnappten russisch-polnischen Brocken – ›Russki, dobsche, dobsche, dawaj-dawaj‹ – zum Einsteigen aufforderte (Malewitsch später: ›Woher wußte der Teufelssohn, daß ich ein Russe war?‹). Für den Droschkenkutscher waren Russen eben Russen, und so brachte er Malewitsch zu einer russischen Pension an der Kaiserallee.

Um ihn nun so schnell wie möglich aus der kompromittierenden Nähe der Emigrantenpension fortzubringen, holte mein Bruder eine Taxe und brachte Malewitsch mit seinem Gepäck kurz entschlossen zu unseren Eltern in die Wilhelm-Hauff-Straße 4/5. Die erste Begegnung war auf beiden Seiten anfangs sehr zurückhaltend: Malewitsch glaubte, vom Regen in die Traufe geraten zu sein, weil er auch hier in russischer Sprache angeredet wurde. Unsere Eltern dagegen, die Malewitsch zwar nicht persönlich kannten, aber seinerzeit in Moskau aus den Zeitungen manches über den ›Skandal-Futuristen‹ und den ›Bürgerschreck‹ erfahren hatten, schienen Schlimmes zu erwarten. Das gegenseitige Mißtrauen schwand bald. Mein Vater legte überzeugende Dokumente vor, die ihn als Reichsdeutschen auswiesen, und vollends beruhigte sich Malewitsch, als er erfuhr, daß unsere ganze Familie bereits Anfang August 1915 als ›Angehörige einer feindlichen Macht‹ zwangsweise aus Moskau abgeschoben worden war.

Auch die Zurückhaltung meiner Eltern schwand bald, weil Malewitsch sich als ein bescheidener, freundlicher Mensch erwies, der in seinem Privatleben so gar nichts von einem ›Bürgerschreck‹ an sich hatte. Die anfängliche Zurückhaltung schlug sogar sehr bald in eine gegenseitige Sympathie um, so daß Malewitsch nach einigen nicht sehr ernsthaften Versuchen, anderweitig eine Unterkunft zu finden, mit Freude das Angebot meiner Eltern annahm, einfach bei ihnen wohnen zu bleiben. Malewitsch blieb zehn Wochen und lebte sich so schnell ein, daß er sich schon nach wenigen Tagen ganz zur Familie gehörend betrachtete und von uns allen auch so empfunden wurde . . .«

Malewitsch entfaltete in dieser Berliner Zeit eine große Aktivi-

tät. Er korrespondierte viel, hielt Vorträge über ›Die ungegenständliche Welt‹ und anhand der entsprechenden Lehrtafeln zur ›Theorie des Ergänzungselement in der Malerei‹. Allerdings konnte er diese Tafeln in der Berliner Ausstellung nicht zeigen. Warum dieser Plan fehlschlug, darüber schrieb er in einem Brief an L. A. Judin: »Was die gesamte Arbeit betrifft, die Sie alle zur Theorie des Ergänzungselements geleistet haben, so habe ich, darf man sagen, insofern einen Mißerfolg erlitten, als ich sie nicht ausstellen konnte, die Demonstration vor der Berliner Kunstwelt ausgenommen. Ich konnte nicht ausstellen, weil ich für die Ausrichtung einer selbständigen Ausstellung kein Geld hatte. Zweitens hat sich herausgestellt, daß die zugehörigen Texte absolut nichts zu erklären vermögen. Um aber alles in einer für die Deutschen passenden Weise neu zu gestalten, dazu reichte weder meine Zeit noch mein Geld. ... Was das Interesse bei der Demonstration unserer Arbeiten betrifft, so erfüllte es alle Erwartungen. Es waren auch Wissenschaftler da, sie haben es voll und ganz akzeptiert ...«
Aufschlußreich ist auch die Begegnung zwischen Malewitsch und dem deutschen Dada-Mitbegründer und surrealistischen Experimental-Filmer Hans Richter, dessen abstrakte Filme Malewitsch gesehen hatte. Den von ihm gewünschten Kontakt zu Richter vermittelte Alexander von Riesen, der auch hier wieder, wie während des ganzen Aufenthalts von Malewitsch in Berlin, als sein Leib-Dolmetscher fungierte. Die in mehreren Begegnungen mit Richter vertiefte Problematik war, das suprematistische System Malewitschs filmisch in Bewegung zu bringen

und verständlich zu machen, und dafür hatte Malewitsch auch ein zeichnerisches Szenario entwickelt, das – wie der Film – unvollendet blieb.

Eine echte Enttäuschung war für Malewitsch der Besuch des Bauhauses in Dessau. Darin hatte er große Hoffnungen gesetzt. In der Heimat war sein Stern praktisch erloschen. Die Partei und die ihr ergebene Künstler-Assoziation ACHRR hatten bereits die Weichen gestellt, um diesen unliebsamen Künstler auszuschalten. Malewitsch wußte auch, daß er in Berlin vom Geheimdienst beschattet wurde. Nicht nur aus künstlerischen Gründen also wäre eine Lehrtätigkeit am Bauhaus für ihn ein Segen gewesen. Aber daraus wurde leider nichts.

Malewitsch kam in Begleitung des polnischen Kunstschriftstellers und Dichters Tadeusz Peiper am 7. April in Dessau an. Er hatte geplant, mehrere Tage zu bleiben. Zu seinem Pech waren die Bauhäusler einen Tag zuvor in die Semesterferien gegangen. Aber immerhin traf er noch Walter Gropius, den Direktor, und Meister Wassily Kandinsky an. Wie Stephan von Wiese im Vorwort zu dem wiederaufgelegten Bauhaus-Buch Nr. 11 ›Die gegenstandslose Welt‹ von Kasimir Malewitsch (Mainz und Berlin 1980) schreibt, hat ihm Ilse Gropius, die Frau von Walter Gropius, in einem Brief vom 17. Mai 1979 mitgeteilt, daß Malewitsch »bei uns zum Mittagessen« war und daß er »wohl einmal recognoszieren« wollte, »ob er vielleicht nicht am Bauhaus arbeiten könne«. Dies sei aber leider nicht möglich gewesen, »da das Budget sowieso schon nicht ausreichte, obwohl man am Bauhaus sehr interessiert war an seinen Arbeiten«.

Ilse Gropius gibt von Wiese in ihrem Brief auch Auskunft über ihre Tagebucheintragung zum Besuch Malewitschs: »... Malewitsch macht einen außerordentlich vitalen, starken Eindruck. Klagt sehr über die Zustände in Rußland, die ein sachliches Arbeiten überhaupt verbieten. Alles was nicht politisch und propagandistisch auswertbar ist, hat keine Geltung. Er war höchst interessiert über die Angriffe gegen das Bauhaus aus politischen Gründen und ergriff beglückt den Hetzartikel der ›Deutschen Zeitung‹, die dem Bauhaus Sowjet-Propaganda vorwirft. Seinen Erzählungen nach bekämpft man dieselben Bestrebungen, die man hier als bolschewistisch ablehnt, in Rußland mit dem Vorwurf der ›Westlichkeit‹ und ›Bourgeoisie‹. Malewitsch möchte am liebsten hierbleiben in Deutschland und will versuchen, sich in Berlin eine Existenz zu gründen. Wahrscheinlich wird auch ein Buch von ihm im Bauhaus-Verlag erscheinen.«

Dieses Buch ist dann erschienen – freilich nicht ohne Schwierigkeiten. Grundlage dafür bildete die bereits 1923 geschriebene Abhandlung Malewitschs über die ›Einführung in die Theorie des additionalen Elementes in der Malerei‹, die praktisch auf die Untermauerung der suprematistischen Lehre der Gegenstandslosigkeit hinausläuft. Die für 1926 in Leningrad geplante Veröffentlichung dieser Schrift kam auf Druck von oben nicht zustande. Die Originalfassung, die Malewitsch nach Berlin mitgebracht hatte, bereitete dem Übersetzer Alexander von Riesen deshalb einiges Kopfzerbrechen, weil sie seiner Meinung nach Passagen enthielt, die für ein deutsches Leserpublikum nicht verständlich und unwesentlich waren. In Gesprächen mit dem Bauhaus-Schriftleiter László Moholy-Nagy wurden diese Probleme wie auch die Honorarfrage geklärt, so daß dem Druck des Bauhaus-Buches Nr. 11, ergänzt um den eigens dafür verfaßten Aufsatz ›Suprematismus‹, nichts mehr im Wege stand.

So kehrte Malewitsch enttäuscht noch am Abend des 7. April aus Dessau nach Berlin zurück. In der Zeit bis zu seiner Abreise am 4. Juni schließt er viele wichtige Kontakte, darunter auch mit dem Architekten Hugo Häring, der Sekretär der Architekten-Vereinigung ›Der Ring‹ ist. Sie hatte sich als überregionale Organisation 1926 aus dem 1923/24 gegründeten Berliner ›Zehnerring‹ heraus entwickelt, zu dem Ludwig Mies van der Rohe, Hugo Häring, Hans Poelzig, Erich Mendelsohn, Ludwig Hilberseimer, Peter Behrens, die Brüder Max und Bruno Taut, Walter Gropius und Otto Bartning gehörten – also die Elite jener Architekten, die gegen die damals von der Bauverwaltung unterstützten historisierenden Tendenzen opponierten und ein neues Bauen propagierten. Der ›Ring‹ stellte erstmals auch auf der ›Großen Berliner Kunstausstellung‹ aus.

Malewitsch und Häring spürten eine geistige Übereinstimmung in Fragen des schöpferischen Gestaltens. Härings Vision vom organischen Bauen, von der unsichtbaren Wirklichkeit, die die geistige Wirklichkeit sei, stand der suprematistischen Idee Malewitschs nahe. Wie eng das Verhältnis Malewitschs zu Häring war, den er auf Russisch schon bald vertraulichwitzig ›Hering‹ nannte, beweist, daß er ihm seine Bilder, die er bei seiner Abreise in Berlin ließ, zur Betreuung anvertraute. Als günstig für die freundschaftlichen Beziehungen zwischen den beiden erwies sich auch, daß Härings erste Frau, die Schauspielerin Emilia Unda, aus Lettland stammte und fließend Russisch sprach.

Das weitere Schicksal der Berliner Bilder Malewitschs ist eng verknüpft mit dem Schicksal Härings. Sie wurden von ihm nach Ende der Ausstellung zunächst in einem Lager der Berliner Kunstspedition Gustav Knauer untergebracht. Etliche von ihnen wurden verkauft, andere für Ausstellungen ausgeliehen, selbstverständlich mit dem Einverständnis von Malewitsch. Dann nimmt sich Alexander Dorner, der Direktor des damaligen Provinzialmuseums Hannover, der Bilder an – für Häring ein nicht unwillkommenes Angebot, weil er auf diese Weise die Lagerkosten sparen kann. Nach der Machtergreifung durch die Nazis werden die Bilder im Keller des Museums versteckt. 1935 gelingt es dem Direktor des Museum of Modern Art in New York, Alfred Barr jun., für seine Ausstellung ›Kubismus und abstrakte Kunst‹ eine Reihe von Arbeiten Malewitschs in Hannover auszuleihen und dazu einige andere zu erwerben – dies geschieht unter den allergrößten Schwierigkeiten, denn von dieser Transaktion durften die Nazis ja nicht Wind bekommen, sonst wäre das Unternehmen mit Sicherheit geplatzt. Zum Teil nahm Barr die Arbeiten eingerollt in seinem Regenschirm mit, zum Teil wurden sie beim Zoll als ›technisches Studienmaterial‹ deklariert.

Dorner sah sich nun dem Zwang ausgesetzt, die restlichen Malewitsch-Arbeiten vor dem politischen Zugriff zu retten. So schickte er wohl oder übel die Kiste mit dem wertvollen Gut nach Berlin zurück zu Hugo Häring. Doch auch dies war ein riskantes Manöver, denn Häring durfte seine Tätigkeit als Architekt nicht mehr ausüben. Er übernahm zunächst die private Schule für Kunst und Gestaltung, deren Inhaber Albert Reimann, ein Jude, von den Nazis zur Aufgabe gezwungen worden war, stand jedoch weiter unter Beobachtung der Partei. Dann brannte die Schule im November 1943 nieder, und Häring gelang es, mitsamt der Malewitsch-Kiste Berlin zu verlassen und in seinem oberschwäbischen Geburtsort Biberach an der Riss Unterschlupf zu finden. 1951 erhielt er Besuch vom damaligen Direktor des Stedelijk Museums Amsterdam, Willem Sandberg, der eine Ausstellung ›De Stijl und der Suprematismus‹ plante. Bei Durchsicht der Kiste stellte sich heraus, daß beim Hin und Her der Berliner Bilder Malewitschs offensichtlich Verluste eingetreten waren, die bis heute nicht geklärt werden konnten. Dies ergab jedenfalls eine Zählung des Bestands unter Berücksichtigung aller Verkäufe und Transaktionen im Vergleich zu der Zahl der Bilder, die auf der Berliner Ausstellung hingen.

Wie dem auch sei, Häring bekundete seine Bereitschaft, über das Amsterdamer Ausstellungsprojekt nachzudenken und Sandberg dann seine Entscheidung mitzuteilen. Eineinhalb Jahre später erinnerte ihn Sandberg an ihre Abmachung. Doch er erhielt keine Antwort. Es war dann der bedeutende russische

Konstruktivist Naum Gabo, der dank seiner guten Kontakte die weitere Entwicklung zugunsten des Stedelijk Museums entscheidend beeinflußte. Gabo, der im Frühjahr 1922 mit dem offiziellen Segen des Volksbildungskommissariats Rußland verlassen durfte und seitdem erst in Berlin, dann in Paris, im englischen Cornwall und seit 1946 in Connecticut/USA lebte, wo er 1977 im Alter von 87 Jahren starb, hatte den zwölf Jahre älteren Malewitsch natürlich gekannt. Bei einem Besuch Gabos 1955 im Stedelijk Museum Amsterdam berichtete ihm Direktor Willem Sandberg von seinem Wunsch, Malewitsch auszustellen, und von den Schwierigkeiten, die es mit Hugo Häring gab. Naum Gabo hatte seinerzeit auch Häring und andere Architekten des ›Zehnerrings‹ getroffen, und er kannte auch Mies van der Rohe, der nach Amerika emigriert war. Ihm berichtete er von den Problemen Sandbergs – mit dem Ergebnis, daß Mies Hilfe versprach und seinerseits nun den früher mit Häring eng befreundeten Architekten Ludwig Hilberseimer, ebenfalls Emigrant in Amerika, unterrichtete und ihn bat, bei Häring zu intervenieren. Dies geschah – und so ist es dank Naum Gabos Engagement letztlich der alten Freundschaft mit Hilberseimer zu verdanken, daß Häring sein Schweigen endlich brach und sich zu einer rückhaltlosen Zusammenarbeit mit dem Stedelijk Museum bereit fand.

Nach einem klärenden Gespräch zwischen Sandberg und Häring im Herbst 1956 in Biberach gelangten die Malewitsch-Werke aus der Obhut Härings im Januar 1957 ins Stedelijk Museum, wo sie zunächst einer gründlichen Restaurierung unterzogen werden mußten, denn das Hin und Her zwischen Warschau, Berlin, Hannover, Berlin, Biberach unter nicht immer günstigen Lagerbedingungen war ihnen nicht gut bekommen. Nun aber war die Odyssee zu Ende – das Stedelijk Museum Amsterdam war glücklicher Besitzer jener 27 teils kubofuturistischen, teils suprematistischen Gemälde und sieben Gouachen Malewitschs, deren Eigentumsrechte sich Hugo Häring erworben hatte. Beim Abschluß des Vertrags mit dem Stedelijk Museum 1956 war Häring 74 Jahre alt und krank. Er hatte Geld bitter nötig. Mit der Veräußerung der Bilder Malewitschs, die er aus konservatorischen Gründen ohnehin nicht länger bei sich behalten konnte, war er seiner finanziellen Sorgen enthoben. Sandberg hatte ihm DM 120000 für die Kollektion geboten, damals eine Riesensumme für das budgetmäßig nicht auf Rosen gebettete Museum. Vereinbart war, eine Leihgebühr in dieser Höhe mit jährlich DM 12000 abzuzahlen, die dann noch auf 10000 Mark verringert wurde. Häring kam nur in den Genuß der ersten Zahlung – er starb am 17. Mai 1958, 76 Jahre alt. Um die Restzahlung an die Erben soll es Krach zwischen Sandberg und der Stadt Amsterdam gegeben haben. Härings zweite Frau, die deutsche Schauspielerin Roma Bahn, die er 1950 geheiratet hatte, starb 1975 in Bonn.

Dieses Schicksal der Berliner Bilder Malewitschs, dessen Schilderung hier auf einem Gespräch zwischen Joop M. Joosten, dem Kurator des Stedelijk Museums, und mir beruht, erhält eine besondere Pointe dadurch, daß auch der schriftliche Nachlaß Malewitschs, der lange im Besitz der Familie von Riesen

war, 1969, nach dem Tode Hans von Riesens, von seiner Witwe über die Bremer Galerie Rewolle ebenfalls an das Amsterdamer Stedelijk Museum verkauft worden ist – wie es heißt, für einen Betrag um DM 100000.
Dem Verkauf ging eine Ausstellung aus dieser Sammlung von Malewitsch-Dokumenten in der Galerie Rewolle voraus, die der bekannte deutsche Kunsthistoriker Eberhard Roters eröffnete. In einem Brief hat er mich auf interessante Details dazu aufmerksam gemacht. So ging es Frau von Riesen und der Galerie darum, den gesamten dokumentarischen Nachlaß von Malewitsch schnell und als Block zu verkaufen. Roters hat sich dafür eingesetzt, daß dieser für das Werk von Malewitsch und für die moderne Kunstgeschichte so eminent wichtige Nachlaß nach Berlin kommt, und er hat diesbezüglich den damaligen Direktor der Nationalgalerie, Werner Haftmann, angesprochen. Laut Roters hat sich Haftmann aber auf den Standpunkt gestellt, daß es für Berlin nicht sinnvoll sei, die Dokumente zu erwerben, nachdem es kein Werk von Malewitsch in der Nationalgalerie gebe und mit Blick auf die Amsterdamer Erwerbungen auch sobald keine Aussicht bestehe, ein Malewitsch-Bild anzukaufen. Roters Anfrage beim Berliner Kupferstichkabinett hatte ebensowenig Erfolg. Daraufhin setzte er sich mit dem Stedelijk Museum Amsterdam in Verbindung, dessen Direktor Edy de Wilde sofort zugriff.
Was hat es nun mit diesem Nachlaß von Malewitsch auf sich? Woraus bestand er? Wie kam er in den Besitz der Familie von Riesen? Darüber hat Hans von Riesen, der so fleißig, einfühl-

sam und kompetent diesen Nachlaß Malewitschs übersetzt hat, ebenfalls Zeugnis abgelegt, und zwar im Vorwort zu dem Buch ›Suprematismus – Die gegenstandslose Welt‹ (Köln 1962). Er berichtet darin, daß Malewitsch von Zeit zu Zeit Briefe aus Leningrad erhalten habe, die ihn beunruhigten, über die er aber mit seinen Gastgebern nicht sprach. Dann kam Ende Mai ein weiterer Brief aus Leningrad, dessen Inhalt wohl so schlimm war, daß Malewitsch sofort abzureisen beschloß. Am 30. Mai erschien er bei Gustav von Riesen, dem Vater von Alexander und Hans, und überreichte ihm ein großes verschnürtes Paket in braunem Packpapier.

Hans von Riesen: »Mit einer ihm sonst nicht eigenen Feierlichkeit bat er, das Paket bis zu seiner Rückkehr aufzuheben. Er sagte, er hoffe, im Sommer 1928 wiederzukommen. Sollte es ihm aber nicht gelingen, und sollte er in den nächsten 25 Jahren nichts von sich hören lassen, so könnte das Paket geöffnet und mit dessen Inhalt nach Gutdünken verfahren werden.

1934 wurde das Paket sicherheitshalber in den Keller gebracht und dort sorgfältig versteckt. 1945 erhielt das Haus in den letzten Tagen des Kampfes um Berlin einige Granattreffer, wobei der Zugang zum Keller unter Trümmern begraben wurde. Erst acht Jahre später, 1953, begannen die Aufräumungsarbeiten. Dabei stellte sich heraus, daß die Kellerdecke gehalten hatte und die im Keller abgestellten Sachen keinen nennenswerten Schaden genommen hatten. Auch das längst verloren geglaubte Paket konnte unversehrt unter einer dicken Staub- und Mörtelschicht hervorgeholt werden. Da die Frist von

25 Jahren, die Malewitsch gesetzt hatte, inzwischen verstrichen war, fühlten wir uns berechtigt, das Paket zu öffnen. Es enthielt:
Zwei prall gefüllte Aktendeckel mit Manuskripten,
vier von den für Malewitsch charakteristischen Notizbüchern aus den Jahren 1923 bis 1927,
einen großen Aktendeckel voller Presseausschnitte aus den Jahren 1910 bis 1927,
dazu eine Reihe kleinerer Abhandlungen, Briefe, lose Blätter, Zeichnungen und Fotos.
Oben auf aber lag ein nur zur Hälfte beschriebenes Manuskriptblatt, auf dessen unteren, freigebliebenen Teil Malewitsch eine Art letztwilliger Verfügung handschriftlich niedergeschrieben hatte.
Übersetzt lautet diese Verfügung:
›Im Falle meines Todes oder eines ausweglosen Freiheitsentzuges und im Falle, daß der Besitzer dieser Handschriften den Wunsch haben sollte, sie zu veröffentlichen, so muß er sie gründlich studieren und dann in eine andere Sprache übertragen, weil ich mich seinerzeit unter revolutionären Einflüssen befand und sich somit erhebliche Widersprüche ergeben können zu der Form der Verteidigung der Kunst, die ich jetzt, im Jahre 1927, vertrete. Diese allein ist als gültig zu betrachten.‹
30. Mai 1927 gez. K. Malewitsch
Berlin«

Was hatte Malewitsch so erregt, daß er Hals über Kopf abzureisen beschloß? Was war der Inhalt jenes ominösen Briefes?

Niemand weiß es bis heute genau. Alle Recherchen dazu führen in eine Sackgasse. Vielleicht schlummert dieser Brief in einem staatlichen oder privaten Archiv in Rußland. Vielleicht hat Malewitsch ihn aber auch nach Erhalt zerrissen und verbrannt. Es gibt allerdings einige Vermutungen. So könnte ihn sein einstiger Meisterschüler und späterer Mitstreiter Nikolai Suetin während seiner Abwesenheit regelmäßig über die Verhältnisse in Leningrad und am dortigen Staatlichen Institut für Künstlerische Kultur, GINChUK, wo Malewitsch im Februar 1926 als Direktor entlassen worden war, informiert haben. Malewitsch könnte auch von der Treibjagd, die die parteitreue Künstlerassoziation AChRR (AChR) auf ihn eröffnet hat, erfahren haben. Er konnte sich in der Tat seiner Existenz, vielleicht sogar seines Lebens nicht mehr sicher sein. Er muß diese Entwicklung vorausgeahnt haben, sonst hätte er nicht seine wichtigsten Dokumente mit nach Berlin gebracht in der Absicht, sie auch dort zu lassen.

Malewitsch war ein prominenter Dissident, Nonkonformist, Regimekritiker. Er hatte den Mächtigen in seinem Lande längst die Meinung gesagt. Er galt für viele Künstler als Hoffnung, als moralische Instanz. Denn er hatte es gewagt, in der Zeit der größten revolutionären Triumphe kühlen Kopf zu bewahren und den Futtertrog-Sozialisten die Leviten zu lesen. Er war nicht emigriert und hat den Konflikt im eigenen Lande ausgetragen. Dafür wurde er von den Parteibonzen gemaßregelt, als Künstler und Lehrer kaltgestellt.

Befürchtete Malewitsch seine Ausbürgerung? Dies wäre sicherlich ein sehr schwerer Schlag für ihn gewesen. Denn er hing an Rußland, konnte sich künstlerisch nur dort selbst verwirklichen. Daß er die Möglichkeit eines ›ausweglosen Freiheitsentzugs‹ einkalkulierte und trotzdem am 4. Juni nach Leningrad zurückkehrte, zeugt von dieser tiefen Verbundenheit mit seiner Heimat.

Der entscheidende Brief, der Malewitsch zu seiner überstürzten Abreise aus Berlin veranlaßte, könnte ihm über die Russische Botschaft vom Volksbildungskommissariat zugestellt worden sein. Dies vermutet jedenfalls der in Amerika lebende Malewitsch-Experte Lew Nussberg, selbst Künstler in der Nachfolge der suprematistischen Lehre. Nussberg, der auch als Kunstschriftsteller tätig ist, meint, wie er in einem Brief an mich schreibt, daß Malewitsch nach seiner Rückkehr sofort für drei Wochen inhaftiert und scharfen Verhören unterzogen worden sei. Von diesem Augenblick an seien einige Dinge in seinem Leben und speziell in seiner schöpferischen Aktivität zerbrochen gewesen. Er habe in diesem Sommer nach seiner Rückkehr aus Berlin seine eigenen Konzeptionen über eine Gesellschaft von ›Perestroika‹ und über das ›Sowjet-Paradies‹ über Bord geworfen.

Was den Brief betrifft, der Malewitsch in Berlin so sehr geschockt hat, so kann Nussberg dazu nur eine weitere Vermutung äußern – daß nämlich bislang kein Mensch in der westlichen Welt diesen Brief zu Gesicht bekommen habe – sollte er überhaupt noch vorhanden sein – und daß kein russisches Archiv diesen Brief herausrücken würde.

Zweifelsfrei ist indes, daß Malewitsch verhaftet worden ist, wie Natan Fedorowsky, ein in Berlin lebender russischer Kunsthändler und Kunstschriftsteller im Katalog ›Osteuropäische Avantgarde‹ (Museum Bochum, 1988/89) über Malewitschs ›Berliner Vermächtnis‹ schreibt. Dabei zitiert er eine von Eugen Kowtun, dem Kurator des Russischen Museums Leningrad, in der Sowjet-Zeitschrift ›Ogonjok‹ 1988 veröffentlichte Tagebucheintragung des bekannten avantgardistischen Malers Pawel Filinow über eine Begegnung mit Malewitsch Ende der zwanziger Jahre: »Dann begann er sich über sein Schicksal zu beklagen und erzählte, daß er drei Monate im Gefängnis gesessen und einem Verhör unterzogen worden war. Der Untersuchungsrichter fragte ihn: Über welchen Cézannismus sprechen Sie? Welchen Kubismus verbreiten Sie? Die ACHRR wollte mich völlig erniedrigen. Ihre Mitglieder erklärten: Erniedrigt Malewitsch – und der ganze Formalismus verschwindet. Aber sie haben es nicht geschafft, ich bin lebendig geblieben. So leicht ist es nicht, Malewitsch zu vernichten.«

Noch bei seiner Abreise hatte Malewitsch darauf gehofft, daß es ihm möglich sein würde, im Jahr darauf wieder nach Berlin zu kommen. Freilich waren die finanziellen Aussichten nicht rosig. Er machte sich Gedanken darüber und schrieb an seinen Dolmetscher-Freund Alexander von Riesen mit Datum vom 9. Dezember 1927 dazu folgendes: ». . . Was den Verkauf meiner Arbeiten jetzt angeht, so wäre es natürlich schön, für das Landschaftsbild, von dem ich Ihnen sprach, 700 Mark zu bekommen.« Malewitsch interessierte ein Betrag, der es ihm möglich machen würde, seine künstlerische Arbeit in Deutschland zu beginnen und eine Ausstellung in Berlin vorzubereiten. Er wollte etwa eineinhalb Jahre in Berlin leben und glaubte, mit 500 Mark im Monat auszukommen. »Darum neige ich zu der Ansicht, daß es wenig Sinn hat, mich für die Anzahl der verkauften Werke zu interessieren, wenn sie mir nur diese Summe bringen ... Es geht mir sehr schlecht. Ich weiß nicht, wofür und woran ich arbeiten soll. Ich warte auf Post von Ihnen und glaube aus irgendeinem Grunde, daß sich plötzlich etwas tut. Daß wir im kommenden Sommer irgendwo, am Ufer irgendeines Teiches uns erholen und malen.«

# 9

## Resignation
## Lenin und Stalin
## Malewitschs letzte Bilder
## Tod im GINCHUK

Die Hoffnungen Malewitschs, daß die sowjetischen Behörden ihm ein Visum für eine zweite Reise nach Berlin erteilen würden, erfüllten sich nicht. Er war geächtet. Seine Gegner im Volkskommissariat für Bildung, dessen Leiter Anatoli Lunatscharski nach dem Tode von Lenin 1924 mehr und mehr an Einfluß verloren hatte, nahmen ebenso Rache an dem verhaßten ›linken‹ Malewitsch wie die Funktionäre der ›rechten‹ Künstlerassoziation ACHRR, denen Malewitsch ja oft genug die Stirn geboten hatte. Die Demontage des einstigen großen Idols der neuen Kunst im revolutionären Rußland ging gnadenlos vor sich.
Nach seiner Rückkehr aus Berlin, der ein peinliches Verhör durch die Geheimpolizei folgte, wurde Malewitsch zunächst auf einen unbedeutenden Posten in der Forschungsabteilung des Staatlichen Instituts für Kunstgeschichte in Leningrad abgeschoben. Mit Nikolai Suetin und Ilja Tschaschnik arbeitete er dort an Plänen für sozialistische Satellitenstädte in der Nähe von Moskau. Freilich mißfielen diese Untersuchungen den Mitgliedern des Kunsthistorischen Instituts, und sie erreichten es schließlich, daß der ihnen unbequeme Malewitsch Ende des Jahres 1929 entlassen wurde.
Dennoch gab es in dieser Zeit einige Lichtblicke, die allerdings Malewitschs resignative, ja oft depressive Stimmung nicht zu bessern vermochten. So war er mit einigen Bildern in der Ausstellung ›Neue Tendenzen in der Kunst‹ im Staatlichen Russischen Museum Leningrad vertreten. Arbeiten von ihm wurden in einer von den ›Freunden des neuen Rußland‹ in

Berlin veranstalteten Übersichtsschau und in Wien, beide 1930, gezeigt. Außerdem schrieb Malewitsch eine Serie von Aufsätzen über die Entwicklung der neuen Kunst seit Cézanne, die zum Teil auch veröffentlicht wurden. Er hatte in dieser Zeit gute Kontakte zum Kunstinstitut in Kiew, wo er auf Grund einer Initiative von Lew Kramarenko, der dort das Atelier für Wandmalerei leitete, einen Lehrauftrag wahrnahm und auch eine Einzelausstellung erhielt. Zwischendurch war Malewitsch mit der farblichen Ausgestaltung des ›Roten Theaters‹ in Leningrad, einem im Jugendstil erbauten ehemaligen Volkshaus, das später abbrannte, beschäftigt.

Natürlich mußte es Kasimir Malewitsch als Genugtuung empfinden, daß die Tretjakow-Galerie in Moskau allen Intrigen gegen den Künstler zum Trotz ihre Vereinbarung mit ihm einhielt und im November 1929 eine umfangreiche Retrospektive über sein Werk veranstaltete. Wenn auch die Gegner geifern mochten – in einem Katalogvorwort bemühte sich der Direktor der Tretjakow-Galerie, A. Fedorow-Dawidow, um Gerechtigkeit für Malewitsch. »Zwar ist uns Malewitschs Kunst ideologisch weitgehend fremd«, so heißt es darin, »nichtsdestoweniger sind die formalen Qualitäten und die Meisterschaft seiner Werke für die Entwicklung unserer künstlerischen Kultur so wesentlich, daß die Kenntnis seiner Arbeit sowohl für den künstlerischen Nachwuchs als auch für den neuen Betrachter sehr von Nutzen ist ... K. S. Malewitschs künstlerische Entwicklung spiegelt im kleinen, aber mit außerordentlicher Klarheit und logischer Folgerichtigkeit die Entwicklung

der gesamteuropäischen, einschließlich der russischen Kunst im Zeitalter des Industrialismus und des reifen Kapitalismus wider ... Die aufstrebende Industrie hat sehr bald damit begonnen, neue Bauformen (Eisenbeton) zu entwickeln und das Problem der standardisierten Massenproduktion von Bedarfsgütern in seiner gesamten Bedeutung zu stellen. Hierbei nun wurden die Erfahrungen und Angaben genutzt, die im Laboratorium der ›gegenstandslosen‹ Kunst gewonnen worden waren. Ohne sie wären die moderne neue Architektur, die Möbel, die Textilgestaltung, das Plakat, der Umbruch der Bücher und Zeitungen und schließlich die gegenwärtigen Erfolge der neuen ›industriellen‹ Kunst – des Films – undenkbar.«
Fedorow-Dawidow stellt nun der Produktionskunst, die den Ausweg aus der Sackgasse der Gegenstandslosigkeit gefunden habe, die suprematistische Kunst gegenüber, deren Vertreter sich »in ihr Selbst vertiefen und den fehlenden Wirklichkeitsgehalt mit inneren Erlebnissen ausfüllen« würden, und zwar »subjektiv weitab von den positiven Grundtendenzen der neuen Kunst des Industrialismus«, deren Aufkommen sie freilich objektiv gefördert hätten. Hier sieht der Tretjakow-Galerie-Chef die Bedeutung von Malewitsch, den er einen »Subjektivisten und philosophischen Träumer« nennt und dessen suprematistische Malerei er – höchst geschickt mit Blick auf die verschärfte Kunstsituation und das Kesseltreiben der Partei gegen Malewitsch – besonders deswegen herausstreicht, weil sie sich »auf die Textilien und in zahlreichen anderen Zweigen der angewandten Kunst ausgewirkt« habe. Nicht minder geschickt

ist sein Hinweis auf die Architekten aus dem Westen, die »mit regem Interesse« Malewitschs ›Planiten‹ und ›Architektona‹ betrachten würden, »deren reiche Phantasie und Ausdrucksfülle der intensiv durchgearbeiteten Formen dem praktischen Architekten ein überaus reichhaltiges Material liefern«.
Sehr viel direkter und frei von Parteidoktrinen beurteilt Alexei Gan, ein vielseitiger Künstler und Schriftsteller und einst Leiter der Sektion für Massenschauspiele innerhalb des Volksbildungskommissariats, diese Ausstellung. In einer Kritik für die deutschsprachige Ausgabe der ›Moskauer Rundschau‹ nennt er Malewitsch einen »der größten und jedenfalls erfolgreichsten Erfinder der Malerei«, der »den Entwicklungsgang der modernen Malerei« vom Impressionismus zum Kubismus mitgemacht »und dennoch das getan« habe, »wozu seinen Lehrern und Schülern der Mut fehlt: Er sagte sich von der Gegenständlichkeit los und machte sich auf die Suche nach den Formelementen der Malerei«. Und so sei sein Suprematismus entstanden, »die Kunst, in der Licht und Farbe ohne Anlehnung an die Wirklichkeit der Umwelterscheinungen Alleinherrscher sind«. So wichtig auch diese Ausstellung in der Tretjakow-Galerie für Malewitschs beschädigtes Selbstvertrauen gewesen sein mag, so klar war ihm, daß sie an seiner Gesamtsituation nichts ändern würde. Schon die Vorgänge im Zusammenhang mit seiner Entlassung aus den Diensten des Kunsthistorischen Instituts in Leningrad hatten ihm deutlich gemacht, daß im Grunde genommen nichts mehr zu retten war. Trotzdem hat Malewitsch in einem Brief an den Präsidenten der Institutsver-

waltung, A. Swidersky, mit Datum vom August 1929 gegen die zu diesem Zeitpunkt bereits ruchbar gewordene Absicht interveniert, ihn und seine engsten Mitarbeiter Nikolai Suetin, Wera Ermolajewa und Maria Ender zu entlassen. Malewitsch tat dies in einer merkwürdigen Mischung aus Stolz und Demut, aber offensichtlich in der Absicht, dem Präsidenten ein differenzierteres Bild seiner künstlerischen Entwicklung zu vermitteln, als er dies von der Leitung des Kunstinstituts erwarten konnte.

So wies Malewitsch darauf hin, daß sein Vater nicht reich gewesen sei und er deshalb allein seine künstlerische Ausbildung bestritten hätte. Heute sei sein Name in der ganzen Welt der Kunst bekannt. Dann beschrieb er kurz die Stationen seiner künstlerischen, administrativen und pädagogischen Karriere, um im folgenden eindringlich auf die Bedeutung des suprematistischen Designs für die heimische Porzellanindustrie aufmerksam zu machen.

Das klingt merkwürdig von einem Mann, der die produktivistische Nützlichkeits-Ideologie des Materialismus immer bekämpft hat, ist jedoch verständlich unter den besonderen Bedingungen seines Lebens und Wirkens in diesen Jahren. Andererseits hält Malewitsch wieder einmal die Fahne des Widerstands hoch, indem er Präsident Swidersky, der vermutlich ein lupenreiner Genosse war, klarmacht, daß das Institut für Künstlerische Kultur, dessen Leitung er bekanntlich 1926 hatte aufgeben müssen und das ein paar Jahre später der befohlenen Neuordnung zum Opfer fiel, nicht gegen die mächtige

Künstlerassoziation ACHRR eingestellt gewesen sei, wie dies behauptet wurde. Das Institut habe einzig zum Ziel gehabt, neue Formen auf den Feldern von Architektur, Textilien, Tapeten und Möbeln zu finden. Fragen der reinen Figuration seien erst gar nicht aufgekommen. Infolgedessen hätte es keinen Vergleich mit der ACHRR geben können. Aber die Gegner hätten ständig ausgestreut, daß das Institut für Künstlerische Kultur ein »Mistbeet der neuen Kunst« und gegen die ACHRR gerichtet sei.

»1927 wurde dann mein ganzes Werk mit dem des Kunsthistorischen Instituts verschmolzen, im Schoße der alten Kunsthistoriker. Die alten Akademiker samt deren Direktoren waren schrecklich verärgert über diese Ketzerei«, so Malewitsch wörtlich in seinem Brief an Swidersky, den der bekannte dänische Malewitsch-Experte Troëls Andersen in den ›Unveröffentlichten Schriften 1913–1933‹ (Kopenhagen 1978) publiziert hat. Malewitsch weiter: »Mein experimentelles Werk schien ihnen ein gewaltiger Angriff gegen sie zu sein. . . . Aber sie schafften es nicht, mich zu zügeln.«

Am Ende wurde Malewitsch doch gezügelt – auch dieser ehrlich gemeinte Brief, der seiner ganzen Diktion nach sehr zurückhaltend und überraschend unpolemisch war, nützte nichts. Malewitsch mußte erdulden, wogegen er sich noch einmal tapfer zur Wehr gesetzt hatte – die Entlassung. Eine bittere Anklage hat er in seinem Brief formuliert: »Menschen, die vom Anbeginn der Oktoberrevolution unermüdlich ihr Werk entwickelt haben, nicht aus Angst, sondern aus Begeisterung – sie sind heute ausgestoßen.«

In der Tat war Malewitsch ein Ausgestoßener. Das ist ein tragisches Geschick. Es entwickelte sich unerbittlich in einer ganz bestimmten historischen Konstellation, für die der Name Lenin steht, und es erfüllte sich ebenso unerbittlich zu Beginn der Ära Stalin. Leo Trotzki hat (in ›Literatur und Revolution‹) – zu spät – deutliche Worte gesagt: »... Was die Weltentwürfe des Surrealismus und Konstruktivismus folgerichtig anstrebten, das Bündnis mit dem Marxismus, wurde ihnen von Politikern, die sich zu Verrätern an ihrer eigenen Sache machten, verweigert. Ungenützt blieb die bisher einzige Chance unseres Jahrhunderts, die von der marxistischen Kunstlehre behauptete unmittelbare Verflechtung von künstlerischem und gesellschaftlichem Bewußtsein zu verwirklichen ... Brecht meinte, die neuen Kunstrichtungen seien im Westen von den Politikern im Stich gelassen, von keiner neuen Richtung in der Politik gestützt worden. Dieser Vorwurf ist mit noch größerer Berechtigung an die Gesellschaftsordnung zu richten, die ihre Konsolidierung mit dem Verbot jeder revolutionären Kunstform erkaufte ... Pervertierter Marxismus – zu erwarten, daß ein solches Regime dem Künstler gestatte, was es jedem anderen Staatsbürger vorenthält, die freie Selbstverwirklichung, ist naiv und inkonsequent, weil mit der vom Marxismus behaupteten Abhängigkeit der künstlerischen Tätigkeit von den Produktionsverhältnissen unvereinbar ...«
Lenins Rolle in diesem Prozeß der Zerschlagung der im Suprematismus Malewitschs gipfelnden neuen Kunst in Rußland liegt begründet in seinem unbedingten Willen, die proletarische

Revolution durchzusetzen und den ersten sozialistischen Arbeiter- und Bauernstaat auf der Welt zu etablieren. Dies verlangte höchste agitatorische Anstrengungen. Das war mit elitären ›linken‹ Künstlern, so sehr sie sich auch im Einklang mit den hehren Zielen der Revolution befinden mochten, nicht zu erreichen.

Es ist bekannt, daß Lenin bei seinen gelegentlichen Kurzbesuchen in den Kunstakademien, die in erster Linie der Propagierung seiner Monumentalkunstidee galten, die Studenten ermunterte: »Machen Sie so weiter – aber ich verstehe nichts.« So harmlos das auch klingen mag, so erschütternd ist diese läppische Aussage. Denn sie offenbart die ganze Ignoranz dieses genialen Machtpolitikers gegenüber der Aura des Geistes. Genauso verhielt Lenin sich auch gegenüber neuen Strömungen in der Dichtung, der Architektur, der Musik, des Theaters. Lenin tolerierte nur, was auch die Masse verstehen kann. Deswegen sprach er stets begeistert von der Antike, von der Klassik, von den alten Traditionen.

Dennoch: Die Auseinandersetzung, die Kasimir Malewitsch mit dem ›Futtertrog-Sozialismus‹ unter der Herrschaft Lenins austrug, zeigt, daß es in diesem Herrschaftsraum noch Möglichkeiten für solche Konfrontationen gab – dies wäre unter der Herrschaft von Stalin nicht mehr möglich gewesen. Lenin verkörperte noch so etwas wie eine Urgestalt des revolutionären Politikers, er formte die Diktatur des Proletariats, war insofern, vorsichtig gesagt, quasi künstlerisch, leidenschaftlich. Stalin war bereits Vollstrecker, spießig, kalt. Für Malewitsch war Lenin eine, wie wir gesehen haben, geistige Herausforderung – sein Lenin-Traktat mag dafür als ein unerhörtes Beispiel stehen. Wie René Fülöp-Miller meint, hat Lenin selbst »diesen tragischen Konflikt zwischen vernunftgemäßer Erkenntnis und elementarer Empfindung bis zu einem gewissen Grade noch durchgemacht«.

Was Lenin einleitete und sein Volkskommissar Lunatscharski mit viel diplomatischem Geschick und liberalem Gestus umsetzte, war in der Tat ein Stoff, der damals noch, jedenfalls bis zur Einführung der Neuen Ökonomischen Politik 1921, kontrovers diskutiert werden konnte. Man könnte sagen, daß der revolutionäre Schwung noch auf allen Gebieten vorhanden war. Nach dem Tode Lenins konsolidierten sich die Machtverhältnisse schnell unter dem neuen ›Zaren‹ Stalin, vor dem Lenin die Partei gewarnt hatte. Stalin liquidierte die Neue Ökonomische Politik seines Vorgängers – und dies lief auf eine totale Kontrolle aller Lebensbereiche hinaus. Mit einer Verfügung des Zentralkomitees der Kommunistischen Partei vom 23. April 1932 wurden sämtliche Künstlerverbände aufgelöst, was faktisch eine Gleichschaltung der Arbeit der Künstler unter der Aufsicht der Partei bedeutete. Der nächste Schritt war 1934 die Verkündung des ›Sozialistischen Realismus‹ als verbindliche Doktrin für das Schaffen jedes einzelnen Künstlers.

Malewitsch hat den Prozeß der Wandlung des Systems von der noch offenen revolutionären Frühzeit zwischen 1910 und etwa 1920 über die Phase der sich mehr und mehr festigenden Macht der Bolschewiki und deren endgültige Etablierung bis zur Machtergreifung Stalins und der völligen Ausschaltung aller progressiven Strömungen in der Kunst durchlebt und durchlitten. Es war ein ungeheurer Niedergang, der autonomes schöpferisches Handeln völlig ausschloß. Der Schöpfer hieß jetzt Stalin, und die Partei war die einzige Inspirationsquelle für die Künstler. »Ihr müßt Euer Vaterland mit all dem Neuen, was es in der Sowjetunion gibt, lieben . . . und ihm ein strahlendes, festliches Aussehen geben. Wenn der Künstler das sozialistische Vaterland wirklich liebt, dann wird sich seinen Augen all das Lebendige und Großartige, was in der Sowjetunion geschieht, auftun, und seine Liebe wird sich mit einem tiefen, lebendigen, wirklichen Inhalt füllen.« So Staatspräsident M. I. Kalinin 1939 in einer Rede an die bildenden Künstler.

Kasimir Malewitsch hat sein Vaterland weiß Gott geliebt. Er hat sein Verbleiben in der Heimat der Emigration vorgezogen und den künstlerischen Konflikt mit der politischen Revolution und ihrer Ideologie am Ort des Geschehens ausgetragen – in Rußland. Und er hat dafür die bittersten Demütigungen und existentiellen Nöte erdulden müssen. Diese Tragik des künstlerischen Lebens wird durch die letzten Bilder Malewitschs anschaulich gemacht.

Es hat um dieses wieder gegenständliche Spätwerk viele Diskussionen gegeben. Malewitsch knüpft mit ihm an die frühe kubofuturistische Phase an. Was sehen wir? Wir sehen Frauenfiguren, Häuser, Bauern, Bäuerinnen, Figurengruppen als meist statische, geometrisch aufgebaute Farbkörper in Räumen, die

wie Farbfelder organisiert sind – Bilder von faszinierender Eindringlichkeit, wenn man so will: Suprematismus, vergegenständlicht. Vielfach haben die Figuren leere Gesichter, nur umrahmt von einem dichten, meist tiefschwarzen Bart oder von einem Kopftuch. Seine Frau und sich selbst hat er in einer Tracht dargestellt, die uns an die Frührenaissance denken läßt, auch seine Tochter Una trägt dieses Kostüm. Die ebenfalls im Frühwerk auftauchenden Themen der zwischen 1930 und 1933 entstandenen Bleistiftzeichnungen sind Kreuze, Kreuzkopf, betende Bäuerin, Mystiker, Golgatha, ein Bauer, der über sein Land auf eine Kirche blickt, eine ›Figur mit ausgebreiteten Armen, ein Kreuz bildend‹ (so der Titel von Malewitsch).
In einem Brief an einen Freund in Kiew vom 2. Oktober 1931 schreibt Malewitsch: »Ich gedenke, das Malen aufzunehmen, symbolische Bilder zu malen. Ich versuche, ein gültiges Bild zu schaffen.« Larissa A. Shadowa meint in ›Suche und Experiment‹, daß die »auf neue Weise interpretierte suprematistische Farbenschrift Malewitschs aus der letzten Periode gewaltige Energie« ausstrahle: »Beharrlich am Menschenbild arbeitend, behandelte Malewitsch das Porträt vollkommen neu.«
Shadowa folgte der damals, 1978, noch offiziellen sowjetischen Lesart, wenn sie schreibt, daß diese letzten Bilder »Malewitsch auf dem Wege vom Suprematisten zum Traditionalisten« zeigen. Zu Beginn der dreißiger Jahre habe sich immer deutlicher herausgestellt, »daß für den Entwurfssuprematismus zunächst keine Basis zur praktischen Anwendung bestand«. Das gleiche Los habe den Konstruktivismus, die Pro-

duktionskunst und andere linke Richtungen ereilt, »die mit dem ungeduldigen Streben nach Ausbildung einer universellen künstlerischen Tätigkeit verbunden waren«. Malewitsch habe in den letzten Lebensjahren in der Malerei neue Kontakte mit dem Betrachter angebahnt, »womit es ihm gelang, sein Scherflein zur Herausbildung des Neorealismus, der eine der wichtigsten Richtungen in der fortschrittlichen Malerei des 20. Jahrhunderts wurde, beizusteuern«.

Diese Äußerungen sind unserem Verständnis nach haarsträubend und nur begreifbar unter den Bedingungen der seinerzeit noch immer herrschenden Ächtung Malewitschs und seinesgleichen in der Sowjetunion. 1980, im Katalog der verdienstvollen Düsseldorfer Ausstellung Malewitschs, nennt Larissa A. Shadowa die Bilder Malewitschs schon »kompliziert« und »schwer mit Worten zu beschreiben«. Ganz lapidar stellt sie fest, daß der Künstler zur figurativen Malerei zurückgekehrt sei, »als am Ende der zwanziger Jahre die Notwendigkeit aufkam, die Welt der abstrakten Geometrie und der allgemeinen Kosmologie an der Natur zu überprüfen«, und sie zitiert den Kurator des Russischen Museums in Leningrad, Eugen Kowtun, der – ebenso lapidar – »die Gestalten der letzten figurativen Bilder Malewitschs völlig richtig als Bewohner des vom Künstler geschaffenen kosmischen Universums charakterisiert« hat. In einer Information des Amsterdamer Stedelijk Museums zur ersten Gesamtschau des Werks von Malewitsch (März–Mai 1989) heißt es zu den letzten Bildern: »Wollte er seine Landsleute mit seinem Werk lehren, was echte sozialistische, realistische Kunst ist oder sein sollte? Oder, besser gesagt: was die Kunst einer sozialistischen Gesellschaft ist, in deren Mittelpunkt der ›einfache‹ Mensch steht? Eine Antwort gibt es nicht. Es trat eine Stille ein, durch die er aber nicht in Vergessenheit geriet.«

Auch Malewitschs Schülerin Anna Leporskaja, die ihm bis zuletzt ergeben war, hat sich später über die letzten Bilder des Künstlers geäußert (Katalog Gmurzynska, 1978). »Diese Arbeiten«, so meint sie, »dürfen nicht als eine unerwartete neue Wendung betrachtet werden, sondern als Entwicklung des farblichen Ausgangspunkts, der in den frühen Arbeiten Kasimir Sewerinowitschs begründet ist, aus Naturbeobachtung heraus entstanden. Dieses geschlossene und kostbare Werk des Künstlers, das eine Brücke zwischen frühem und spätem Schaffen darstellt, ist ausdrucksstark und tiefgreifend, ein einzigartig reicher geistiger Ausfluß Kasimir Sewerinowitschs.«

Die Rätsel, die die letzten Bilder Malewitschs aufgeben, sind noch nicht gelöst – und es ist fraglich, ob sie jemals entschlüsselt werden. Hat der Künstler am Ende seines Lebens – gedemütigt, kaltgestellt, geächtet – mit diesen Figurationen seine Hilflosigkeit gegenüber seinem Schicksal zum Ausdruck bringen wollen? Sind sie eine Verbeugung vor den Machthabern und ihrem sozialistischen Realismus? Oder bilden sie die Summe seiner künstlerischen Erfahrungen? Sind sie gar eine für Malewitsch typische offene, ironische Anklage des Systems? Da es von ihm keine Schuldbekenntnisse gibt und er – im Gegenteil – in dieser existentiell schwierigsten Zeit seines Lebens zu seinen künstlerischen Überzeugungen gestanden hat, könnte es gerechtfertigt sein, diese letzten Bilder auch als seine Form der Abrechnung mit jenem Futtertrog-Materialismus zu verstehen, der es faktisch zu nichts gebracht hat – außer der Zerschlagung aller zukunftsweisenden künstlerischen Konzeptionen.

Dies ist auch vor dem Hintergrund der sich Ende der zwanziger Jahre bereits abzeichnenden und dann von Stalin vehement betriebenen Ausrottung der bäuerlichen Kultur Rußlands zu sehen – den letzten Bildern Malewitschs kann eine Bedeutung im Sinne eines Protests gegen diese verheerende Entwicklung zugemessen werden. Malewitsch hat, wie wir wissen, schon von Kind auf eine tiefe Beziehung zum bäuerlichen Leben gehabt, er hat darüber in seinen autobiographischen Notizen gesprochen. Seine frühen kubofuturistischen Bilder sind großartige künstlerische Zeugnisse für diese Bindung.

Unübersehbar ist, daß Malewitsch in seinen letzten Werken die Kreuzsymbolik wiederaufgenommen und vertieft hat. Bereits 1915 hat er das Kreuz als »die zweite wichtige Form des Suprematismus« bezeichnet. Lew Nussberg sieht hier eine Konzentration »auf die Innenwelt des Menschen, auf seine geistigen, mit dem Verstand nicht faßbaren, kosmischen Verbindungen, d. h. auf die übernatürlichen mystischen Kräfte und Erscheinungen ... In einem neuen Kontext entflammt in ihm die Neigung zu seinem Lieblingssymbol – dem Kreuz« (Katalog ›Osteuropäische Avantgarde‹, Museum Bochum, 1988/89). Malewitsch selbst hat einer Zeichnung aus dem Jahr 1927 den Titel ›Mystisch-religiöse Wendung der Form‹ gegeben. Wie mächtig dieses Symbol für ihn war, zeigt, daß er – schon todkrank – die Vorstellung äußerte, mit ausgebreiteten Armen bestattet zu werden, so würde sein Körper eine Kreuzform bilden. Andererseits mag das Kreuz hinter der Figur eines Bauern ein Symbol für die Kreuzigung der traditionell-bäuerlichen Zivilisation sein – also ein Symbol für ihre Bedrohung durch die von Stalin rigoros betriebene Industrialisierung des Landes, die alle Spuren schöpferischen handwerklichen Wirkens durch die mechanische Tätigkeit seelenloser Maschinen hinwegfegt.

Es ist keine Übertreibung, wenn man Malewitschs letzte Werke auch als eine Botschaft des Künstlers begreift. Das Selbstporträt in Renaissance-Manier erschüttert, weil es Malewitsch eigentlich ungebrochen, kraftvoll, aber irgendwie auch losgelöst vom Irdischen zeigt. Die Geste ist würdevoll, der Blick geht weit, ins Unbestimmte. In den heroischen revolutionären Zeiten hat Malewitsch gegen die Bewunderung Lenins für die klassische Kunst, gerade die Renaissance-Kunst, polemisiert. Das Ergebnis ist bekannt – die neue Kunst wurde gemaßregelt und schließlich geächtet. Lenin hatte jenen Prozeß eingeleitet, der zu einer ›Renaissance‹ realistischer Traditionen in der Kunst führte, zur ›Suprematie‹ des »sozialistischen Realismus«. Dies alles sagen uns die letzten Bilder Malewitschs, insbesondere sein Renaissance-Porträt, das ein zutiefst tragisches Bild ist – es ist nicht mit seinem Namen signiert, sondern unten rechts, ganz klein, mit einem schwarzen Quadrat.

Kasimir Malewitsch starb am 5. Mai 1935 nach längerem

Siechtum an Krebs. Wie aus einem im Privatarchiv von Natan Fedorowsky (Berlin) befindlichen und im erwähnten Bochumer Katalog abgedruckten Brief von Nikolai Suetin an Lilja Brik, Frau des Schriftstellers und Literaturhistorikers Ossip Brik, hervorgeht, ist die böse Erkrankung nach eingehenden Untersuchungen durch russische Spezialisten diagnostiziert worden. Man hatte von einem Professor in Paris gehört, dem gute Erfolge bei der Behandlung von Prostatakrebs nachgesagt wurden. Deswegen hatte die Familie dort eine Behandlung erwogen. Die behördliche Genehmigung für eine solche Reise zu erhalten war wohl sehr schwierig. Auch konnte Malewitsch nicht allein fahren, er brauchte einen Begleiter. Offensichtlich verfügte Lilja Brik über hervorragende Kontakte zu den amtlichen Stellen, anders ist nicht zu verstehen, daß Suetin und die Familie Malewitsch sich an sie mit der Bitte wandten, angesichts der ihr bekannten Bedeutung des Künstlers »alles zu tun, was möglich ist, um ihn vor einem schnellen und quälenden Tod zu retten und zu helfen, die Reise ins Ausland zu ermöglichen«.

Suetin veranschlagte die Kosten für Behandlung und Leben in Paris auf etwa 1000 Goldrubel, die durch den Verkauf von Malewitsch-Werken vielleicht aufgebracht werden konnten, »wenn er sie dort verkauft, kann er dem Staat das Geld zurückzahlen«, schreibt Suetin. Und er schließt den Brief: »Der Zustand von K. S. ist psychisch so schwer, daß es nötig ist, seinen wahren Zustand vor ihm zu verheimlichen. Auch daß er Krebs hat, ist ihm nicht bekannt . . .«

Die Hoffnungen zerschlugen sich, die Reise nach Paris konnte nicht verwirklicht werden, Malewitschs Zustand verschlechterte sich rapide. Der einst so kräftige Mann magerte ab, seine Wangen waren hohl, ein langer, dichter Bart umrahmte das bleiche Gesicht. Er starb in seiner Wohnung im ehemaligen Staatlichen Institut für Künstlerische Kultur (GINCHUK) in Leningrad, das er einst als Direktor geleitet, mit seinen Ideen inspiriert hatte und das er dann 1926 unter Zwang verlassen mußte. An seinem Totenbett standen seine 77 Jahre alte Mutter Ludwiga Alexandrowna, die ein Gedicht auf den Tod des geliebten Sohnes geschrieben haben soll, seine dritte Frau Natalia Andreewna, die er 1925 geheiratet hatte, seine 15jährige Tochter Una aus zweiter Ehe und Anna Leporskaja. Eine seiner Schülerinnen hat ihn kurz vor seinem Tod besucht und sich daran erinnert, daß der Meister, seinen Blick aufs Fenster gerichtet, gesagt hat: »Werde ich die Welt noch suprematistisch sehen?« Seine letzten Worte hat Anna Leporskaja überliefert: »Denkt an Rußland.«

Der Leningrader Stadtsowjet beschloß, »in Anbetracht der Verdienste des verstorbenen Künstlers K. S. Malewitsch um die sowjetische bildende Kunst«, die Begräbniskosten zu übernehmen. Außerdem beauftragte der Stadtsowjet die Abteilung für kulturelle Massenarbeit, »gemeinsam mit dem Künstlerverband aus den Werken des Verstorbenen eine Auswahl für den Erwerb durch den Leningrader Stadtsowjet zu treffen und auch beim Volkskommissariat für Bildungswesen in Moskau um die Gewährung einer Sonderrente an die Familie K. S. Malewitsch nachzusuchen«.

Zu Hause, im GINCHUK-Gebäude, ruhte der tote Malewitsch auf einem weißen Lager. An der Wand über ihm hing das ›Schwarze Quadrat auf weißem Grund‹ aus dem Jahr 1915, links daneben sein Selbstbildnis als Renaissance-Mensch aus dem Jahr 1933 und darunter die Bäuerin im weißen Gewand mit schwarzem Gesicht, schwarzen Händen, schwarzen Beinen, aufrecht in Farbfeldern stehend, aus dem Jahr 1928 oder 1932.
Die Trauerfeier für Kasimir Malewitsch fand im Haus des Leningrader Künstlerverbandes statt. Dort war er in einem nach Entwürfen von Nikolai Suetin konstruierten suprematistischen Sarg aufgebahrt, an der Wand hinter ihm hing nur das ›Schwarze Quadrat auf weißem Grund‹. Anschließend gab man dem toten Malewitsch ein großes Geleit zum Moskauer Bahnhof in Leningrad. Er hatte verfügt, die Urne mit seiner Asche in dem kleinen Flecken Nemtschinowka in der Nähe von Moskau beizusetzen. So geschah es. In Nemtschinowka hatte er immer gern seine Ferien verbracht und sich bei der Gartenpflege von den Strapazen seiner Arbeit erholt. Die gemütliche Datscha gehörte seiner zweiten Frau, die 1923 gestorben war. Er behielt sie bis an sein Lebensende.
In Nemtschinowka gibt es keinen Friedhof. Die Familie erhielt vom Dorfsowjet die Sondererlaubnis, die Urne außerhalb, an einem Waldrand unter einer Eiche, beizusetzen. Darüber wurde ein von Nikolai Suetin entworfener Kubus aus Zement aufgestellt – mit einem schwarzen Quadrat auf der Vorderseite. In seinem Lenin-Traktat hat Malewitsch über den Kubus ge-

sagt, daß er ein »geometrisches Paradies« sei. »Der Kubus«, so schrieb er in diesem Traktat, »wird am Ende deines Weges sein – er ist die Vollendung.«

Am 5. Mai 1935 war der Lebensweg Kasimir Malewitschs vollendet – der weiße Kubus mit dem schwarzen Quadrat konnte nach dem tragischen Verlauf seines Lebens endlich auch für ihn selbst jenes Symbol darstellen, das er mit der Hoffnung auf eine »neue Ewigkeit« verknüpft hatte.

# 10

# Am Grab von Kasimir Malewitsch in Nemtschinowka bei Moskau

Im Herbst 1988 hatte ich Gelegenheit, das Grabmal von Kasimir Malewitsch zusammen mit Günther Uecker und einer kleinen Gruppe von Kunstfreunden aus Deutschland zu besuchen. Der Ort liegt etwa 40 Kilometer nordöstlich von Moskau. Wir fuhren mit dem Auto dorthin. Es war an einem naßkalten Tag. Ohne die kundige Führung des Moskauer ARD-Hörfunk-Korrespondenten Hans-Peter Riese hätten wir die Grabstätte niemals gefunden.

Der Pfad führt durch einen Mischwald auf einen Feldweg. Der Blick geht weit über das Ackerland. Am Horizont ist ein Kirchturm auszumachen. Wir biegen nach rechts ab und haben Mühe, auf dem nassen, glitschigen Boden voranzukommen. Dann stehen wir plötzlich vor dem Grabmal. Es befindet sich in einer kleinen Lichtung direkt am Waldrand. Der Betonkubus mit dem in der vorderen Platte eingelassenen roten Quadrat steht auf einem niedrigen kleineren Sockel. Die Plattform bildet ein größeres unregelmäßig geschnittenes Viereckstück, ebenfalls aus Beton gegossen. Die Spitze weist nach vorn, signalisiert Dynamik, im Gegensatz zu der statischen, in sich ruhenden Form des Kubus. Der Boden rings herum ist mit Steinen übersät.

Das ursprüngliche Grabmal, das der Malewitsch-Vertraute Nikolai Suetin entworfen hat, ist im Zweiten Weltkrieg zerstört worden – man weiß nicht, ob durch Kriegseinwirkung oder auf Befehl der Partei. Im Sommer vergangenen Jahres wurde der neue Kubus mit Erlaubnis des örtlichen Sowjet dort aufgestellt, wo man den Standort des alten Grabmals vermutet hat. Auch

die Eiche, unter der die Urne mit der Asche Malewitschs beigesetzt wurde, steht nicht mehr.
Es war ein bewegender Moment. Tannenzweige und Blumen, leicht verwelkt, lagen auf der Plattform, vor dem roten Quadrat. Günther Uecker hatte eine Rose mitgebracht und legte sie auf den Kubus. Er hatte Wert auf diesen Besuch gelegt. Seine in diesen Herbsttagen eröffnete große Retrospektive im Moskauer Künstlerhaus am Krimwall hatte er ausdrücklich Kasimir Malewitsch gewidmet. Hier in Nemtschinowka wollte er ihn und wollten wir ihn ehren.
Im Kubus sah Malewitsch die absolute Form für Vergeistigung. Sein Denkmal für Lenin, das er nach dessen Tod entwarf, bestand, wie wir wissen, aus einem Berg landwirtschaftlicher und industrieller Werkzeuge und Geräte – und auf der Spitze befand sich die ›Figur‹ Lenins, und zwar in Form eines Kubus. Auf die verdutzte Frage der Jury, wo denn Lenin sei, wies Malewitsch auf den Kubus: »Das ist Lenin ...« So hat Malewitsch den Kubus als eine gegenstandslose Offenbarung verstanden. Diese Denkungsweise ist sicherlich auch der Maßstab für die geistige Freundschaft gewesen, die ihn während seines Aufenthalts in Berlin im Frühjahr 1927 mit dem Architekten Hugo Häring verband. Dieser hat in seinen Vorträgen ›Vom neuen Bauen‹ und ›Über das Geheimnis der Gestalt‹ den Kubus als »Ebenbild des Todes und nicht des Lebens« bezeichnet. »Und überall, wo der Tod den Menschen als ein neues Geheimnis entgegentritt, finden sich auch der Kubus und der Stein ein.«
In den Gestaltbildern der Geometrie, so Häring, stehe der

Kubus an erster Stelle. »Er galt im Altertum auch als ein Bild der Erde unter ihrem Aspekt des Todes. Der ägyptische Werkraum – in dem die Ausbildung des Geistes in der Geometrie eine besondere Aufgabe war – läßt das Menschenwesen aus dem Kubus herausschreiten, aus dem Raum des Todes in den Raum des Lebens, und seine religiöse Lehre hat das Geheimnis des Todes zum Inhalt.« Häring folgert, daß die Lehre der Geometrie also auch eine Gestaltlehre sei, nicht nur eine technische Lehre. Malewitsch und Häring haben ganz gewiß über diese Problematik diskutiert. Und dabei haben sie entdeckt, wie nahe sie sich in manchen Auffassungen waren. Auch Häring hat, wie Malewitsch, die Existenz von zwei Wirklichkeiten erkannt, die irdische und die geistige Wirklichkeit. Diese geistige Wirklichkeit erfüllt sich bei Malewitsch in der Suprematie der reinen weißen Gegenstandslosigkeit als der ›goldenen Gleichheit‹. Der Architekt Häring spricht in diesem Zusammenhang von der »Vielgestalt in der geschöpflichen Welt schlechthin, die darauf hinweist, daß nicht das technische Werk der Sinn der Schöpfung ist, sondern ein Gestaltwerk«, und dabei weist er auf die Biologen hin, die auch entdeckt hätten, »daß das Gestaltwerk das Ziel der Schöpfung ist und daß das Organwerk nur zu dessen Aufbau da ist«.

Jetzt, angesichts des Grabmals für Kasimir Malewitsch, erhalten diese Überlegungen ihren konkreten Sinn. Etwas vom Geheimnis wird spürbar, das in dieser Gleichheit des Kubus ruht. Es besteht die Chance, nachzuvollziehen, was Malewitsch meint, wenn er vom Kubus als einem Gesetz spricht.

Wir sind danach in das Dorf Nemtschinowka gefahren. Wir fanden Malewitschs Datscha unzugänglich für uns – die Nachbarin, eine alte Bäuerin, sagte uns, daß in der Datscha ein entfernter Verwandter von Kasimir Sewerinowitsch lebe, der aber seit einiger Zeit krank sei und keinen Besuch dulde. Die Gardinen an den Fenstern waren geschlossen. Das Holzhaus macht einen verwunschenen Eindruck – wie dieser ganze Flekken Nemtschinowka, der aus einer Anzahl von Gehöften besteht. Der Garten, in dem Malewitsch immer so gern gearbeitet hat, ist ziemlich verwildert. Es herrscht eine merkwürdige Ruhe – kaum zu glauben, daß das riesige Moskau mit Kreml, Lenin-Mausoleum, Gorbatschow, Perestroika und Glasnost praktisch nur eine halbe Autostunde entfernt liegt. Es ist, als würde die Zeit hier stillstehen.
Kasimir Malewitsch hat in dieser Datscha gewohnt, geliebt, gefeiert, seine Familie, seine Freunde waren hier, mitunter auch Kollegen. Er hat in diesem Garten das Unkraut gejätet, Blumen gepflanzt und Obst geerntet. Hier war er, das hat er bekannt, glücklich. Eine einfache Tafel an der Hauswand informiert sachlich: ›In diesem Haus lebte der Künstler Kasimir Malewitsch (1878–1935).‹

# Anhang

# Literaturhinweise

Da es von den Selbstzeugnissen und Schriften der behandelten Künstler oft mehrere Ausgaben sowohl in der Originalsprache als auch in Übersetzungen gibt, habe ich darauf verzichtet, die Zitate aus diesen Werken mit einer Seitenzahl zu belegen. Im Literaturverzeichnis verweise ich generell nur auf die von mir benutzte Fassung.

*Bücher*


Kyrill N. Afanasjew: Ideen – Projekte – Bauten, Sowjetische Architektur 1917/32, Dresden 1973

S. O. Chan-Magomedow: Pioniere der sowjetischen Architektur, Wien–Berlin 1983

Karl Eimermacher (Hrsg.): Dokumente zur sowjetischen Literaturpolitik 1917–1932, Stuttgart 1972

Konrad Farner: Der Aufstand der Abstrakt-Konkreten, Neuwied und Berlin 1970

René Fülöp-Miller: Geist und Gesicht des Bolschewismus, Wien 1926

Hubertus Gaßner/Eckhart Gillen (Hrsg.): Zwischen Revolutionskunst und Sozialistischem Realismus, Köln 1979

Camilla Gray: Das große Experiment – Die russische Kunst 1863–1922, Köln 1974

Boris Groys: Gesamtkunstwerk Stalin, München/Wien 1988

Hugo Häring: Vom Neuen Bauen/Über das Geheimnis der Gestalt, Berlin 1957

Richard Hiepe: Die Kunst der neuen Klasse, München–Gütersloh–Wien 1973

Werner Hofmann: Grundlagen der modernen Kunst, Stuttgart 1978

Felix Philipp Ingold: Werk/Archithese, Nr. 35–36, Nov./Dez. 1979

Hans L. C. Jaffé: Mondrian und De Stijl, Köln 1967
W. I. Lenin: Über Kultur und Kunst, Berlin 1960
Sophie Lissitzky-Küppers: El Lissitzky – Maler, Architekt, Typograf, Fotograf, Dresden 1967
Anatoli Lunatscharski: Die Revolution und die Kunst, Dresden 1974
Kasimir Malewitsch: Lenin. In: Kunstblatt Nr. 10, hrsg. v. Paul Westheim. Berlin 1924
Kasimir Malewitsch: Suprematismus – Die gegenstandslose Welt (Hrsg. Werner Haftmann), Köln 1962
Kasimir Malewitsch: Suprematismus, 34 Zeichnungen, Lausanne-Tübingen 1974
Kasimir Malewitsch: The World as Non-Objectivity, Unpublished writings 1922–25 (Hrsg. Troëls Andersen), Kopenhagen 1976
Kasimir Malewitsch: The Artist, Infinity, Suprematism, Unpublished writings 1913–33 (Hrsg. Troëls Andersen), Kopenhagen 1978
Kasimir Malewitsch: Die gegenstandslose Welt (Hrsg. Hans M. Wingler), mit einem Vorwort von Stephan v. Wiese, Mainz und Berlin 1980
Fritz Mierau (Hrsg.): Russen in Berlin 1918–1933, Weinheim und Berlin 1988
Sibyl Moholy-Nagy: László Moholy-Nagy, ein Totalexperiment, Mainz 1972
Andrei Nakov: Russische Avantgarde, Genf 1984
Steven A. Nash und Jörn Merkert (Hrsg.): Naum Gabo – Sechzig Jahre Konstruktivismus, München 1986
Gleb G. Pospelow: Moderne russische Malerei – Die Künstlergruppe Karo-Bube, Dresden und Stuttgart 1985
Hans Richter: Begegnungen von Dada bis heute, Köln 1973
Harrison E. Salisbury: Bilder der russischen Revolution 1900–1930, Berlin/Frankfurt a. M. 1978

Karl Schlögel: Jenseits des Großen Oktober, Berlin 1988
Uwe M. Schneede (Hrsg.): Künstlerschriften der 20er Jahre, Köln 1979
Larissa A. Shadowa: Suche und Experiment – Aus der Geschichte der russischen und sowjetischen Kunst zwischen 1910 und 1930, Dresden 1978
Larissa A. Shadowa (Hrsg.): Tatlin, Weingarten 1987
Eberhard Steneberg: Russische Kunst Berlin 1919–1932, Berlin 1969
Hans Peter Thurn: Kritik der marxistischen Kunsttheorie, Stuttgart 1976
Serge Tretjakow: Die Arbeit des Schriftstellers – Aufsätze, Reportagen, Porträts (Hrsg. Heiner Boehncke), Hamburg 1972
Leo Trotzki: Literatur und Revolution, Berlin 1968
Adolf Max Vogt: Russische und französische Revolutionsarchitektur, Köln 1974

## *Kataloge*

AMSTERDAM

Malewitsch – mit einer Einführung von Troëls Andersen, Stedelijk Museum 1970
Kasimir Malewitsch, Retrospektive, Stedelijk Museum 1989, vorher im Russischen Museum, Leningrad, und in der Tretjakow-Galerie, Moskau

BERLIN

Erste Russische Kunstausstellung, Galerie van Diemen 1922
Avantgarde Osteuropa 1910–1930, Akademie der Künste 1967

Tendenzen der zwanziger Jahre, Nationalgalerie, Akademie der Künste, Große Orangerie des Schlosses Charlottenburg 1977
Kandinsky, Russische Zeit und Bauhausjahre 1915–1933, Bauhaus-Archiv (Museum für Gestaltung) 1984
Stationen der Moderne, Berlinische Galerie 1988/89

BOCHUM
Osteuropäische Avantgarde aus der Sammlung des Museums Bochum und privaten Sammlungen 1988/89

DÜSSELDORF
Werke aus der Sammlung Costakis, Russische Avantgarde 1910–1930, Kunstmuseum 1977
Majakowski, 20 Jahre Arbeit, Städtische Kunsthalle 1978
Ilja G. Tschaschnik, Kunstmuseum 1978, anschl. Bauhaus-Archiv, Berlin
Kasimir Malewitsch, Werke aus sowjetischen Sammlungen, Städtische Kunsthalle 1980
Die Axt hat geblüht, Europäische Konflikte der 30er Jahre in Erinnerung an die frühe Avantgarde (Hrsg. Jürgen Harten, Hans-Werner Schmidt, Marie Luise Syring), Städtische Kunsthalle 1987

FRANKFURT/MAIN
Kunst in der Revolution, Architektur, Produktgestaltung, Malerei, Plastik, Agitation, Theater, Film in der Sowjetunion 1917–1932, Frankfurter Kunstverein 1972, anschl. Württembergischer Kunstverein, Stuttgart, und Kunsthalle Köln
Russische Malerei 1890–1917 – Bilder aus Museen der UdSSR, Städelsches Kunstinstitut und Städtische Galerie 1976/77

KASSEL

Wechselwirkungen – Ungarische Avantgarde in der Weimarer Republik, Neue Galerie 1986/87, anschl. Museum Bochum

KÖLN

Von der Fläche zum Raum, Rußland 1916–24, Galerie Gmurzynska 1974

Die 20er Jahre in Osteuropa, Galerie Gmurzynska 1975

Malewitsch–Mondrian und ihre Kreise, aus der Sammlung Wilhelm Hack, Köln/Ludwigshafen/Rhein, Kölnischer Kunstverein 1976

Russische Avantgarde 1910–1930, Bilder, Konstruktionen, Galerie Bargera 1978

Kasimir Malewitsch zum 100. Geburtstag, Galerie Gmurzynska 1978

Künstlerinnen der russischen Avantgarde 1910–1930, Galerie Gmurzynska 1980

Von der Malerei zum Design – Russische konstruktivistische Kunst der zwanziger Jahre, Galerie Gmurzynska 1981

Sieben Moskauer Künstler 1910–1930, Galerie Gmurzynska 1984

Gustav Kluzis – Politik, montiert und collagiert, Galerie Gmurzynska 1988

LUGANO

Revolutionäre Kunst aus sowjetischen Museen 1910–1930, Fondazione Thyssen-Bornemisza, Villa Favorita 1988

NÜRNBERG

Konstruktive Kunst: Elemente und Prinzipien, 1. Biennale Nürnberg, Kunsthalle 1969

Was die Schönheit sei, das weiß ich nicht – Künstler, Theorie, Werk, 2. Biennale Nürnberg, Kunsthalle 1971

PARIS

Malewitsch, Musée national d'art moderne im Centre Georges Pompidou 1978

Paris – Moskau 1900 bis 1930; Centre Georges Pompidou 1979

STOCKHOLM

Wladimir Tatlin 1885–1953, Moderna Museet 1968, anschl. Van-Abbe-Museum Eindhoven, Technische Hochschule Delft und Kunstverein München

Verändert die Welt – Poesie muß von allen gemacht werden, Moderna Museet 1969, anschl. Kunstverein München

# Institutionen mit den im Text benutzten Abkürzungen

| | |
|---|---|
| AChR | Assoziation der revolutionären Künstler (1928–1932) |
| AChRR | Assoziation der revolutionären Künstler Rußlands (1922–1928) |
| GINChUK | Staatliches Institut für künstlerische Kultur (Leningrad) |
| INChUK | Staatliches Institut für künstlerische Kultur (Moskau) |
| IZO | Abteilung für Bildende Künste des NARKOMPROS |
| LEF | Linke Front der Künstler |
| NARKOMPROS | Volkskommissariat für kulturelle Bildung |
| NEP | Neue Ökonomische Politik |
| SVOMAS | Freie Staatliche Kunstwerkstätten (Vorläufer der WChUTEMAS) |
| UNOWIS | Festiger neuer Formen in der Kunst |
| WChUTEIN | Höheres Staatliches Künstlerisch-Technisches Institut |
| WChUTEMAS | Höhere Staatliche Künstlerisch-Technische Werkstätten |

# Personenregister

*Fotonachweis:*

Die Aufnahmen stammen aus dem Stedelijk Museum in Amsterdam, aus dem Archiv des Claassen Verlags und vom Autor.